Zur Aggression verdammt?

Ein Überblick
über die Psychologie der Aggression

Herausgegeben von
Herbert Selg
unter Mitarbeit von
Wilfried Belschner / Ute Jakobi
Gottfried Lischke / Franz Schott

Fünfte Auflage

Verlag W. Kohlhammer
Stuttgart Berlin Köln Mainz

CIP-Kurztitelaufnahme der Deutschen Bibliothek

Zur Aggression verdammt?

Ein Überblick über d. Psychologie d. Aggression /
hrsg. von Herbert Selg. Unter Mitarb. von Wilfried Belschner . . .
5., unveränd. Aufl. – Stuttgart, Berlin, Köln, Mainz: Kohlhammer, 1978
ISBN 3-17-004810-4
NE: Selg, Herbert [Hrsg.]; Belschner, Wilfried [Mitarb.]

Fünfte Auflage 1978
Vierte, überarbeitete und erweiterte Auflage 1975

Stuttgart Berlin Köln Mainz
Verlagsort: Stuttgart
Umschlag: hace
Gesamtherstellung: W. Kohlhammer GmbH
Grafischer Großbetrieb Stuttgart
Printed in Germany

Inhalt

Vorwort des Herausgebers zur 1. Auflage 9
Anmerkung zur 3. Auflage 10

HERBERT SELG

Kapitel 1 Die Frustrations-Aggressions-Theorie 11

1. Die Frustrations-Aggressions-Theorie 11
1.1. Die Hypothesen der Frustrations-Aggressions-Theorie . 11
1.1.1. Grundannahmen 11
1.1.2. Zusatzannahmen 12
1.2. Zur Geschichte der Frustrations-Aggressions-Theorie . . 13
2. Die Weiterentwicklung der Frustrations-Aggressions-Theorie 13
2.1. Systematik der Frustrationen 14
2.2. Frustrationen und ihre Folgen 16
2.2.1. Verhaltenskonsequenzen 16
2.2.1.1. Nicht-aggressives Verhalten nach Frustrationen 16
2.2.1.2. Aggressives Verhalten nach Frustrationen 18
2.2.2. Affektive Frustrationsfolgen 20
2.2.2.1. Der Ärger/Wut-Affekt als Frustrationsfolge 20
2.2.2.2. Die Frustrations-Antriebs-Hypothese 21
2.2.3. Situative Einflüsse auf die Frustrationsfolgen 23
2.2.3.1. Die Situationsinterpretation als intervenierende Variable 23
2.2.3.2. Die Bedeutung von Hinweisreizen 24
2.3. Die Hemmung der Aggression 24
2.4. Die Verschiebung 26
2.5. Die Selbstaggression 29
2.6. Die Katharsishypothese 30
2.7. Die Frustrations-Aggressions-Theorie als Langzeitmodell 35
2.8. Über den Fortbestand der Frustrations-Aggressions-Theorie 36

UTE JAKOBI / HERBERT SELG / WILFRIED BELSCHNER

Kapitel 2 Triebmodelle der Aggression 37

1. Trieb, Instinkt, Motivation 37
2. Das Triebkonzept FREUDS 38
2.1. Quelle 39
2.2. Drang 40

2.3. Ziel 40
2.4. Objekt 40
2.5. Weitere Triebcharakteristika 40
2.6. Todestrieb, Destruktionstrieb, Aggressionstrieb 41
2.7. Hemmung, Verschiebung, Sublimierung und Katharsis der Aggression 43
2.7.1. Aggressionshemmung 43
2.7.2. Verschiebung, Sublimierung 44
2.7.3. Katharsis 45
3. Das Triebmodell in der neueren psychoanalytischen Literatur 45
3.1. HARTMANN, KRIS und LOEWENSTEIN 46
3.2. MITSCHERLICH 46
4. Das Triebmodell bei LORENZ 47
4.1. Der Aggressionstrieb 47
4.2. Hemmung und Beherrschung der Aggression 48
5. Kritik am Triebmodell der Aggression 49

WILFRIED BELSCHNER

Kapitel 3 Das Lernen aggressiven Verhaltens 54

1. Aggressionsspezifische Modelle als soziale Konventionen . 54
2. Die Erwartung von der Möglichkeit des aggressionsfreien Menschen und der aggressionsfreien Gesellschaft . . . 56
3. Übertragung des Lernkonzeptes auf den Bereich aggressiven Verhaltens 59
3.1. Die Unterscheidung von Verhaltenstyp und Verhaltenstendenz 59
3.2. Drei Lernkonzepte: Klassisches Konditionieren – Operantes Konditionieren – Lernen am Modell 60
4. Das Modell des operanten Konditionierens 60
4.1. Erfolg durch aggressives Verhalten 60
4.2. Die »Erwartung von Erfolg durch aggressives Verhalten« als sekundäre Motivation 62
4.3. Der Aufbau des aggressiven Kreisprozesses 63
4.4. Die Wirkung nicht-konsequenter Erziehung 64
4.5. Die Ausweitung der gelernten Erfolgserwartung auf neue Situationen und aggressive Verhaltensweisen . . 66
4.6. Anmerkungen zum Konzept des Aggressionstriebes . . 69
4.7. Die Beseitigung aggressiven Verhaltens durch den Abbau alter und den Aufbau neuer Erfolgserwartungen . . . 72
5. Das Konzept des »Lernens am Modell« 81
5.1. Das Angebot aggressiver Verhaltensmuster 81

5.2. Das aggressive Modell als Übermittler von Erfolgserwartung und Verhaltensmuster 83
5.3. Die Wirkung des aggressiven »Life-Modells« 86
5.4. Der Bumerangeffekt der Bestrafung aggressiven Verhaltens 88
5.5. Die Möglichkeit der Übernahme aggressiver Verhaltenstendenzen von Modellen der Massenmedien 92
5.6. Bedingungen für die Nachahmung des aggressiven Modells 94
6. Schlußbemerkung 95

GOTTFRIED LISCHKE

Kapitel 4 Psychophysiologie der Aggression 98

1. Psychophysiologische Korrelate aggressiven Verhaltens . 98
2. Aktivität, Aktivation, Aggression, Frustration und Wut . 99
3. Wut und Furcht (Gleichzeitig eine Einführung in die Methodik einer wichtigen Art des Experimentierens auf diesem Gebiet) 101
4. Physiologie der ergotropen Mechanismen 103
5. Physiologie des Zustands der Frustriertheit 108
6. Der Einfluß von kognitiven Variablen auf physiologische Zustände 112
7. Sexualhormone und Aggressivität 114
8. Die zentralnervöse Steuerung der Aggressivität 115
8.1. Methoden 116
8.2. Das Mittelhirn 117
8.3. Der Hypothalamus 118
8.4. Nucleus Amygdalae 121
8.5. Andere Hirnstrukturen 123
8.6. Sozialpsychologische Aspekte zentralnervös gesteuerter Aggressivität 123
9. Genetische Aspekte der Aggressivität 124
10. Abschließende Bemerkungen 124

FRANZ SCHOTT

Kapitel 5 Was ist Aggression? (Ein Beitrag zum Problem der begrifflichen Eingrenzung und Anwendung psychologischer Konzepte) 129

1. Einleitung 129
2. Ein Versuch der Konstruktion des psychologischen Konzeptes »Aggression« 129
2.1. Entwicklung einer begrifflichen Eingrenzung 130
2.1.1. Eine alltägliche Begebenheit 130

2.1.2. Das Über-den-Alltag-hinaus-Fragen des Wissenschaftlers 130
2.1.3. Handlung und Handlungsschema 131
2.1.4. Die Aufgliederung einer Handlung in »Verhalten« und dessen Interpretation 131
2.1.4.1. Das Verhalten 132
2.1.4.2. Die Interpretation des Verhaltens 133
2.1.4.3. Dürfen wir die Intention einer Handlung erfassen?. . . . 137
2.2. Aggression als eine Klasse von Handlungsschemata . . . 139
2.3. Aggressivität als psychische Disposition zur Aggression . 146
3. Probleme der Anwendung eines psychologischen Konzeptes in der Forschung 148
3.1. Die operationale Definition 148
3.2. Die Repräsentanz 149
4. Bestimmung von Ausprägungsgraden (Messen) 151
4.1. Bestimmung von Ausprägungsgraden bei Aggressionen . 151
4.2. Bestimmung von Ausprägungsgraden der Aggressivität . 153
5. Die Wechselwirkung des theoretischen Konzeptes und der Erfahrungen aus seiner Anwendung in Forschung und Alltag 155
6. Notwendigkeit und Grenzen der empirischen Erforschung der Aggression 156
7. Schlußbemerkung 157

Nachwort des Herausgebers 160

Anmerkungen 165

Literaturverzeichnis 168

Vorwort des Herausgebers zur 1. Auflage

Wer dieses Buch in die Hand nimmt, mag erzürnt fragen, ob bei uns im Laufe der letzten Jahre nicht bereits genug über Aggressionen geschrieben und veröffentlicht worden sei. Die Frage müßte bejaht werden, wenn nicht die in Deutschland gängigen Bücher recht einseitig wären. In gedrängter Form versuchen deshalb die hier zu Wort kommenden fünf Autoren, alle wichtigen Theorien über die menschliche Aggressivität darzustellen. Es wird sich ganz nebenbei ergeben, daß die seriöse Aggressionsforschung zur Zeit auch die beste psychologische Friedensforschung ist.

Im ersten Kapitel steht die schon über 30 Jahre alte, aber seit wenigen Jahren aufgefrischte Frustrations-Aggressions-Hypothese zur Diskussion. Das zweite Kapitel stellt die Aggressionstrieb-Hypothese dar, die sich in Deutschland großer Beliebtheit erfreut. Wie aber nicht nur hier, sondern auch in allen anderen Kapiteln gezeigt wird, steht diese Beliebtheit im Gegensatz zum wissenschaftlichen und gesellschaftlichen Nutzen. Das Gerede vom Aggressionstrieb ist gefährlich; es fördert die weitere Ausbreitung aggressiver Verhaltenstendenzen und erhöht die Kriegsgefahr in den internationalen Beziehungen.

Im dritten Kapitel wird von Herrn Dr. BELSCHNER die zur Zeit brauchbarste Theorie der Aggressions-Entstehung dargestellt: Wir eignen uns Aggressionen vor allem durch Lernen am Erfolg und durch Beobachtung an.

Das vierte Kapitel von Herrn Dr. LISCHKE zur »Psychophysiologie der Aggression« schildert überzeugend, wie voreilig es wäre, wollte man ernsthaft die häufig gehörte Meinung vertreten, es seien Aggressionszentren im Gehirn oder Aggressionsstoffe erkannt worden, mit deren Hilfe sich die Aggressivität erklären lasse.

Herr SCHOTT nimmt im fünften Kapitel grundsätzlich kritisch zu aller bisherigen Aggressionsforschung Stellung. Er fordert die »Praktiker« zu stärker reflektierten Untersuchungen auf. Sofern nicht jede Selbstkritik verlorengegangen ist, werden diese Aufforderungen in der Forschung nicht unbeachtet bleiben können.

Das Nachwort schließlich faßt noch einmal kurz die Hauptanliegen des Buches zusammen.

Wegen der deutlichen Gliederung aller Kapitel haben wir auf ein Personen- und Sachregister verzichtet. Das Literaturverzeichnis hingegen ist umfangreich, damit der kritische Leser unsere Aussagen anhand der Originalarbeiten überprüfen kann.
Es ist uns nicht möglich, hier alle diejenigen zu nennen, denen wir für ihre indirekte Mitarbeit am Buch verpflichtet sind. Man möge das weder als Undankbarkeit noch als Arroganz auslegen.

Braunschweig, im Sommer 1971 HERBERT SELG

Anmerkung zur 3. Auflage

Das vorliegende Buch sollte und soll die öffentliche Meinung über Aggressionen, die von Psychoanalytikern und Ethologen geprägt worden ist, verändern. Es ist z. T. in einem provokativen Stil geschrieben. Die Analytiker und Ethologen haben zuvor alle weniger aggressiv vorgebrachten Veröffentlichungen ignoriert. Natürlich kann man das eine oder andere Buch übersehen (es ist unmöglich geworden, alle Veröffentlichungen zur Aggression zu lesen!), aber es sollte Autoren, die sich über Aggression äußern, unmöglich sein, die psychologischen Beiträge von BANDURA und WALTERS, BERKOWITZ und BUSS zu übergehen. Weil sich aber dieses »Unmögliche« Jahr für Jahr ereignet, haben wir ein partiell aggressives Buch über die Aggressivität geschrieben.
Was unsere großen Ziele anbelangt, sind wir keine einsamen Rufer geblieben. Noch 1971 erschien mit ähnlichen Intentionen das Buch *Aggressives Verhalten* von SCHMIDT-MUMMENDEY und SCHMIDT, und 1972 fand der Autor unseres 4. Kapitels, G. LISCHKE, mit seinem Buch *Aggression und Aggressionsbewältigung* eine große Resonanz. Da auch bei den Massenmedien die Gegner der unreflektierten Gewaltdarstellungen erste Erfolge verzeichnen, scheint es so, als bahne sich die von uns beschworene Wende im Bewußtsein von Psychologie und Öffentlichkeit an.

Berlin, im Herbst 1973 HERBERT SELG

Die Frustrations-Aggressions-Theorie

Von Herbert Selg

1. Die Frustrations-Aggressions-Theorie

Während die Triebtheorie (s. Kap. 2) die Aggressionen vorwiegend als spontan begreift und die Lernpsychologie (s. Kap. 3) sowohl spontane als auch reaktive Aggressionen zu erklären vermag, stellt die Frustrations-Aggressions-Theorie die Aggressionen einseitig als reaktives Verhalten dar. Diese von DOLLARD, DOOB, MIILLER, MOWRER und SEARS 1939 veröffentlichte Aggressionstheorie, meist »Frustrations-Aggressions-Hypothese« genannt, soll zentraler Gegenstand dieses Kapitels sein.
Es gibt in der Psychologie nicht viele Theorien, die so streng axiomatisiert und in der Überprüfbarkeit abgeleiteter Hypothesen so »handlich« sind wie die Frustrations-Aggressions-Theorie. Daraus erklärt sich zu einem großen Teil die anregende Wirkung, die sie auf die Forschung ausgeübt hat und immer noch ausübt.

1.1. Die Hypothesen der Frustrations-Aggressions-Theorie

1.1.1. Grundannahmen

Der Kernsatz der F-A-Theorie lautet: »Aggression ist immer eine Folge von Frustration«; und ergänzend heißt es: »Frustration führt immer zu einer Form von Aggression.«[1]
Diese beiden aufeinander bezogenen Hypothesen enthalten zwei Begriffe, welche einer definitorischen Erläuterung bedürfen: »Frustration« und »Aggression«.
Frustration: Als Frustration gilt die Störung einer bestehenden zielgerichteten Aktivität.

Ein Beispiel nach DOLLARD et al.: Wenn ein kleiner Junge sich ein Eis kaufen möchte, so wäre die Tatsache, daß der Eisverkäufer kein Eis mehr hätte, eine Frustration für den Jungen.

Den relevanten Textstellen bei DOLLARD et. al. fehlt die letzte begriffliche Klarheit[2]; die zitierte Definition wird vielfach so verstanden, daß mit »Frustration« das störende Reizereignis gemeint ist (das Eis ist ausverkauft); doch oft genug wird auch das Erlebnis der Störung (die Enttäuschung oder Verärgerung des Jungen) als »Frustration« bezeichnet.

Aggression: Als Aggression gilt jede Verhaltenssequenz, welche auf die Verletzung eines Organismus oder Organismusersatzes abzielt.

Auch hier ein Beispiel nach DOLLARD et al.: Der kleine Junge wird, wenn er kein Eis bekommt, vielleicht schreien oder mit den Füßen treten oder den Verkäufer beschimpfen.

Damit wird klar, daß sich eine »Verletzung« (injury) oft nur in stark übertragenem Sinn ereignet.

1.1.2. Zusatzannahmen

Neben den beiden grundlegenden Thesen gehören zur F-A-Theorie vornehmlich noch folgende Zusatzannahmen:

a) Die *Stärke* der Aggressionsneigung hängt von der Stärke der Frustration ab, d. h. sie wird bestimmt

— von der Stärke der frustrierten Aktivität (plötzlicher Nahrungsentzug führt bei einem sehr hungrigen Kind zu einer größeren Aggression als bei einem fast schon gesättigten),

— vom Grad der Störung (der Aufschub einer Urlaubsreise um eine Stunde erweckt weniger Aggressionsbereitschaft als längerer Aufschub oder ein totaler Ausfall)

— und von der Anzahl der Störungen (eine vereinzelte kleine Störung überwinden wir meist, ohne aggressives Verhalten zu zeigen, aber nach vielen kleinen Störungen kann uns plötzlich der »Kragen platzen«).

b) Wenn eine Bestrafung der Aggression erwartet wird, kann es zu einer *Hemmung* der Aggression kommen. Je mehr Bestrafung erwartet wird, desto unwahrscheinlicher wird eine Aggression.

c) Die durch eine Frustration hervorgerufene Aggression ist am stärksten gegen den Frustrierenden.

Bei starker Hemmung, den Frustrierenden anzugreifen, kann es zu einer *Verschiebung* der Aggression kommen: Entweder wird ein anderes Objekt als der Frustrierende angegriffen, oder aber der Frustrierende wird in einer weniger direkten Form angegriffen (statt einen unliebsamen Regierungschef zu erschießen, erzählt man Witze über ihn).

d) Wenn die Aggression gegen den Frustrierenden und gegen mögliche Ersatzobjekte sehr stark gehemmt ist, kann es zur *Selbstaggression* kommen, einer besonderen Variante der Verschiebung. Das ist besonders dann der Fall, wenn man sich selbst als Ursache der Frustration ansehen muß (z. B. bei einem Versagen im Examen nach schlechter Vorbereitung).

e) Das Ausführen einer Aggression reduziert die Neigung zu weiteren Aggressionen (sog. *Katharsishypothese*).

1.2. Zur Geschichte der Frustrations-Aggressions-Theorie

Wichtige Bestandteile der F-A-Theorie basieren auf älteren Theorien. DOLLARD et al. spannen den historischen Bogen bis zu MARX zurück, dessen *Kommunistisches Manifest* von 1848 den Hauptsatz der F-A-Theorie impliziert: Die Unterdrückung der Arbeiter ist eine Frustration für diese; aus ihr resultiert der Kampf der Arbeiter gegen die Unterdrücker, der seinen Höhepunkt in der Revolution hat.
In der Geschichte der Psychologie kam FREUD in der Zeit des ersten Weltkrieges der F-A-Theorie am nächsten. Damals lehrte er, Aggression resultiere aus der Nichtbefriedigung sexueller Impulse (der sog. Libido). Von 1920 an postulierte FREUD jedoch einen Todestrieb, der ihm von nun an zur Erklärung der Aggressionen diente.
Von FREUD übernahmen DOLLARD et al. den Begriff »Verschiebung«, um ihn zu einem Kristallisationspunkt der zitierten wichtigen Zusatzhypothesen zu machen. Waren die verschiedenen Details der F-A-Theorie auch nicht neu, so forderten doch erst ihre knappen und relativ[3] prägnanten Formulierungen zur empirischen Überprüfung und zum Widerspruch heraus. Die Belege, die DOLLARD et al. für ihre Hypothesen anführen, sind außerordentlich mager. Nur selten wird eine systematische Beobachtung angeführt; meist scheinen sich die »Belege« an den »gesunden Menschenverstand« zu wenden.
Genau besehen, hatten die Autoren schon 1939 die zweite Grundannahme, nach der jede Frustration zu einer Aggression führt, lediglich als ein heuristisches Prinzip verstanden, als anregende, bewußt einseitige These, welche zu Widerspruch und Aktivität herausfordern sollte. DOLLARD et al. erwähnen andere Frustrationsfolgen wie z. B. Ersatzhandlungen und rationale Lösungen; eine ausführliche Erörterung sollte jedoch in ihrem Buch ausgespart bleiben.
Dennoch distanzierten sich N. E. MILLER (1941) und R. R. SEARS (1941) betont von der zweiten Grundannahme. Sie erklärten ausdrücklich, eine Frustration könne zu verschiedenen Klassen von Verhaltensweisen führen, eine davon sei allerdings die Aggression. An der ersten Grundannahme, jede Aggression beruhe auf einer Frustration, hielten sie fest.

2. Die Weiterentwicklung der Frustrations-Aggressions-Theorie

In der Folgezeit nahm die F-A-Theorie das für nützliche wissenschaftliche Theorien übliche Schicksal: Sie wurde kritisch weiterentwickelt, ergänzt und modifiziert. Sie wurde aber gelegentlich begrifflich auch so weit verzerrt, daß viele Aggressionsforscher schlicht aneinandervorbeigeredet haben müssen, weil sie z. B. mit »Frustration« gänzlich Verschiedenes bezeichneten.

Im Gegensatz zu einer älteren Theorie ROSENZWEIGS (1934), der alle Mangelzustände, Verluste und Konflikte als Frustrationen ansah, war Frustration, wie geschildert, für DOLLARD et al. die Störung einer bestehenden zielgerichteten Aktivität. Die meisten empirisch arbeitenden Aggressionsforscher haben sich bemüht, an dieser Umschreibung grundsätzlich festzuhalten, obgleich sie wie BUSS (1961) und BERKOWITZ (1962) zu recht verschiedenen Auslegungen kamen. Die genannte Definition umreißt locker, welcher Art die (äußeren) Reizereignisse sein müssen, die »Frustration« genannt werden sollen.

Nicht wenige andere aber verstanden unter »Frustration« den emotionalen und motivationalen (»inneren«) Folgezustand eines solchen störenden Reizereignisses. BROWN und FARBER (1951) zählen in diesem Sinn die Frustration zu den »intervenierenden Variablen« bzw. »hypothetischen Konstrukten« (das sind erschlossene, nicht aber direkt beobachtbare Größen).

Wieder andere benutzten »Frustration« im einen wie im andern Sinne (BANDURA/WALTERS 1964).

Wir halten es für besser, auch begrifflich klar zwischen dem störenden Reizereignis und dem erschlossenen, affektbesetzten inneren Folgezustand zu trennen. Dem Reizereignis sollte der Begriff »Frustration« vorbehalten werden, den inneren Folgezustand könnte man »Frustrationserlebnis« oder »Zustand der Frustriertheit« nennen. Dieser Sprachgebrauch würde es ermöglichen, die Tatsache zu berücksichtigen, daß nicht jede Frustration zu einem negativ getönten Zustand der Frustriertheit führt; schließlich ist nicht jede Störung unangenehm.

2.1. Systematik der Frustrationen

Vor allem die empirischen Arbeiten von BUSS (1961) bieten in Erweiterung und Präzisierung des Ansatzes von DOLLARD et al. eine Systematik der Frustration an. Für BUSS machen die reaktiven nur einen Teil der insgesamt beobachtbaren Aggressionen aus, und auch die reaktiven Aggressionen sind nicht alle auf Frustrationen zurückführbar. BUSS sieht neben der Frustration als einer Klasse aggressionsauslösender Reize auch die Klasse der »schädigenden Reizereignisse« (noxious stimuli). Zu diesen rechnet er Aggressionen durch andere und Belästigungen wie z. B. üble Gerüche, Lärm oder grelles Licht.

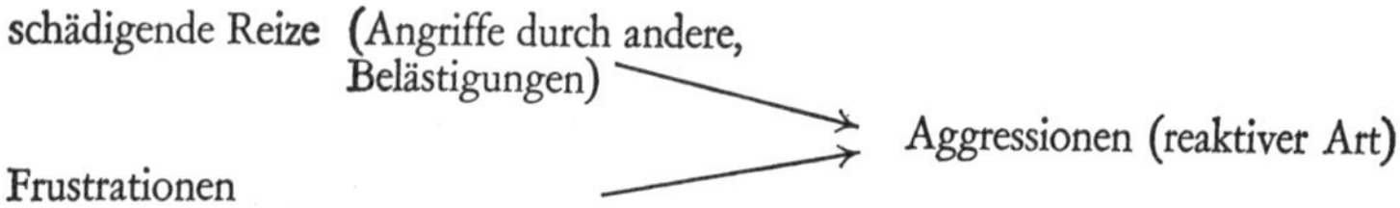

Buss wehrt sich mit Recht dagegen, daß in der Aggressionsforschung beide genannten Situationsklassen gleichermaßen als Frustrationen bezeichnet werden. Eine von Doob und Sears (1939, zitiert nach Buss) als Frustration geschilderte Szene (auf einer Party wird jemand von einem Betrunkenen mit Zigarettenasche beschmutzt) ist nach Buss in die Klasse der Belästigungen einzuordnen, solange nicht eine dezidierte Handlungseinheit dadurch gestört wird. Auf der Party wäre eine Beschmutzung mit Zigarettenasche nur dann eine Frustration, wenn sie z. B. die Absicht zu tanzen durchkreuzte.

Mit Recht wehrt sich Buss auch dagegen, solche Experimente als Beiträge zur F-A-Theorie anzurechnen, in denen – praktisch aus heiterem Himmel – der Versuchsleiter die Versuchspersonen verärgert. Viele Experimente benutzen verbale Angriffe u. ä. als »Frustrationen«, doch muß man kritisch fragen, ob hier überhaupt angenommen werden darf, daß bei allen Vpn eine gleiche oder zumindest ähnliche dezidierte zielgerichtete Aktivität eine Störung erfährt oder ob es nicht besser wäre, solche experimentellen Situationen zur Klasse der schädigenden Reizereignisse (Unterklasse »Angriff durch andere«) zu rechnen.

Da – ungeachtet der Bussschen Einwände – die Experimente, in denen Versuchspersonen zwar verärgert, aber nicht in einer zielgerichteten Aktivität gestört werden, häufig als Frustrations-Aggressions-Untersuchungen hingestellt werden, müssen wir wohl oder übel zwischen Frustrationen im engeren und weiteren Sinn unterscheiden:

Eine *Frustration im engeren Sinn* besteht in einer Störung einer zielgerichteten Aktivität. Mit Bandura und Walters 1964 sollte man ausdrücklich auch das Ausbleiben der erwarteten Bekräftigung nach Ausführung einer Handlung als Nichterreichen eines Ziels und damit als »Störung einer zielgerichteten Aktivität« ansehen. Die Störung besteht also nicht immer in einem deutlich eintretenden äußeren Reizereignis; sie kann auch gerade im Ausbleiben eines solchen Reizereignisses gesehen werden. Zur adäquaten Beurteilung sind Kenntnisse über die Lerngeschichte des handelnden Individuums nötig; evtl. sind diese noch nachträglich durch eine Befragung zu gewinnen.

Als *Frustration im weiteren Sinn* kann praktisch jedes unliebsame Ereignis, jeder Mangelzustand, nicht zuletzt Mangel an Triebbefriedigung gelten. Untersuchungen, die sich mit Situationen befassen, in denen Bedürfnisse über längere Zeiträume unbefriedigt bleiben, werden zumeist der Deprivations-, nicht der Frustrationsforschung zugerechnet.

Im engeren Sinn gebraucht stellt »Frustration« einen wissenschaftlich nützlichen Terminus dar; im weiteren Sinn angewandt, ist es leicht möglich, immer und überall Frustrationen zu erschließen, und unmöglich, solche Schlußfolgerungen zu widerlegen. Sofern nicht ausdrücklich anders vermerkt, wird in diesem Buch »Frustration« nur im engeren Sinn verstanden.

Wir gehen an dieser Stelle nicht näher auf die Interpretationsversuche ein, in denen die Frustrationen umfassenderen Situationsklassen untergeordnet werden. Gemeint sind die theoretischen Ansätze, die Frustrationen als besondere Form der Experimente sehen, in denen erwartete Bekräftigungen (Belohnungen) vorenthalten oder nur verzögert dargeboten oder in denen negative Bekräftigungen (Strafen) eingesetzt werden (s. AMSEL 1958, LAWRENCE/FESTINGER 1962, BANDURA/WALTERS 1964).

Wir gehen auch auf jene enger gefaßten Experimente nicht ein, welche die Rolle des Schmerzes als aggressionsauslösend untersuchen (s. SCOTT 1958, RACHMAN 1965, AZRIN et al. 1965, 1968, KAHN/KIRK 1968, ULRICH 1969). Diese Nichtbefassung impliziert kein ablehnendes Urteil.

2.2. Frustrationen und ihre Folgen

2.2.1. Verhaltenskonsequenzen

2.2.1.1. Nicht-aggressives Verhalten nach Frustrationen

Es gibt zwei Ansätze zu Frustrationstheorien, die von der F-A-Theorie abweichen, aber auch die Tendenz zu einseitiger Betrachtung erkennen lassen; sie seien einleitend skizziert: Nach der *Frustrations-Regressions-Hypothese* von BARKER, DEMBO und LEWIN (1941) folgt auf eine Frustration ein Verhalten, das als Regression interpretiert wird (ähnlich bereits FREUD). In Experimenten zeigten frustrierte Kinder »primitive« Verhaltensweisen, die wie ein Rückfall in frühere Entwicklungsstadien anmuteten. Ein Erwachsener, der mit der Faust auf sein Radio schlägt, wenn es Empfangsstörungen hat, würde einen ähnlichen Eindruck hervorrufen.

Die *Frustrations-Fixations-Hypothese* von MAIER (1949) basiert auf einem Experiment mit Ratten:

Die Tiere lernten zwischen zwei Reizen (Karten mit verschiedenen Zeichen) zu unterscheiden. Die Ratten wurden gezwungen, auf eine der beiden senkrecht angebrachten Karten zuzuspringen. Während die eine Karte nachgab und die Tiere hinter ihr Futter fanden, wurden sie bei der andern insofern bestraft, als sie nicht nachgab und die Ratten in ein Netz unterhalb der Karte fielen (s. Abb. 1, S. 17).

Die Positionen der Karten zueinander wurden variiert. Wenn die Ratten mit Sicherheit nur noch auf die Karte zusprangen, hinter der sie Futter fanden, wechselte der Versuchsleiter zu unlösbaren Aufgaben über: Völlig willkürlich gab es mal bei der einen, mal bei der andern Karte Bekräftigung oder Bestrafung. Die Ratten reagierten auf diese Änderung mit stereotypem Verhalten; sie sprangen ohne weitere Beachtung der Zeichen auf den Karten immer in eine bestimmte Richtung, z. B. nur noch nach rechts. Dieses Verhalten wurde bei manchen Ratten so fixiert, daß sie selbst dann, wenn man ihnen das Futter bei der einen Karte sehr deutlich zeigte, ihre einmal gewählte Richtung starr beibehielten. Unwillkürlich denkt man an den Menschen, der versucht, »mit dem Kopf durch die Wand zu rennen«, auch wenn ihm einsichtig sein sollte, daß anderes Verhalten erfolgversprechender wäre.

Abb. 1: In MAIERS Experiment benutzter Sprungapparat nach LASHLEY

Die neuere Fachliteratur schildert die Frustrationsfolgen weniger einseitig und einheitlich. Vielmehr wird eine größere Zahl nichtaggressiver Reaktionsklassen angegeben, die auf eine Frustration folgen können. BANDURA und WALTERS (1964) nennen z. B. Abhängigkeitsverhalten, Rückzug, Apathie, Somatisierung, Autismus, Regression und konstruktive Situationsbewältigung. Es fällt auf, daß fast alle diese Klassen negativ bewertet sind. Eine Ausnahme bildet nur das konstruktive, aufgabenorientierte Verhalten.
Diese positiv bewertete konstruktive Auseinandersetzung mit der Frustration verdient nähere Betrachtung. Es muß schließlich das Ziel der Erziehungsstrategien sein, die Wahrscheinlichkeit des konstruktiven Verhaltens zu erhöhen. Eines der meistbeachtetsten Experimente zu diesem Aspekt veröffentlichte DAVITZ (1952). Er belegte, daß Kinder zwischen 7 und 9 Jahren nach einer Frustration solche Verhaltensweisen zeigten, in denen sie vorher – unabhängig von Frustrationen – gut trainiert worden waren. Kinder also, die in mehreren Treffen für aggressiv-wetteiferndes Verhalten bestärkt worden waren, reagierten auf die experimentellen Frustrationen vorwiegend aggressiv; Kinder hingegen, welche in konstruktiv-kooperativem Verhalten bestärkt worden waren, reagierten vermehrt konstruktiv.
Weitere Belege dafür, daß dem *Lernen* von Reaktionsmöglichkeiten bei der Beantwortung von Frustrationen eine wichtige Rolle zukommt, seien gleich angeschlossen: CHITTENDEN (1942) konnte mit Hilfe von Filmen, welche u. a. sozial positiv bewertete Reaktionen auf Frustrationen vorführten, hochaggressiven Kindern in bedeutsamem Ausmaß zur Reduzierung aggressiver Reaktionen verhelfen. Ähnlich deutlich sprechen inzwischen viele andere Beobachtungen für die Mög-

lichkeit, Frustrierte nicht-aggressives Verhalten zu lehren (s. BATESON 1941, BANDURA 1962, TAYLOR/EPSTEIN 1967). Bei einer konkreten Frustration wird dann die in der Lerngeschichte dominant gewordene Response erfolgen (BANDURA 1973, arousal-prepotent response theory). Ohne hier auf die einzelnen Untersuchungen über Aggressionen, die nicht auf Frustrationen zurückführbar sind (s. Kap. 3), einzugehen, dürfen wir festhalten: *die beiden Grundannahmen der F-A-Theorie* (jede Aggression sei eine Folge von Frustration und jede Frustration führe zu einer Aggression) *sind hinreichend widerlegt.*

2.2.1.2. Aggressives Verhalten nach Frustrationen

Ungeachtet der angeführten Belege für die Bedeutung des Lernens von nicht-aggressivem Verhalten betont doch die wissenschaftliche Diskussion über Frustrationsfolgen immer noch die Aggression als wichtigste Reaktion. Wie ist es zu erklären, daß wir Frustrationen vornehmlich mit Aggressionen beantworten?
Nach der einfachsten – von DOLLARD et al. offengelassenen – Annahme sind Aggressionen angeborene Reaktionen auf Frustrationen. Billigt man aber zu, daß manches Verhalten, das auf Frustrationen folgt, nicht in die Klasse der Aggressionen eingeordnet werden kann, so ist auch die schwache These von der angeborenen Reaktion erschüttert.
Wahrscheinlich werden Aggressionen gelernt. Wir dürfen annehmen, daß Aggressionen Verhaltensweisen sind, die in vielen Fällen bei Frustrationen zum Erfolg führen.
Aggressionen sind meist Verhaltensweisen von hoher Intensität (darauf machten vor allem BANDURA und WALTERS 1964 aufmerksam).

Zum Beispiel wird die wenig intensive, langsame und relativ spannungsarme Hinführung der Hand an den Kopf eines Kindes als »Streicheln«, die intensive, schnelle, angespannte hingegen als »Ohrfeige« bezeichnet.

Gerade in den ersten Lebensjahren, wenn wir die Grundschemata unseres Verhaltens erlernen, dürfte der Erwerb von Aggressionen (mit und ohne Frustration) sehr begünstigt sein.

Ein Kleinkind, dem ein Gegenstand, den es in den Laufstall ziehen will, Widerstand entgegensetzt, versucht mit einer Intensitätssteigerung zum Erfolg zu kommen, d. h. es versucht es »mit Gewalt«. Oft hat es damit Erfolg, und so wird der Grundstein für intensives Verhalten, das uns leicht als Aggression erscheint, gelegt. Das Kind könnte in der gleichen Situation aber auch scheitern; es würde sein Verhalten dann ändern und vielleicht zu schreien beginnen. Wiederum wird es nun oft genug dafür belohnt, daß es intensiv schreit. Denn auf leisere Äußerungen reagieren die Eltern seltener; erst wenn sie empfindlich in ihrer Ruhe gestört werden, eilen sie zum Kind – und bekräftigen mit dieser Aufmerksamkeitszuwendung das intensive Geschrei.

Im Umgang mit Geschwistern und Nachbarskindern lernt ein Kind zusätzlich zur Intensität auch ganz gezielt Verhaltenstechniken schätzen, die als Aggressionen eingestuft zu werden pflegen.

Bei dem Bestreben, ein bestimmtes Spielzeug o. ä. zu »besitzen«, lernt ein Kind, daß man mit einem Hieb mehr als mit guten Worten erreicht.

Das Lernen am Modell (Lernen durch Beobachtung, durch Imitation, s. Kap. 3) spielt hierbei eine Rolle:

Kinder sehen oft genug, wie sich ein älteres Kind mit Aggressionen gegen ein jüngeres durchsetzt. Körperlich strafende Erwachsene geben den Kindern ein weiteres »Vorbild«, wie man sich massiv aggressiv verhalten kann; und das Fernsehen, zu dem in vielen Familien auch kleine Kinder ungehinderten Zugang haben, demonstriert tagtäglich den Wert eines knallharten Faustschlags als Mittel der Durchsetzung. Kinder nehmen die Filmwelt ernst. Aggressionen bis zum Mord müssen so den Kindern als eine der größten Selbstverständlichkeiten im »zwischenmenschlichen« Verhalten der Erwachsenen erscheinen.[4]

Ja, selbst im eher spielerischen Kontakt zwischen Eltern und Kind werden oft Aggressionen des Kindes bekräftigt.

Wenn ein Kleinkind von zehn oder zwölf Monaten nach dem Vater schlägt, pflegt es durch die Heiterkeit der Erwachsenen, welche die patschigen Schlagversuche als »süß« oder »drollig« erleben, bekräftigt zu werden.

Kurz und gut: *Aggressionen lernt man leicht.* Ihnen folgt zu oft unmittelbar der Erfolg. Nur bei bewußt erziehenden Eltern darf man annehmen, daß sie frühkindliche Aggressionen nicht bekräftigen.

Wer sich einem trotzenden Kind, das aufregend laut schreit oder um sich schlägt, zuwendet, sei es beschwichtigend oder strafend, muß wissen, daß diese Aufmerksamkeitszuwendung den Trotz bekräftigt. (Die einzige neutrale, nichtbekräftigende elterliche Reaktion ist das undramatische Nichtbeachten des trotzenden Kindes).

Konstruktive Bewältigungen von Frustrationen sind schwerer zu lernen. Um mit einer *Aggression* zu reagieren, muß man eine komplexe Situation nicht durchschauen und nicht einmal über eine differenzierte Motorik verfügen. Aber man muß die Lage durchschauen und eine differenzierte Motorik einsetzen können, wenn man gegen die Frustration mit Erfolg *konstruktiv* angehen will.

Ein Beispiel: Ein Kind will in den Garten hinauslaufen und wird frustriert, denn es findet die Wohnungstür verschlossen vor; der Schlüssel steckt auf seiten des Kindes. Selbst wenn es erst 15 Monate alt ist, kann es schon am Schlüssel zerren, gegen die Tür treten und laut schreien. Irgendwer wird dann schon kommen und sich mit dem Kind befassen. Zur konstruktiven Lösung, den Schlüssel einfach herumzudrehen und so die Tür zu öffnen, reicht es hingegen noch nicht. Kinder werden drei, vier oder fünf Jahre alt, ehe sie diese Leistung vollbringen können.

So betrachtet ist es kein Wunder, wenn wir durch den Erfolg und das Beispiel der Umwelt *frühzeitig* und *gründlich lernen, auf Frustrationen vorwiegend mit Aggressionen zu reagieren.* Aggressionen erweisen sich in vielen Fällen als brauchbares Instrument zur erfolgreichen Änderung der durch die Frustration geschaffenen Lage. Buss hat diese Annahme experimentell gestützt: Frustrationen führten vor allem dann zu Aggressionen, wenn die Aggressionen einen instrumentellen Wert hatten (Buss 1963, 1966).

2.2.2. Affektive Frustrationsfolgen

2.2.2.1. Der Ärger/Wut-Affekt als Frustrationsfolge

Möglicherweise wird das Erlernen aggressiver Reaktionen auf Frustrationen durch eine Variable begünstigt, die zwischen Frustration und Verhaltensfolge wirksam sein soll: durch den bei Frustrationen vielfach angenommenen Wut- oder Ärgeraffekt.

Vor allem Berkowitz (1962), der sich übrigens der Yale-Gruppe (Dollard et al.) verpflichtet weiß, nimmt immer wieder Bezug auf die emotionale Reaktion, welche auf Frustrationen folgt, bevor noch im offenen Verhalten eine Reaktion sichtbar wird. Nach Berkowitz vernachlässigt die alte F-A-Theorie zu sehr innere Vorgänge wie Gefühle, Gedanken usw. Berkowitz glaubt, die emotionale Reaktion auf Frustrationen, die er als Wut oder Ärger (anger) identifiziert, stärker berücksichtigen zu müssen. Er hält es für möglich, daß die emotionale Reaktion eine angeborene ist[5] und daß darüberhinaus vielleicht sogar die Aggression eine angeborenermaßen auf Wut und Ärger folgende Verhaltensweise sei. Allerdings billigt er zu, daß diese Kette durch Lernen durchbrochen werden könne.

Doch so wie schon die alte F-A-Theorie unterminiert wurde, weil offensichtlich nicht jede Frustration zu einer Aggression führt, wird auch ihre Modifikation durch Berkowitz in ihrem Wert stark relativiert, wenn es unwahrscheinlich wird, daß jeder Frustration eine Ärger/Wut-Reaktion folgt. Bereits bei der Frage, wie denn der Ärger/Wut-Affekt ermittelt werden kann, gerät die Position von Berkowitz ins Schwanken. Experimente über Affekte (s. Schachter/Singer 1962, Schachter/Wheeler 1962) haben zu der verblüffenden Erkenntnis geführt, daß Menschen bei künstlich erzeugter Erregung ihr Erleben mit den Gefühlen beschreiben, für die sie gerade Informationen bekommen:

Unter künstlicher Adrenalinwirkung stehende Versuchspersonen, die über die physiologischen Wirkungen (z. B. Herzklopfen) von Adrenalin informiert waren, ließen sich von provozierenden Modellen[6] wenig beeinflussen. Versuchspersonen unter Adrenalinwirkung, welche nicht oder falsch informiert waren, ließen sich je nach Verhalten der Modelle zu aggressivem oder zu albernem Verhalten und adäquaten Gefühlen hinreißen. Sie erlebten — gleichsam nachahmend — die Gefühle, die sie aus dem Ausdruck der Modelle erschlossen.

Das Erleben von ein- und demselben physiologischen Erregungszustand kann somit je nach situativen Suggestionen als Wut oder als Freude oder als affektfrei etc. beschrieben werden (s. LISCHKE in Kap. 4). Das könnte bedeuten, daß Frustrationen zwar reflexartig eine meßbare Erregung verursachen, daß die Erregung aber nicht zwangsläufig den negativen Erlebnisaspekt von Wut und Ärger erhalten muß. Wenn man allerdings von Kindesbeinen an vorgemacht bekommt, wie Menschen auf Frustrationen mit dem Ausdruck der Wut reagieren, liegt nichts näher, als daß sich dieser Affekt durch die Generationen immer weiter tradiert.

2.2.2.2. Die Frustrations-Antriebs-Hypothese

Wie zuletzt angedeutet, reduziert sich die Frustrations-Aggressions-Hypothese über die Frustrations-Ärger/Wut-Hypothese zu einer unspezifischen Frustrations-Antriebs- oder Frustrations-Erregungs-Hypothese. Erregung wird dabei als meßbare, aber vom Erlebnisinhalt her unbestimmte Veränderung des Frustrierten verstanden.
Eine solche Hypothese ist von AMSEL (1951) und BROWN (1961) nahegelegt worden; sie wird bei BANDURA & WALTERS (1964)[7] bzw. BANDURA (1973) diskutiert.
Die Frustrations-Erregungs-Hypothese ist im Gegensatz zu ihren »Vorgängerinnen« keine aggressionsspezifische Annahme mehr.[8] Sie erklärt mehr als nur aggressive Reaktionen auf Frustrationen: sie erklärt, warum nach Frustrationen jewede Reaktion intensiv wird. Ein Experiment, das gelegentlich zugunsten der alten F-A-Theorie interpretiert wurde, aber besser im Sinn der Frustrations-Erregungs-Hypothese verstanden werden kann, führten HANER und BROWN (1955) durch: sie haben den Druck, den Kinder z. B. auf einen Kolben ausübten, als abhängige Frustrations-Variable gemessen; nach Frustration war der Druck erhöht. Es dürfte einleuchten, daß hier keine Aggression erfaßt wurde und eine Unterordnung unter die Frustrations-Erregungs-Hypothese dem Aufbau und den Ergebnissen des Experiments gerechter wird. Weitere Belege für die Nützlichkeit der Frustrations-Erregungs-Hypothese findet man bei BANDURA und WALTERS (1964), SILVERMAN und KLEINMAN (1967), GEEN und O'NEAL (1969).
In einer vom Verfasser angeregten und betreuten Diplomarbeit hat DRATH die Wirkung von Frustrationen auf Handtestvariable untersucht.[9]

Zwei Extremgruppen aus Grundschulkindern des 3. und 4. Schuljahres (von den Mitschülern als aggressiv bzw. nicht-aggressiv eingestuft) wurden in Experimental- und Kontrollgruppen unterteilt. Die Experimentalgruppen wurden frustriert, indem sie zuerst ein Diktat schreiben mußten, über das sie einzeln unmittelbar vor dem Test informiert wurden, es sei schlecht ausgefallen, und überhaupt habe die Leistung in der letzten Zeit in der Schule nachgelassen ... Da es unsicher war, ob durch diese Pseudoinformation eine Frustration im engeren Sinne erreicht wurde (ob die Kinder z. B. bei der Bekanntgabe des Diktatergebnisses in der Hoffnung auf eine positive Selbstbestätigung enttäuscht wurden o. ä.), wurde den Kindern der Experimentalgruppen bei Testbeginn zusätzlich versprochen, sie könnten von einer herumliegenden Tafel Schokolade ein Stück abbekommen, wenn sie wüßten, wieviel eine Tafel Schokolade kostet. Jede Schätzung der Kinder wurde als richtig bestätigt, aber die Versuchsleiterin sagte nun: »Die Schokolade kann ich dir aber trotzdem nicht geben, denn dafür war die Frage viel zu leicht.«

	laut Rating		
	aggressiv	nicht-aggressiv	
frustriert (Experimentalgruppen)	15	13	28
nicht-frustriert (Kontrollgruppen)	13	12	25
	28	25	53

Auf diese beiden Versuche, eine Frustrationssituation zu schaffen, folgte die Testdurchführung und abschließend eine Aufklärung oder Beruhigung der Kinder: U. a. wurde ihnen — der Wahrheit entsprechend — gesagt, daß das Diktat gar nicht ausgewertet worden sei und daß es auch nicht an die Schule weitergeleitet werde.

Wie die Auswertung der Handtestantworten erbrachte, unterschieden sich die AOS-Mittelwerte der frustrierten und der nicht-frustrierten Kinder nicht. Die Frustration hatte also keine Erhöhung der Aggressionstendenzen erbracht, wie es nach der F-A-Theorie nahegelegen hätte (und wir übrigens damals noch erwarteten, obwohl wir an die Nützlichkeit der F-A-Theorie im Detail nicht mehr glaubten). Aber: bei den frustrierten Kindern war eine sehr viel größere Streuweite der AOS zu verzeichnen als bei den nicht-frustrierten. Das heißt, daß bei verschiedenen Kindern die Frustration tatsächlich einen großen Anstieg der im Handtest erfaßbaren aggressiven Tendenzen bewirkte, bei andern stiegen stattdessen jedoch die »Gegenspieler« der Aggression (die Summe aus aff, dep, com und Furcht). So kamen schließlich sowohl die sechs höchsten AOS (hier war die Aggressionsneigung durch die Frustration erhöht worden) als auch die vier niedrigsten AOS (hier waren die mit einer Aggression kaum vereinbaren Tendenzen erhöht worden) aus den 28 Kinder umfassenden frustrierten Gruppen. Dieses Ergebnis kann man mühelos als Stützung der Frustrations-Erregungs-Hypothese und als weitere Widerlegung der F-A-Theorie ansehen.

Fassen wir zusammen: Auch vor dem Hintergrund der Frustrations-Erregungs-Hypothese bleiben der Ärger/Wut-Affekt eine häufige emotionale und die Aggression die wahrscheinlichste Verhaltenskonsequenz einer Frustration. Die Frustration erhöht den Antrieb, und damit wird für jede folgende Reaktion eine hohe Intensität wahrscheinlich. Daß intensives Verhalten sehr leicht als »Aggression« eingestuft wird, wurde bereits an anderer Stelle (s. S. 18) erwähnt.
Als gezielte Stütze für diese Annahme sei noch ein Experiment von WALTERS und BROWN (1964) angeführt: Das Verhalten von Kindern, die zuvor für stark intensives Verhalten bekräftigt worden waren, wurde von unbeeinflußten Beobachtern häufiger als »Aggression« klassifiziert als das Verhalten von Kindern, die zuvor für wenig-intensives Verhalten bekräftigt worden waren.

2.2.3. Situative Einflüsse auf die Frustrationsfolgen

2.2.3.1. Die Situationsinterpretation als intervenierende Variable

Viel mehr, als es bislang üblich war, ist bei Frustrationsexperimenten zu prüfen, ob eine Frustration im engeren Sinne gelungen ist. Es ist also zu ermitteln, ob bestehende zielgerichtete Aktivitäten gestört worden sind. Man wird die Versuchspersonen stärker befragen müssen, als sich mit einer einseitigen Verhaltensbeobachtung (Behaviorismus) vereinbaren läßt. Diese Befragungen sollten auch versuchen, den Zustand der Frustiertheit (s. S. 14) zu erfassen.
PASTORE (1952) hat in einem Experiment eindringlich die Bedeutung der subjektiven Situationsinterpretation für die Frustrationsexperimente demonstriert. Frustrationen, die willkürlich anmuten, rufen mehr Aggressionen hervor als gerechtfertigt erscheinende.
Obwohl es plausibel erscheint, daß erwartete bzw. gerechtfertigt erscheinende Frustrationen schwächere Reaktionen hervorrufen als unerwartet oder ungerechtfertigt erscheinende, sind die inzwischen vorliegenden Ergebnisse doch nicht mehr alle auf einen Nenner zu bringen.[10]
Von Bedeutung für die Frustrationsfolgen scheint auch der Status des Frustrierenden zu sein (HOKANSON/ SHETLER 1961). Gegen Personen von hohem Status sind Aggressionen geringer ausgeprägt als gegen Personen von niederem Status (s. auch THIBAUT/RIECKEN 1955, BERKOWITZ 1962).
Schließlich ist ein Frustrierter stärker erregt, wenn er sich relativ spät – in Zielnähe – frustriert sieht, als wenn er schon zu Beginn seiner Aktivität gestört wird (HANER/BROWN 1955).

2.2.3.2. Die Bedeutung von Hinweisreizen

Ob es bei einer Frustration zu einer Aggression kommt, hängt auch dann, wenn man überwiegend Aggressionen als Reaktion auf Frustrationen gelernt hat, noch von weiteren situativen Merkmalen ab. Vor allem BINDRA (1959) und BERKOWITZ (1962) heben die Bedeutung der sog. Hinweisreize (cues) hervor: Eine Erregung, selbst wenn sie als Wut oder Ärger erlebt wird, führt nur dann zu Aggressionen, wenn ein geeignetes Objekt anzutreffen ist, ein Objekt, das durch besondere Reize die Aggressionen hervorlockt. Das bestgeeignete Objekt dürfte wohl der Frustrierende sein, wenn ein solcher ausgemacht werden kann. Objekte, die Ähnlichkeit mit dem Frustrierenden haben, können gleichfalls die Aggression auslösen (s. Verschiebung), meint BERKOWITZ. Wenn er jedoch (1962, S. 33) schließlich schreibt, daß die Objekte nur in der Phantasie des Frustrierten vorhanden sein müßten, schwächt er den Wert seiner Aussagen erheblich, denn sie können jetzt nicht mehr hinreichend empirisch überprüft werden; einen zumindest in der Phantasie vorhandenen Hinweisreiz kann man leicht in jeden Aggressiven hineininterpretieren.
Den vielleicht überzeugendsten Beleg für die Bedeutung der Hinweisreize liefert BERKOWITZ mit der Erwähnung eines Tierversuchs, den von HOLST und von ST. PAUL (1962) beschrieben:

Ein über Hirnelektroden an relevanter Stelle gereizter Hahn greift die verschiedensten Objekte an, z. B. ausgestopfte Raubvögel, die Hand des Experimentators usw., aber er zeigt nur motorische Unruhe, wenn ein leidlich geeigneter »Feindersatz« fehlt. Auch über Hirnelektroden gereizte Katzen zeigten keine »Leerlaufaggression« (ROBERTS/KIESS 1964): 89 Prozent griffen einen Stoffhund, 33 Prozent eine Gummiratte an, aber keine Katze attackierte einen rattenförmigen Holzklotz.

Relevante Humanexperimente zur Stützung seiner Annahmen veröffentlichte BERKOWITZ zusammen mit RAWLINGS (1963), GEEN (1966) und KNUREK (1969). Kritische Ausdifferenzierungen fanden sie bei BARON und KEPNER (1970).
Die Gültigkeit der ersten Zusatzannahme (s. S. 12), nach welcher die Stärke der Aggressionsneigung von der Stärke der frustrierten Aktivität, dem Grad der objektiven Störung und der Anzahl der Störungen abhängt, ist lange schon in Frage gestellt worden (s. u. a. BUSS 1961). Sie wird weiter eingeschränkt durch die verschiedenen hier beschriebenen situativen Variablen, welche sich auf die Frustrationsfolgen auswirken.

2.3. Die Hemmung der Aggression

Eine der wichtigsten Zusatzhypothesen der F-A-Theorie betrifft die Hemmung der Aggression (s. S. 12). Hemmung ist nicht gleichbedeutend mit dem Fehlen von Aggressionen im Verhaltensrepertoire. Wo eine Aggressionsneigung fehlt, bedarf es keiner Hemmung. Wo aber aggressive Tendenzen vorhanden sind, können durch Hemmungen die Aggressionen vermieden werden.

Immer wieder werden Strafen eingesetzt, um Hemmungen zu erzeugen. Doch Strafen sind ein ziemlich ungeeignetes Mittel. Bei lernpsychologischer Betrachtung ergibt sich, daß z. B. die Bestrafung eines Delikts nur dann zu einer Reduzierung des unerwünschten Verhaltens führt, wenn die Strafe unmittelbar bei der Tatausführung erlitten wird.

Ein Dieb müßte noch am Tatort gestellt und in Handschellen abgeführt werden, damit die Voraussetzungen für eine Hemmung weiterer Diebstähle gegeben wären.

Unzweckmäßig sind auch körperliche Strafen gegenüber Kindern. Körperlich strafende Eltern haben oftmals besonders aggressive Kinder (s. GLUECK/GLUECK 1950, SEARS et al. 1953, BANDURA/WALTERS 1963). Die Eltern liefern ihren Kindern durch die körperliche Strafe aggressive Modelle (ERON et al. 1963). Die ruhige Erörterung von Verboten ist bei Kindern erfolgreicher als die Strafe.

In Experimenten mit »Agressionsmaschinen«, in denen die Versuchspersonen das Opfer ihrer Aggressionen meist nicht wahrnehmen können, wirken bei nichtsadistischen und nichtfrustrierten Versuchspersonen Informationen über die Auswirkungen der Aggressionen beim Opfer vielfach aggressionsmindernd (MILGRAM 1966). Eine ähnliche Aggressionsreduzierung wird zumeist erreicht, wenn man männlichen Versuchspersonen mitteilt, ihre »Opfer« seien weiblichen Geschlechts (sog. Kavalierseffekt, s. BUSS 1961, SELG 1968).

Die zur Verminderung der Aggressivität und zur Verbesserung der Friedenschancen gesellschaftspolitisch richtige Strategie der Zukunft muß darauf ausgerichtet sein, möglichst wenig Aggressionen lernen zu lassen; nicht der Aufbau von Aggressionshemmungen darf im Vordergrund stehen. Hemmungen haben sich als brüchig erwiesen. Außerdem ist es bei einem Training von Aggressionshemmungen schwer zu vermeiden, daß die Hemmungen auf nicht-aggressives Verhalten generalisieren und den fatalen Zustand der Gehemmtheit bewirken.

Wenn z. B. ein Vater bei seinen Kindern aggressives Verhalten bestraft, so wird er weniger die Aggressionen hemmen, sondern vielmehr als unerwünschten Nebeneffekt erreichen, daß die Kinder sich in seiner Gegenwart nichts mehr zutrauen und ziemlich passiv bleiben; das heißt: sie sind in Gegenwart des Vaters generell gehemmt, sie haben Angst vor ihm. (Möglicherweise generalisiert sich die Hemmung sogar auf das Gesamtverhalten des Kindes.)

Aus Testuntersuchungen bei Straftätern (SELG 1968) haben wir Hinweise dafür bekommen, daß sie keineswegs »ungehemmt« sind, wie man naiverweise vielleicht erwarten könnte. Doch entweder sind die

Hemm-Mechanismen noch nicht stark genug angesichts der ebenfalls starken Aggressionsneigungen, oder aber die Hemmungen werden nicht genug auf untrainierte Situationen übertragen.

So kann jemand zwar gelernt haben, seine Eltern nicht zu schlagen, wenn sie ihn ärgern, aber wenn ein Fremder zu Ärger Anlaß gibt, findet evtl. kein Transfer von Hemmungen auf ihn statt.

Die Hemmungshypothese der F-A-Theorie wäre demnach wie folgt zu modifizieren: Wenn eine Bestrafung (oder Erfolglosigkeit) einer Aggression erwartet wird, kann es zu einer Hemmung der Aggression kommen. Je stärker die Erwartung einer Bestrafung ist, desto wahrscheinlicher ist eine Hemmung. Aber eine hohe Bereitschaft, mit Bestrafungen für Aggressionen zu rechnen, korreliert wahrscheinlich mit hoher Bereitschaft, im allgemeinen mit Bestrafungen und Mißerfolg zu rechnen. Der Verdacht auf weitere (neurotische) Erlebens- und Verhaltensstörungen liegt nahe.

2.4. Die Verschiebung

Nach der dritten Ergänzungshypothese der F-A-Theorie (s. S. 12) kann eine Aggression statt gegen den Frustrierenden gegen ein mehr oder weniger neutrales Objekt gerichtet oder aber die Form der Aggression geändert werden.
Nach BERKOWITZ ist für den Fall der Verschiebung auf ein anderes Objekt zunächst zu erwarten, daß vom neuen Objekt Reize ausgehen, die es dem Frustrierenden ähnlich erscheinen lassen, wobei es – wie schon früher angemerkt wurde – äußerst schwer sein dürfte, solche Hinweisreize im Grenzfall aufzuzeigen bzw. ihre Existenz zu widerlegen. Daraus ergibt sich eigentlich für alle, welche die Verschiebungshypothese in dieser Form weiterhin vertreten wollen, die Aufgabe, endlich einmal zu definieren, was »Ähnlichkeit« ist. Bislang lagen immer Zirkelschlüsse nahe: Es wurde behauptet, ein Objekt werde auf Grund seiner Ähnlichkeit mit dem ursprünglichen Ziel angegriffen; wurde tatsächlich irgendein Objekt angegriffen, wurde es nachträglich als »ähnlich« akzeptiert.
Von höherem wissenschaftlichen Wert ist deshalb eine andere Überlegung: Nimmt man die Gültigkeit der neueren Frustrations-Ärger/Wut-Hypothese oder die Frustrations-Antriebs-Hypothese als gegeben an, liegt es nahe, die als »Verschiebung« bezeichneten Phänomene neu zu interpretieren. Man weiß nämlich, daß ein starker Affekt, ein übersteigerter Antrieb verschiedenste Leistungen ungünstig beeinflußt (sog. YERKES-DODSON-Gesetz, s. Abb. 2, S. 27).

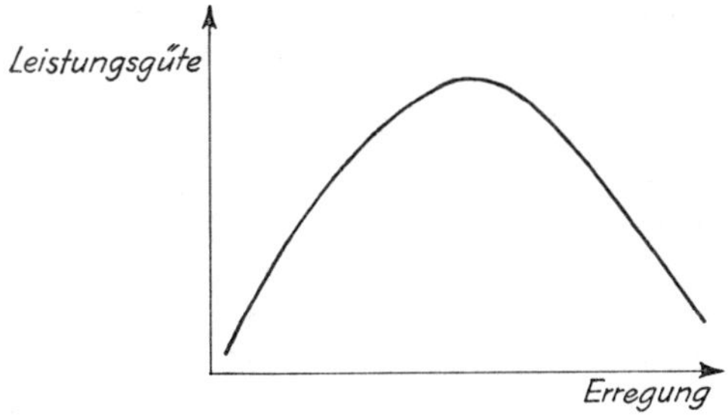

Abb. 2: Das YERKES-DODSON-Gesetz

Während leichte Examensangst die Arbeitsbereitschaft steigert, mindert starke Angst die Güte der Vorbereitungen und die Lern- und Reproduktionsleistungen.

Für Aggressionen – zumal wutbegleitete – ist in jedem Fall ein recht hohes Antriebsniveau nötig. Wahrscheinlich ist es in den meisten Fällen bereits so hoch, daß es rationale Leistungen beeinträchtigt (s. LATANE/ARROWOOD 1963); vornehmlich ist in unserem Zusammenhang an das Unterscheidungsvermögen für Reize verschiedenster Art zu denken. Reize, die bei optimaler Antriebslage sehr wohl unterschieden werden, führen bei hoher Erregung zu eher undifferenzierten Wahrnehmungen.

Eine Frau z. B., die in Ruhe über Herrn A und Herrn B differenziert urteilt, sagt in der Erregung »Männer sind doch alle gleich« und läßt die Wut, die Herr A verschuldet hat, an Herrn B aus, wenn A nicht greifbar ist. Sie unterscheidet zwischen A und B nicht mehr genügend und generalisiert ihre Erfahrungen mit A zu stark.

Es ist wissenschaftlich zweckmäßiger, die Erklärungsbegriffe »Generalisation« und »Diskrimination« zu verwenden, weil sie auf alle Verhaltensklassen anwendbar sind, als eine aggressions- oder konfliktspezifische »Verschiebung« zu postulieren: Es geht auf Diskriminationslernen zurück, wenn es Kinder gibt, die zu Hause frech und in der Schule brav sind und umgekehrt; es ist Mangel an Diskrimination, wenn man bei starker Erregung relativ »blind« aggressiv wird (so wie die Frau im geschilderten fiktiven Beispiel).
Von einer Verschiebung sollte man nur sprechen, wenn es eindeutig ist, daß eine Aggression trotz vorhandener Unterscheidungsfähigkeit nicht gegen das ursprüngliche Ziel, sondern gegen ein neutrales Objekt gerichtet wird. So könnte man vielleicht von einer Verschiebung sprechen, wenn ein Junge, nachdem er vom Vater frustriert wurde, nach draußen geht und entgegen seinen sonstigen Gewohnheiten und ohne erkennbaren Anlaß einen Nachbarsjungen verprügelt.

Wenn aber – und so pflegen die »Beweise« für die Verschiebung auszusehen – lediglich ermittelt wird, daß Jungen zu Hause öfter »etwas einstecken« müssen und dennoch zu Hause nicht aggressiv werden, während sie auf der Straße durch Aggressionen auffallen, so ist hieraus weniger eine Verschiebung abzuleiten als vielmehr an das Diskriminationslernen zu denken: Die Kinder haben gelernt, zu Hause keine Aggression zu zeigen; sie haben ebenso gelernt, daß sich ein »richtiger Junge« von anderen Jungen nichts gefallen läßt und daß man sich unter Gleichaltrigen mit Aggressionen sehr gut durchsetzen kann.

Zum Schluß noch ein Wort zur *»Sündenbock*-Hypothese«, über die im Umfeld der Verschiebungshypothese gern diskutiert wird. Häufig zitiertes Beispiel sind die Juden, aus deren Kult der Begriff »Sündenbock« stammt. Sie sind in Europa immer wieder verfolgt worden. Wenn es schlecht um die Wirtschaft stand, waren die Juden schuld etc. Wird das mit dem Etikett »Sündenbock« schon genügend erklärt? Zu viele Fragen bleiben offen. Warum wurden ausgerechnet immer wieder die Juden als Sündenböcke bevorzugt? Über den Anfang des Antisemitismus kann man nur spekulieren und u. a. an die Tatsache denken, daß die Juden im Christentum als Mörder des Gottessohnes gelten; oder man mag bedenken, daß die Juden, obwohl sie Augenzeugen des historischen Jesus waren, von ihm nicht überzeugt wurden und dadurch bei den Christen eine uneingestandene Unsicherheit hervorrufen (eine sog. kognitive Dissonanz), die man mit allen Mitteln zu vermindern trachtet.
Fragt man sich, wie im Einzelfall das Vorurteil gegen die Juden übernommen wird, ist an das Lernen am Modell zu denken. Da seit 1945 der jungen Generation in Deutschland keine Aggressionen gegen Juden mehr vorgemacht werden, ist der deutsche Antisemitismus unbedeutend geworden. Was gern als geheimnisvoller Mechanismus (»Verschiebung«) angesehen wird, ist wieder hinreichend durch die Gesetze des Lernens, die für alle menschlichen Verhaltensklassen gültig sind, erklärbar.
Die *Funktion* des Sündenbocks ist je nach geschichtlichen Zusammenhängen verschieden. Einmal werden Ressentiments aus der Kindheit der Machthaber in eine Verfolgung umgesetzt, ein andermal muß vom Versagen einer Regierung abgelenkt werden, mal müssen die Sündenböcke für unerklärliche Ereignisse (wie die Pestepidemien im Mittelalter) geradestehen. Eines steht fest: die Gesellschaft, die eine Minderheit in eine Sündenbockrolle drängt, leitet nicht dauerhaft die Energie von anderen Aggressionsbereitschaften ab (wie wäre sonst der Zweite Weltkrieg noch möglich gewesen?), sondern schafft zusätzliche Aggressionen!

2.5. Die Selbstaggression

Nach der F-A-Theorie soll es Selbstaggressionen nur geben, wenn die nach einer Frustration auftretende Aggressionsneigung nicht gegen den Frustrierenden gerichtet oder gegen ein ähnliches Objekt verschoben werden kann bzw. wenn man Grund hat, die Ursachen der Frustration in eigenen Unzulänglichkeiten zu sehen.

Es ist eine der simpelsten Annahmen in der Aggressionsliteratur, daß Aggression bzw. Aggressivität eine einheitliche Größe sei und daß man nur über ein ganz bestimmtes Aggressionsquantum verfüge. Wenn man Teile der vorhandenen Aggressionsneigung gegen andere richten kann, bleiben nach dieser Vorstellung entsprechend weniger für eine Selbstaggression übrig und umgekehrt.[11] Das ist Schreibtischpsychologie.

Wer eingesehen hat, daß menschliches Verhalten ganz überwiegend gelernt werden muß,[12] dem leuchtet ein, daß man Aggressionen sowohl gegen andere als auch – relativ unabhängig davon – gegen sich selbst lernen kann. Das Lernen am Modell liefert auch für die Selbstaggression eine Erklärung: Was man als Kind andere machen sieht, ahmt man nach. Wenn das Kind sich selbst als Objekt vieler Aggressionen, z. B. vieler Nörgeleien sieht, ahmt es auch das nach, richtet Aggressionen gegen sich selbst, ist stets mit sich unzufrieden usw.

Es ist in diesem Zusammenhang notwendig zu fordern, daß mehr von *den* Aggressionen oder besser noch: von *den* Aggressivitäten[13] gesprochen werden sollte als von *der* Aggression oder *der* Aggressivität. Es gibt nämlich keine einheitliche Aggressivität.

Die Aggressivität des einen ist vorwiegend verbaler Art, die Aggressivität eines andern, eines »Schlägers«, ist körperlicher Art. Ein dritter zeigt beide, ein vierter keine der beiden Aggressivitäten. Oder: der eine richtet Aggressionen vorwiegend gegen Schwächere, der andere gegen Fremde, ein dritter gegen sich, ein vierter sowohl gegen andere als auch gegen sich selbst usw. Es ist unergiebig, beim religionsphilosophischen Streitgespräch zwischen dem Atheisten B. Russell und dem Jesuitenpater Copleston (Russell 1963) von der gleichen Aggressivität zu sprechen wie bei einer Schlägerei zwischen Angetrunkenen, die sich an der Bezahlung eines Biers entzündet.

Indem so die Betrachtung der Aggressivität mehrdimensional würde, verlöre sich die Neigung, Fremd- und Selbstaggressionen als umgekehrt proportionale Größen anzusehen.

Aus Fragebogenuntersuchungen (Selg 1968) haben wir Anhaltspunkte dafür, daß Fremd- und Selbstaggressionen positiv miteinander korrelieren. Das heißt: wo hohe Fremdaggressionen berichtet werden, sind auch hohe Selbstaggressionen zu erwarten und umgekehrt. Die Werte in der Skala »Selbstaggression« korrelieren[14] mit der Summe anderer Aggressionsskalen bei

1.	Studentinnen	+.498
2.	Studenten	+.457
3.	Bundeswehrsoldaten	+.435
4.	Straftätern	+.333

Die Selbstaggressionswerte der Straftäter lagen ebenso wie die meisten ihrer Werte für Fremdaggressionen über denen vergleichbarer männlicher Erwachsener. Auch H. P. Grossmann kommt in seiner Untersuchung von Straftätern zu dem Ergebnis, »daß ein hohes Quantum von spontaner Fremdaggression sehr wohl mit einem hohen Quantum von Selbstaggression einhergehen kann ...« (1972, S. 153).

2.6. Die Katharsishypothese

Die von Dollard et al. behauptete und von uns mit anderen zurückgewiesene Austauschbarkeit von Fremd- und Selbstaggressionen führt bereits mitten hinein in die letzte Zusatzhypothese, die Katharsishypothese. Nach ihr vermindert eine ausgeführte Aggression irgendwelcher Art die Bereitschaft zur Ausführung weiterer Aggressionen.
Die Katharsishypothese führt Gedanken von Aristoteles und Freud fort. Aristoteles sah die Katharsis, die Läuterung der Seele von starken Affekten, durch das Zuschauen bei der Tragödie als möglich an. Um von negativ bewerteten Affekten wie Wut und Furcht befreit zu werden, genügt nach der antiken Theorie die Beobachtung entsprechender Handlungen auf der Bühne. Diese Theorie hat noch immer Anhänger. Die Film- und Fernsehindustrie wird nicht müde, Filme, die Gewalttätigkeiten demonstrieren, mit dem Hinweis auf ihre kathartische Wirkung zu verteidigen.
Gegen die aristotelische Katharsishypothese spricht jedoch inzwischen eine beträchtliche Zahl von systematischen Beobachtungen. Als experimentelle Überprüfung sei stellvertretend für viele eine Untersuchung von Bandura, Ross und Ross (1963) geschildert, an der 96 Kinder im Alter von drei bis sechs Jahren teilnahmen.

Diese Kinder verteilten sich auf vier Gruppen, drei sog. Experimentalgruppen und eine Kontrollgruppe. Den Kindern der Experimentalgruppen führte man ausgesuchte Aggressionen vor, die den Kindern wahrscheinlich nicht geläufig waren (wie z. B. das Schlagen mit einem Hammer auf den Kopf einer großen Puppe). Der ersten Experimentalgruppe wurden die Aggressionen unmittelbar durch Erwachsene, der zweiten durch Erwachsene in einem Fernsehfilm und der dritten Gruppe durch eine schwarze Katze in einem Fernseh-Zeichentrickfilm demonstriert. Der Kontrollgruppe wurden keine Aggressionen vorgeführt.
In einer anschließenden Beobachtungszeit von 20 Minuten konnten die Kinder mit verschiedenen Dingen spielen, u. a. auch mit den Gegenständen, wel-

che von den Modellen bei den Aggressionen benutzt worden waren (Puppe, Hammer usw.).
Ergebnis: Kinder der drei Experimentalgruppen zeigten etwa doppelt so viele Aggressionen wie Kinder der Kontrollgruppe. Einerseits waren *die* Aggressionen erhöht, die man den Kindern vorgemacht hatte, andererseits waren aber auch solche Aggressionen erhöht, wie man sie den Kindern nicht demonstriert hatte. Zwischen den drei Experimentalgruppen gab es nur geringe Unterschiede: Während das unmittelbare Zeigen (Gruppe 1) mehr zu imitativen Aggressionen führte, regte der Zeichentrickfilm (Gruppe 3) mehr nichtimitative Aggressionen an.

Wie immer man diese und andere Ergebnisse (s. MUSSEN/RUTHERFORD 1961, SCHÖNBACH 1967, HARTMANN 1969) betrachtet: eine Katharsis ist nicht hineinzuinterpretieren. Vielmehr ist eine Zunahme der Aggressionsbereitschaft deutlich.
Auch der denkbare Einwand, so unmittelbar nach einer Demonstration von Aggressionen seien noch Suggestionen wirksam, aber nach längerer Zeit setze sich ein Kathariseffekt durch, hat die Empirie gegen sich: HICKS (1965) hat ein sehr ähnliches Experiment wie BANDURA, ROSS und ROSS durchgeführt und noch nach einem halben Jahr deutliche Einflüsse der Demonstrationen nachweisen können. Es bleibt nur die Folgerung: Das bloße Zusehen vermindert nicht die Neigung zu Aggressionen, sondern erhöht sie ganz beträchtlich.
BUSS (1961) und FESHBACH (1961) versuchten, eine eingeschränkte Katharsishypothese zu vertreten: Die Beobachtung aggressiver Szenen führt bei *den* Menschen zu einer Katharsis, die in einem affinen Affektzustand sind (Wut, Ärger). Dagegen führt die Betrachtung von Aggressionen bei Menschen ohne diesen Affekt zu einem Anstieg der Aggressionsbereitschaft.
Verschiedene experimentelle Befunde (u. a. von BERKOWITZ/RAWLINGS 1963 und HARTMANN 1969) sprechen gegen die Gültigkeit dieser Interpretation.
Eine andere Variante der Katharsishypothese, die psychoanalytische Einflüsse zeigt, besagt: Bei Menschen, die eine Aggression *ausführen,* ist die Neigung zu weiteren Aggressionen anschließend reduziert.
Wie vor ihm u. a. schon MENNINGER (1948) leitete LORENZ noch 1963 daraus den Ratschlag ab, daß man aggressive Kampfspiele betreiben solle (Sport), um für ernsthafte Aggressionen weniger bereit zu sein.[15] Mit besserer Einschätzung der Realität benutzten hingegen SHERIF u. a. sportliche Turniere, um Feindseligkeiten unter Jugendlichen zu erzeugen (die sie mit anderen Methoden wieder abbauten).
Auch diese Variante der Katharsishypothese wurde bald so eingeschränkt, daß sie nur für Verärgerte gelten sollte.
Es gibt ein Experiment von FESHBACH (1955), das lange als Beleg für die so modifizierte Katharsishypothese gedient hat (s. aber HOKANSON/BURGESS 1962 b).

Verärgerte Studenten, die Gelegenheit hatten, zu vier Bildtafeln Geschichten zu erzählen (wenn sie wollten: aggressive Geschichten), zeigten in einem abschließenden Fragebogen weniger aggressive Einstellungen als verärgerte Studenten, welche keine Gelegenheit zum Geschichtenerzählen bekommen hatten.

Fehlt hingegen die affektive Erregung, so bewirkt eine Aggression keine Katharsis. Auch hierfür kann FESHBACH (1956) mit einem Experiment zitiert werden:

Durch »aggressive« Spielsachen (Indianer, Soldaten) brachte er eine Experimentalgruppe zu signifikant stärkeren Aggressionen als eine Kontrollgruppe, der nur Spielsachen wie Züge, Tiere etc. zur Verfügung standen. Nach diesem Teil des Experiments zeigte die Experimentalgruppe in weiteren Situationen keinerlei kathartischen Effekt.

Vielmehr kann man auch nach der Ausführung von Aggressionen statt einer Katharsis einen Anstieg aggressiver Regungen feststellen (s. WALTERS/BROWN 1963, LITTLE/ADAMS 1965 etc.). Aus lernpsychologischen Erfahrungen kann man ergänzend folgern, daß die nach Aggressionen anzutreffende erhöhte Bereitschaft zu weiteren Aggressionen nicht auf die Laboratoriumssituation beschränkt bleibt, sondern sich als überdauernde Bereitschaft festigen wird (Kap. 3).

Die lange Zeit akzeptierte BUSSsche Ausdifferenzierung der Katharsishypothese (Aggression bei Wut ergibt einen kathartischen Effekt, Aggression ohne Wut nicht) geht noch nicht genug ins Detail. In mehreren Untersuchungen haben HOKANSON und Mitarbeiter bei Versuchspersonen einen Anstieg des systolischen Blutdrucks nach Verärgerung messen können. Wie dieser Anstieg rückgängig gemacht werden könne, war Gegenstand einer Reihe von Experimenten. Das Bild, das sich aus ihnen inzwischen ergeben hat, sieht so aus:

Der als Affektindikator geltende systolische Blutdruck sinkt bei *männlichen*, studentischen Versuchspersonen relativ schnell, wenn sie den Frustrierenden verbal oder physisch (Austeilung eines elektrischen Schlages) attackieren können.

Der Blutdruck sinkt aber auch relativ schnell, wenn sie in dem Glauben, der Frustrierende habe einen hohen Status (Professor), ihn *nicht* attackieren.

Der Blutdruck sinkt hingegen nicht schnell, wenn sie nur auf der Phantasieebene Aggressionen zeigen können (Geschichten erzählen; das steht im Widerspruch zu dem geschilderten Experiment von FESHBACH 1955). Er sinkt auch nicht schnell, wenn die Aggressionen statt gegen den Frustrierenden gegen ein Ersatzobjekt gerichtet werden (HOKANSON/BURGESS/COHEN 1963, GAMBARO/RABIN 1969; das Experiment kann u. a. auch gegen die Bedeutung der Verschiebungshypothese zitiert werden).

Bei *weiblichen* Versuchspersonen, die von weiblichen Versuchsleitern attakkiert wurden, sank der Blutdruck nach Aggressionen *langsamer* als nach nichtaggressivem, freundlichem Verhalten (HOKANSON et al. 1968). Das bedeutet wahrscheinlich: der Blutdruck normalisiert sich dann am schnellsten, wenn man das tun kann, was man als Reaktion auf Verärgerung gelernt hat. Da unsere

Kultur dem weiblichen Geschlecht Aggressionen weitgehend untersagt, führt Aggression nicht zur Blutdrucknormalisierung. Dem männlichen Geschlecht werden offene, reaktive Aggressionen von Kindheit an zugebilligt — und so reguliert sich nach einer offenen Aggression gegen den Frustrierenden der Blutdruck relativ häufig.

HOKANSON und seine Mitarbeiter (zitiert nach MEGARGEE/HOKANSON 1970) sammelten weitere Belege für eine lernpsychologische Erklärung »kathartischer« Effekte. Danach können sehr verschiedenartige Reaktionsweisen katharsisähnliche Effekte hervorrufen, wenn sie dazu dienen können, unangenehme, schmerzhafte Reize zu verringern oder zu beseitigen.

Drei Experimente seien kurz angeführt:

1. Weibliche Versuchspersonen, die auf experimentelle Attacken freundlich reagiert hatten und dadurch zu raschen Blutdrucknormalisierungen kamen, erhielten in der nächsten experimentellen Phase nach freundlichen Reaktionen einen elektrischen Schlag. Falls sie aber selbst aggressiv reagierten, erfuhren sie anschließend eine freundliche Behandlung. Dadurch wurde die ursprünglich bevorzugte freundliche Reaktion sehr schnell reduziert, während die gelernte Gegenaggression zu katharsisartigen Effekten führte.
2. Umgekehrt wurde bei männlichen Versuchspersonen die ursprünglich dominante Gegenaggression reduziert und freundliches Reagieren mit katharsisartiger Funktion aufgebaut.
3. Versuchspersonen erhielten die Möglichkeit, auf eine erlittene Aggression (elektrischer Schlag) hin mit einer Gegenaggression, einer freundlichen Geste oder mit einer Selbstaggression zu reagieren. Die Selbstaggression bestand in einem unangenehmen elektrischen Schlag, der allerdings weniger intensiv war als die anderen, vom Versuchsleiter her eingeplanten elektrischen Schläge. Nach einer Selbstaggression erfuhr eine Versuchsperson in der Regel eine freundliche Behandlung; nach einer Gegenaggression oder nach einer freundlichen Reaktion erfuhr sie hingegen meist einen neuen schmerzhaften Schlag. Diese experimentelle Prozedur führte dazu, daß die Versuchspersonen bald selbstaggressiv reagierten und – das ist wichtig – dabei katharsisähnliche Blutdrucknormalisierungen beobachtbar waren.

Die lernpsychologische Erklärung lautet für alle drei Experimente:
Jede Verhaltensweise, welche die unangenehmen elektrischen Schläge reduziert, wird gelernt und führt zu katharsisähnlichen Konsequenzen; oder mit anderen Worten: der *instrumentelle Wert* — nicht der aggressive Inhalt — einer Handlung bestimmt, ob sie zu einer Normalisierung des Blutdrucks führt oder nicht.

Diese für die Affektpsychologie wichtigen Experimente sollen im Rahmen der Aggressionsforschung jedoch nicht überschätzt werden. Zum einen sind die Resultate nicht völlig einheitlich (s. KAHN 1960, HOLMES 1966 u. a.), zum andern müssen wir uns fragen: Was würden die Resultate besagen, wenn sie einheitlicher wären? Doch nur, daß ein Affektindikator (Blutdruckanstieg) sich reduziert, aber nicht, daß damit zugleich eine Aggressionsbereitschaft sinkt. Vielmehr ist wiederum zu erwarten, daß das Erleben der Spannungsreduktion nach

einer Aggression zu einer erhöhten Bereitschaft führt, zukünftig bei Spannungen gleich wieder aggressiv zu reagieren.
Unzureichend bestätigt sind auch weitere vereinzelte Befunde zur Katharsisforschung, z. B. daß das Selbstwertgefühl der Versuchspersonen von Einfluß sei und es bei geringem Selbstwertgefühl eher zu einer Katharsis komme (ROSENBAUM/de CHARMES 1960) oder daß die Aggressivität im Normalzustand (FISHMAN 1965) bzw. das Ausmaß an Schuldgefühlen von Einfluß auf die Katharsis sei (GAMBARO/RABIN 1969).
Welche Variablen im einzelnen auch immer bedeutsam sein mögen, die alte Katharsishypothese, nach der »Therapeuten« und Erzieher aggressive Kinder aggressive Filme sehen lassen und zu aggressiven Spielen (sog. Abreaktionen) ermuntern, um einen kathartischen Effekt zu erhalten, ist überholt; sie ist pädagogisch schädlich.
Wie BANDURA und WALTERS (1964) sarkastisch bemerken, ist es im übrigen erstaunlich, daß die gleiche theoretische Position nicht dazu benutzt wurde, die Vorführung sexueller Filme oder die Lektüre sexuell anregender Bücher zur Reduzierung sexueller Bedürfnisse einzusetzen. Im Gegenteil: von sexuellen Büchern und Filmen erwarteten alle Zensoren immer nur sexuelle Erregung und Verführung, nie aber Befreiung von sexuellen Tagträumen, Onanie- und Koituswünschen.

Zusammenfassend bietet sich heute folgende Stellungnahme zur Katharsishypothese an:
Die Ausführung (evtl. auch die Beobachtung) von Aggression vermag wahrscheinlich eine anfangs vorhandene Wut- oder Ärgerspannung bei denen zu reduzieren, die es so gelernt haben (also in unserer Kultur eher bei Männern als bei Frauen). Aber: Das Erlebnis der »Erleichterung«, oder »Befreiung« von der Affektspannung erhöht die Wahrscheinlichkeit, daß man unter ähnlicher Spannung wieder Aggressionen sehen bzw. ausführen will.
Werden Aggressionen beobachtet oder ausgeführt, ohne daß man anfangs Wut oder Ärger verspürt, so steigt die Bereitschaft zu weiteren Aggressionen (es sei denn, eine Strafe folge der Aggression »auf dem Fuße«).
Gelegentlich kann nach einer Aggression auch eine Pseudo-Katharsis durch Erschöpfung auftreten. War die Aggression erfolgreich, ist nach einer Erholung die Wahrscheinlichkeit weiterer Aggressionen erhöht.
Betrachtet man den Stand der Forschung zur Katharsishypothese unter dem zeitlichen Aspekt, so läßt sich auch schließen: solange die Betrachtung der Aggressionsfolgen nur über eine kurze Zeitspanne hin erfolgt, ist man geneigt, nach affektbesetzten Aggressionen kathartische Effekte wahrzunehmen. Bei langfristiger Betrachtung *vermehren* jedoch *Beobachtung und Ausführung erfolgreicher Aggressionen die*

Wahrscheinlichkeit weiterer Aggressionen, ja es kann sogar ein besonderes Bedürfnis nach aggressivem Verhalten entstehen (s. Kap. 3).

2.7. Die Frustrations-Aggressions-Theorie als Langzeitmodell

Bei Dollard et al. ist die F-A-Theorie zunächst vornehmlich ein Kurzzeitmodell der Aggression gewesen, aber in späteren Teilen des Buches von 1939 wird die Theorie auch immer mehr als Langzeitmodell eingesetzt.

Kurzzeitmodell soll heißen: Eine Frustration führt unmittelbar zu einer Aggression; Langzeitmodell heißt dann: Frustrationen führen nach längerer Zeit zu Aggressionen. Zum Beispiel wird unter diesem Aspekt erwartet, daß hochaggressive Erwachsene nicht kurz vor ihren Aggressionen, sondern in ihrer frühen Kindheit besonders stark frustriert wurden.

Für das Langzeitmodell werden zwei zentrale Begriffe der F-A-Theorie umdefiniert, ohne daß die Autoren den Wechsel bewußt reflektieren. Zunächst wird »Frustration« fast ausschließlich im weiteren Sinn gebraucht (s. S. 15). Somit gelten zum Beispiel alle mangelhaften Bedürfnisbefriedigungen (s. Plack) als Frustration, evtl. auch alle Krankheiten und Unfälle, die man erleidet (Palmer). Zum andern spricht man von Aggressionen als Frustrationsfolgen und meint »Aggressivität«, nämlich eine überdauernde Bereitschaft, aggressiv zu handeln, eine »Eigenschaft«.

Diesen oftmals im besten Sinne geistreichen und anregenden Abhandlungen zum Langzeitmodell ist klar entgegenzuhalten: Zu seiner Stützung fehlen trotz aller anderslautenden Beteuerungen die Belege von wissenschaftlichem Niveau. Es ist nichts leichter, als in der frühen Kindheit Frustrationen »nachzuweisen«. Da bieten sich – je nach Phantasie – die Angst bei der Geburt, die Frustration des Abstillens oder der Flaschenfütterung,[16] die Reinlichkeitserziehung und — wenn man psychoanalytischen Glaubens ist — auch die Kastrationsdrohungen durch die Eltern an.

Niemand hat nachgewiesen, daß die genannten »Frustrationen« überhaupt solche sind, und keiner hat sich die Mühe gemacht, die »Zeitzünderwirkung« der spekulierten Frustrationen, die in der Kindheit stattfinden und beim Erwachsenen zu den geächteten Aggressionen führen sollen, genau genug aufzudecken.[17]

Man kann zwar mit einiger Mühe ein paar Befunde zugunsten des Langzeitmodells anführen: Teile des ersten Buchs von Bandura und Walters (1959) könnten so verstanden werden, daß aggressive Jugendliche in der Kindheit stärker frustriert wurden als nichtaggressive, und Palmer (1960) fand Vergleichbares bei Mördern. Doch mit ihrer neuen Lerntheorie von 1964 boten Bandura und Walters bereits

andere Interpretationen ihrer Daten an: Das frustrierende Verhalten der Eltern liefert den Kindern vielfach Modelle für aggressives Verhalten (deutlich bei körperlich strafenden Eltern), und die Wirksamkeit aggressiver Modelle läßt sich nicht mehr wegdiskutieren.
Als zusätzliche Kritik am Langzeitmodell lassen sich auch Untersuchungsbefunde nennen, die ihm zuwiderlaufen (s. SEARS et al. 1953, WITTENBORN 1954, BANDURA/WALTERS 1964).
Auf Grund der geschilderten Lage ergibt sich die Forderung an die Anhänger des Langzeitmodells, die Brüchigkeit ihrer theoretischen Position nicht weiter zu verschleiern. Wenn PLACK für größere Freiheit in der Sexualerziehung und in der motorischen Aktivität eine Lanze brechen will, so kann er das mit guten Argumenten tun; aber er sollte nicht die falsche Hoffnung wecken, daß sexuelle Freiheit für die Menschheit auch Freiheit von Aggressivität bedeuten wird. Beide Dimensionen entwickeln sich nicht in der bei PLACK geschilderten Abhängigkeit. Eine subtile, wechselseitige Beeinflussung kann spekulativ angenommen werden, aber prinzipiell entwickeln sich aggressives und sexuelles Verhalten unabhängig voneinander.

2.8. Über den Fortbestand der Frustrations-Aggressions-Theorie

Angesichts der Schwächen der F-A-Theorie in all ihren Abwandlungen drängt sich die Frage auf, wie es möglich ist, daß sie sich so lange halten konnte und noch hält. Die Antwort ist sicher nicht einfach. Doch einmal ist darauf hinzuweisen, daß die F-A-Theorie ohne Schwierigkeit in andere Systeme eingebaut werden kann (z. B. in Instinkt- und Trieblehren, s. KUIPER). Die Triebtheorie der Aggression kann die Frustration als Auslöser für die aufgestaute Aggressionsbereitschaft ansehen. Zum andern ist darauf zu verweisen, daß sich die F-A-Theorie weniger in der ernsten Aggressionsforschung als in populärwissenschaftlichen und ideologischen Schriften hält.
Die F-A-Theorie bietet erstens den Vorteil, eine einfache und leichtverständliche Theorie zu sein, und zweitens entschuldigt sie menschliche Aggressionen, denn sie stellt sie als reaktiv dar: Nur weil man uns herausfordert (frustriert), sind wir aggressiv. Als Langzeitmodell scheint es die Theorie sogar zu erlauben, die benötigten Frustrationen nachträglich im Dunkel der frühen Kindheit anzunehmen: »Wenn ich aggressiv bin, sind die Alten schuld.« Mit der schlichten Frustrations-Aggressions-Theorie im Kopf kann zur Zeit jeder, der mitreden will, den kleinen Psychologen spielen.

Triebmodelle der Aggression

Von Ute Jakobi / Herbert Selg / Wilfried Belschner

1. Trieb, Instinkt, Motivation

Im deutschen Kulturbereich wird immer wieder der Versuch unternommen, die menschliche Aggressivität mit dem Hinweis auf einen ihr zugrundeliegenden Trieb zu erklären. Hauptvertreter von Triebmodellen der Aggression sind FREUD und LORENZ. Wenn man sich mit den Vorstellungen zweier so populärer wie umstrittener Männer auseinandersetzt, ist es zunächst erforderlich, einige klärende Hinweise zu den Begriffen Trieb, Instinkt und Motivation sowie zu deren angloamerikanischen Entsprechungen zu versuchen.

Motivation: HOFSTÄTTER (1957b, S. 53) rät dem Leser, den Triebbegriff bei Menschen »möglichst zu vermeiden und dafür im weiteren Sinne von Motiven oder Antrieben des Handelns zu sprechen«. Der allgemeine Trend der Psychologie geht tatsächlich dahin, bei der Erklärung von Verhaltensweisen weniger von Trieben, Drängen, Bedürfnissen, Instinkten etc. als vielmehr von der Motivationslage zu sprechen. Mit anderen Worten: Die Frage nach dem »Warum« eines Verhaltens kann nur durch eine komplexe Motivationsanalyse beantwortet werden. Unabhängig von diesem Trend in der empirischen Humanpsychologie müssen wir im Rahmen unseres Themas versuchen, die bei FREUD bzw. LORENZ zentralen Begriffe »Trieb« und »Instinkt« zu erörtern, um einen Zugang zu ihren Lehrmeinungen zu bekommen. Dabei ist auch kurz auf die im angloamerikanischen Sprachraum benutzten Übersetzungen »drive« und »instinct« einzugehen.

Trieb: Der Triebbegriff umfaßt einen *angeborenen* Mechanismus, der sich sowohl bei physiologischer als auch bei psychologischer Betrachtung offenbart. Der Trieb wird also als ein leib-seelisches Phänomen verstanden. Bei psychologischer Betrachtung steht das periodische Erleben eines dranghaften Impetus im Vordergrund, das uns zu einem bestimmten Verhalten (Zielsuche) veranlaßt und nach einer Entladung zeitweilig abklingt.

In den psychologischen Triebtheorien herrscht keine Einigkeit über die Anzahl und Art der Triebe. Während in der sog. Tiefenpsychologie ADLER *einen* Trieb (Machttrieb), der späte FREUD *zwei* große Triebsysteme und SCHULTZ-HENCKE *drei* Triebe (Sexual-, Macht-, Besitz-Trieb) postuliert, laufen die Spekulationen des Ethologen LORENZ 1963 auf *vier* (»große«) Triebe hinaus (s. Abs. 4.).

»drive« und »instinct«: Angloamerikanische Ausgaben deutscher Autoren übersetzen »Trieb« vielfach mit »drive« oder »instinct«. Der Begriff »drive« ist jedoch unspezifischer als der Begriff »Trieb«. »Drive« wird vorwiegend auf einen inneren Erregungszustand bezogen und bezeichnet oft nur eine allgemeine Erregung oder Aktivierung, ohne einen spezifischen Erlebnisinhalt oder eine spezifische Ausrichtung zu berücksichtigen. »Instinct« dagegen umschließt relativ eindeutig ausgerichtete, angeborene und ererbte Verhaltensschemata. Dieser Begriff ist stärker eingeengt als »Trieb« im deutschen Sprachraum. In angloamerikanischen Freud-Diskussionen wird vorwiegend von »instinct« gesprochen.

Instinkt: Der mehr zur Ethologie gehörige Instinktbegriff bezeichnet angeborene, ererbte, artspezifische, von Schlüsselreizen abhängige Verhaltensweisen. TINBERGEN sieht einen Instinkt (vorläufig) als hierarchisch organisierten nervösen Mechanismus, der »auf bestimmte vorwarnende, auslösende und richtende Impulse, sowohl innere wie äußere, anspricht und sie mit wohlkoordinierten, lebens- und arterhaltenden Bewegungen beantwortet« (1956). Diese »Bewegungen« umfassen sowohl das variable anfängliche Appetenzverhalten (Suche nach dem adäquaten Auslöser, etwa die Suche eines Wanderfalken nach Beute) als auch die starre Endhandlung (etwa die Abläufe des Aufnehmens, Anfeuchtens und Schluckens der Beute). Bei LORENZ hingegen werden nur die vorgeformten, starren Endhandlungen als Instinkt bezeichnet (1937).

Es ist eine alte Streitfrage, ob der Mensch überhaupt Instinkte habe und wieviele er vielleicht habe. Am ehesten ist noch ein Sauginstinkt nachweisbar: Der längere Zeit nicht gestillte Säugling wird unruhig (Appetenzverhalten im weitesten Sinne); führt die stillende Mutter eine Brustwarze an seine Lippen, so setzt auf diesen Auslöser hin die Endhandlung ein mit Aufnehmen der Brustwarze, Saugen, Schlucken etc.

2. Das Triebkonzept FREUDS

Bekanntlich ist das Triebkonzept FREUDS kein einheitliches, einmalig konzipiertes Modell. Vielmehr zeigt sich von den Anfängen der Psychoanalyse an eine Entwicklung und Verwandlung dieses so zentralen Begriffs. FREUD selbst meint rückblickend (1930, S. 476): »Von allen langsam entwickelten Stücken der analytischen Theorie hat sich die Trieblehre am mühseligsten vorwärtsgetastet.« Um dieses ständige Kreisen und Bemühen um seine Trieblehre noch zu verdeutlichen, sei ein Zitat FREUDS aus den späteren Jahren an den Anfang gestellt (1933, S. 101):

»Die Trieblehre ist sozusagen unsere Mythologie. Die Triebe sind mythische Wesen, großartig in ihrer Unbestimmtheit. Wir können in unserer Arbeit keinen Augenblick von ihnen absehen und sind dabei nie sicher, sie scharf zu sehen. Sie wissen, wie sich das populäre Denken mit den Trieben auseinandersetzt. Man nimmt so viele und verschiedenartige Triebe an, als man eben braucht, einen Geltungs-, Nachahmungs-, Spiel-, Geselligkeitstrieb und viele dergleichen mehr. Man nimmt sie gleichsam auf, läßt jeden seine Arbeit tun und entläßt sie dann wieder. Uns hat immer die Ahnung gerührt, daß hinter diesen vielen kleinen ausgeliehenen Trieben sich etwas Ernsthaftes und Gewaltiges verbirgt, dem wir uns vorsichtig annähern möchten.«

FREUD hinterließ ein dualistisches Triebkonzept. In ihm sind zwei sogenannte Urtriebe einander gegenübergestellt: der Todestrieb und der Eros.
Was aber macht nach FREUD einen Trieb aus? Für den späten FREUD, für den das Todestrieb-Konzept immer wesentlicher wird, sind Triebe die »Kräfte, die wir hinter den Bedürfnisspannungen des Es« (also der Vitalschicht) annehmen ... »Sie repräsentieren die körperlichen Anforderungen an das Seelenleben« (1938, S. 70) und sind, obwohl sie als letzte Ursachen aller Aktivität von FREUD angesehen werden, konservativer Natur, d. h. sie streben danach, den einmal verlassenen Zustand wieder herzustellen. Als allgemeine Triebcharakteristika werden in einer früheren Darstellung (1905 b) Quelle, Drang, Ziel und Objekt hervorgehoben.

2.1. Quelle

Als Triebquelle sieht FREUD jenen »somatischen Vorgang in einem Organ oder Körperteil« an, »dessen Reiz im Seelenleben durch den Trieb repräsentiert ist«. Dabei bemerkt er, daß es unbekannt sei, ob dieser Vorgang regelmäßig chemischer Natur sei oder auch mechanischer Natur sein könne. Das Studium der Triebquellen, so fährt FREUD fort (1915 a, S. 215), gehöre der Psychologie eigentlich nicht mehr an. Die genaue Kenntnis über die Triebquelle sei für die »Zwecke der psychologischen Forschung« auch nicht durchweg erforderlich. Zwar sei das Entscheidende für den Trieb seine Herkunft aus einer somatischen Quelle, doch werde uns der Trieb selbst im Seelenleben nur durch sein Ziel bekannt. Damit entzieht sich FREUD gewissermaßen der Schwierigkeit, die Triebquelle für den später postulierten Todestrieb aufzuzeigen. Im *Abriß der Psychoanalyse* (1938, S. 73) beschränkt er sich dann auch weiterhin darauf, die somatischen Quellen der Libido (der Energie des Eros) kurz zu erörtern. (Die Libido geht vor allem von erogenen Zonen aus.) Eine Quelle des Todestriebes wird nicht genannt.

2. 2. Drang

Den Charakter des Drängenden bezeichnet FREUD als eine allgemeine Eigenschaft, als Wesen des Triebs. Diese Annahme ist durchgehend bis zu seinem Todestriebkonzept: »Ein Trieb wäre also ein dem belebten Organischen innewohnender Drang zur Wiederherstellung eines früheren Zustandes.« (1920, S. 38).

2.3. Ziel

Als Ziel des Triebes bezeichnet FREUD die *Befriedigung,* »die nur durch Aufhebung des Reizzustandes an der Triebquelle erreicht werden kann«. Mit FREUDS früheren Worten (1905 b) kann man auch sagen, Ziel sei die Handlung, nach welcher der Trieb dränge (also z. B. der Koitus bei normal entwickeltem Sexualtrieb).

2.4. Objekt

Als Triebobjekt kennzeichnet FREUD »dasjenige, an welchem oder durch welches der Trieb sein Ziel erreichen kann. Es ist das variabelste am Trieb, nicht ursprünglich mit ihm verknüpft, sondern ihm nur infolge seiner Eignung zur Ermöglichung der Befriedigung zugeordnet. Es ist nicht notwendig ein fremder Gegenstand, sondern ebensowohl ein Teil des eigenen Körpers. Es kann im Laufe der Lebensschicksale des Triebs beliebig oft gewechselt werden; dieser Verschiebung des Triebs fallen die bedeutsamsten Rollen zu« (1915 a, S. 215). Beim Sexualtrieb des normalen Erwachsenen ist »die Person«, von welcher die geschlechtliche Anziehung ausgeht, das Sexualobjekt« (1905 b).

2.5. Weitere Triebcharakteristika

FREUD betont immer wieder die Grenzstellung des Triebs zwischen Psychischem und Somatischem, wenn er den Trieb als psychischen Repräsentanten »der aus dem Körperinnern stammenden, in die Seele gelangenden Reize« zu verdeutlichen bestrebt ist.
Triebe unterscheiden sich von Außenreizen durch ihre konstante Wirkung, deren zentralen Erregungszuständen man sich nicht einfach durch Flucht (wie bei Außenreizen) entziehen kann. Die beiden Triebarten (Todestriebe, Lebenstriebe) treten fast nie voneinander isoliert auf, sondern legieren sich in verschiedenen, sehr wechselnden Mengungsverhältnissen und entziehen sich dadurch folglich unserer klaren Erkenntnis. Weitgehende Triebentmischung tritt nur im pathologischen Bereich (Neurose, Psychose) auf.

2.6. Todestrieb, Destruktionstrieb, Aggressionstrieb

FREUDS letzte Fassung seiner dualistischen Trieblehre, die er 1920 in seiner Abhandlung *Jenseits des Lustprinzips* entwickelte und in den späteren Jahren immer wieder durchdiskutierte, stellt praktisch das Ende seines langen Ringens um eine Triebtheorie dar, in dem schon früh das Phänomen der Aggression beim Menschen Beachtung fand. FREUD wehrte sich aber in der Auseinandersetzung mit dem Phänomen der Aggression bis etwa 1920 entschieden gegen die Verselbständigung eines Aggressionstriebs. »Trotz all der Unsicherheit und Ungeklärtheit unserer Trieblehre möchte ich vorläufig an der gewohnten Auffassung festhalten, welche jedem Trieb sein eigenes Vermögen, aggressiv zu werden, beläßt«, schrieb FREUD z. B. 1909 (S. 372).
U. a. durch die Ereignisse des Ersten Weltkrieges wurde FREUDS Aufmerksamkeit immer stärker dem Phänomen der Aggression zugewandt, wie sich bereits 1915 in seiner Abhandlung *Zeitgemäßes über Krieg und Tod* beobachten läßt. Den entscheidenden Schritt tat FREUD dann 1920: Er postulierte einen eigenständigen Todestrieb (Destruktionstrieb) und stellte ihn dem Lebenstrieb (Eros) gegenüber. FREUD ist sich seines spekulativen Ansatzes wohl bewußt. Was anfangs nur ein Erklärungsversuch war, wurde aber im Laufe der Zeit für FREUD zum selbstverständlichen Rahmen seines Denkens und Handelns.
Nach FREUD muß der Todestrieb immer im Zusammenhang mit den Lebenstrieben gesehen werden. Der Eros als Trieb, die lebende Substanz zu erhalten und zu immer größeren Einheiten zusammenzufassen, und der Todestrieb, der diese Einheiten aufzulösen, sie zu dem uranfänglichen anorganischen Zustand zurückzuführen bestrebt ist, stehen sich — indem sie sich wechselseitig ergänzen — stets gegenüber (1930). Die primäre Aufgabe und das Ziel des Todestriebs bzw. des Destruktionstriebs — wie er ihn auch nennt — sieht FREUD darin, das Lebendige zum Tode zu führen, das Organische, Lebende in den leblosen Zustand zu verwandeln. In einer gewissen Analogie zu physiologischen Aufbau- und Abbauvorgängen sieht er als Ziel des Todestriebs die Desintegration oder Trennung, wohingegen er als wesentliches Ziel des Lebenstriebs die Vereinigung, die Bindung und somit die Fortdauer des Lebens beschreibt. Aus dem Zusammen- und Gegeneinanderwirken dieser beiden lassen sich, so glaubt FREUD, die Phänomene des Lebens erklären. Haben wir das allgemeine *Ziel* des Todestriebs somit bestimmt, so kann sich als zweites die Frage nach der *Quelle* des Todestriebs stellen. Hier zeigt sich eine entscheidende Schwäche des Modells: Es kann keine »innersomatische Triebquelle« angegeben werden. Quasi als Entschuldigung bringt FREUD vor, daß das Schicksal der Libido (der Energie des Eros) verhältnismäßig leichter zu verfolgen sei. Der »stumme« Todestrieb sei viel schwerer zu fassen als der auffällige und geräuschvolle Eros, solange er als Todestrieb im Innern

wirke (1930, S. 478). Er stelle sich uns erst, wenn er als Destruktionstrieb nach außen gewendet werde. Im allgemeinen sei er praktisch nur als Rückstand hinter dem Eros zu erraten und er entziehe sich uns völlig, wo er nicht durch die Legierung mit dem Eros auffalle (a. a. O., S. 480). Weitgehende Triebentmischung sei sehr selten anzutreffen, z. B. wohl im Negativismus der Psychotiker oder bei den Neurotikern, die ihre Selbstschädigung und Selbstzerstörung bis zum Selbstmord treiben (1925 bzw. 1938).

Wie FREUD an anderer Stelle (1924) schreibt, löst der Eros für das Lebewesen die Aufgabe, den Todestrieb »unschädlich zu machen«, indem er ihn zum Teil »nach außen« ablenkt, ihn gegen Objekte in der Außenwelt richtet. Da alles Leben ein Spannungszustand ist, der mit dem Tode endet, dominiert letztlich der Todestrieb, selbst wenn der Eros durch die Fortpflanzung und Schaffung neuen Lebens auch einen gewissen Sieg davonträgt. Wenn der Todestrieb nicht durch den Lebenstrieb von seinem Ziel der Spannungs- bzw. Reizreduzierung durch Selbstzerstörung immer wieder abgelenkt würde, ließe der Tod des einzelnen Lebewesens nicht lange auf sich warten. Wesentlich ist es also für das einzelne Lebensschicksal, die selbstzerstörerischen Tendenzen des Todestriebs in Form von Aggression über den motorischen Apparat der Muskulatur nach außen zu verlegen (a. a. O., S. 376). Alle Energie des Todestriebs (es fehlt dafür ein der »Libido« entsprechender Begriff), die nicht nach außen gewendet werden kann, bleibt gegen das eigene Selbst gerichtet. Eine Ablenkung über den Destruktions bzw. Aggressionstrieb gelingt also nach FREUD immer nur teilweise.

FREUD gebraucht die Begriffe »Todes«- und »Destruktionstrieb« vielfach unterschiedslos. Allerdings wird zunächst vorwiegend vom »Todestrieb« gesprochen. Wenn dieser über die Muskulatur teilweise nach außen abgelenkt wird, zeigt er sich als Destruktionstrieb gegen die Außenwelt. Diese Unterscheidung (1923) wird jedoch nur vereinzelt getroffen. Es überwiegen synonyme Anwendungen der Begriffe bzw. unklare Formulierungen der Art, der Destruktionstrieb sei ein Vertreter des »schwer zu fassenden Todestriebs« (1923).

Der Begriff »Aggression« ist bei FREUD praktisch synonym mit »Destruktion«. Der Aggressionstrieb sei »Abkömmling und Hauptvertreter des Todestriebs« (1930). Eine Definition der Aggression versucht FREUD nie. So bleiben die Triebe in jeder Hinsicht »mythische Wesen«.

2.7. Hemmung, Verschiebung, Sublimierung und Katharsis der Aggression

Im folgenden soll kurz besprochen werden, wie FREUD sich das Triebschicksal der Aggression hinsichtlich ihrer Hemmung, Verschiebung, Sublimierung und Katharsis vorstellt. Zunächst ist jedoch festzuhalten, daß sich das einzelne Schicksal der Triebe, speziell das des Aggressionstriebs, bei FREUD nur bedingt verfolgen läßt, da grundsätzlich eine Legierung der Triebe, der beiden großen Widersacher, konzipiert ist. Selbst bei der schon erwähnten Triebentmischung im pathologischen Bereich ist die Entmischung nicht vollständig.

2.7.1. Aggressionshemmung

Die Hemmung der Aggression ist für FREUD ein entscheidendes Moment sowohl hinsichtlich der dadurch bewirkten Konsequenz für das eigene Selbst als auch für den kulturellen Bereich. Entscheidend ist, daß sich die Aggression um so stärker gegen das eigene Selbst wendet und dort selbstzerstörerisch wirkt, je stärker die Hemmung gegen Aggression nach außen ist (1923). Als besonders schwerwiegend betrachtet FREUD dabei die kulturelle Triebunterdrückung, die im Fall des Aggressionstriebs einen großen Teil der destruktiven Energie von der Verwendung im Leben abhält und sie gegen die eigene Person richtet (1924). Durch die Unterdrückung der Aggressionsabfuhr nach außen entsteht unter Mitwirkung des Über-Ichs (Gewissens) ein Schuldgefühl, das um so stärker ausgeprägt wird, je mehr das Individuum sich der Aggression gegen andere enthält. FREUD stellt also nicht eine primäre Sittlichkeit oder Moral an den Anfang, die dann den Triebverzicht erst bewirkt, sondern umgekehrt steht bei FREUD am Anfang der (durch äußere Mächte erzwungene) Triebverzicht, der dann erst die Sittlichkeit in Form eines Gewissens schafft. Die Aggressionsneigung des Menschen, die ständig eine (notwendige) Versuchung beinhaltet, seine Aggression am Nächsten zu befriedigen, wartet nach FREUD entweder eine Provokation ab oder äußert sich spontan (1930). Um sich vor dem ständig drohenden Verfall zu bewahren, muß die Kulturgesellschaft alles aufbieten, um dem Aggressionstrieb Schranken zu setzen. Als wichtigstes Mittel der Kultur, die Aggressionsneigung zu hemmen, betont FREUD immer wieder die Introjizierung (a. a. O., S. 483), die Verinnerlichung der Aggression, die dann als »Gewissen« gegen das eigene Ich dieselbe strenge Aggressionsbereitschaft ausübt, die das Ich gerne an anderen fremden Individuen befriedigt hätte. Das daraus entwickelte Schuldbewußtsein äußert sich dann als Strafbedürfnis. Bei der Frage, »wie das größte Hindernis der Kultur, die konstitutionelle Neigung der Menschen zur Aggression gegeneinander wegzuräumen ist« (a. a. O., S. 503), geht er zunächst auf das Gebot »Liebe Deinen Nächsten wie Dich selbst« ein und bezeichnet es als Beispiel für das unpsychologische Vorgehen des Kultur-Überichs; es sei schlechthin undurchführbar. FREUD selbst sieht sich außerstande, als Prophet aufzutreten in der »Schicksalsfrage der Menschenart«, ob und in welchem Ausmaß es der Kulturentwicklung gelingen wird, des menschlichen Aggressionstriebs und Selbstvernichtungstriebs Herr zu werden; er knüpft an den Eros die Hoffnung, daß dieser »eine Anstrengung machen wird«, sich im Kampf mit dem Todestrieb zu behaupten. FREUD erscheint es letztlich aussichtslos, die Aggression völlig abschaffen bzw. hemmen zu wollen, zumal ein bestimmtes Quantum im Dienst der Lebenstriebe zur Lebensführung nötig sei. Die Aufgabe bestehe darin, die Aggression so abzulenken, daß sie nicht in zerstörerischen Kriegen Ausdruck finden muß.

In seinem Brief an Einstein (1933 b) betont FREUD die Unerläßlichkeit beider Triebe für das Leben der Menschen. Die Wendung des Destruktionstriebs nach außen habe für das Individuum eine entscheidende Funktion, und eine allzu große Verinnerlichung der Aggression durch Triebunterdrückung sei bedenklich.

Von seiner mythologischen Trieblehre her sieht er eher einen indirekten Weg der Reduzierung der extremen Aggression nach außen, etwa in der Herstellung von Bindungen, von Liebesbeziehungen o. ä.

2.7.2. Verschiebung, Sublimierung

Die Verschiebung der Aggression (im Sinne der Aggressionsverschiebung gegen das eigene Ich durch Einschränkung der Aggression nach außen) wurde bereits kurz besprochen. Der Mechanismus der Verschiebung besteht im allgemeinen darin, »daß ein Motiv, dessen Ziel blokkiert ist, sich ein anderes Ziel sucht, ein Ersatzziel, und sich damit zufrieden gibt« (TOMAN, S. 43). FREUD meint, die erotischen Triebe seien dabei plastischer, ablenkbarer und verschiebbarer als die Destruktionstriebe. Die Gedanken zu einer solchen verschiebbaren Energie führt er dementsprechend klarer am Beispiel der erotischen Triebe aus. Er weist aber auf das Beispiel der neurotischen Racheaktionen hin, in denen Aggressionen gegen die »unrichtigen« Personen gerichtet werden.

Im weiteren aber behandelt FREUD sowohl die Verschiebung als auch die damit eng verbundene Sublimierung fast ausschließlich am Beispiel der Libido, da er immer wieder die Erfahrung machte, »daß die Triebregungen, die wir verfolgen können, sich als Abkömmlinge des Eros enthüllen« (1923). FREUD macht sich m. a. W. kaum Gedanken zur Sublimierung der Aggression, d. h. darüber, wie die Aggressionsenergie in Handlungen einfließen kann, die kulturell wünschenswert sind.

2.7.3. Katharsis

Die Beachtung, die der Begriff der Katharsis bzw. des kathartischen Effekts im Zusammenhang mit der Aggression (s. Kap. 1) gefunden hat, veranlaßt uns, das FREUDsche Aggressionsmodell in diesem Sinne zu überdenken. Ausgehend von seinem Modell der Spannungsreduktion (Ziel der Triebe sei die Aufhebung des Organreizes, die Reduzierung der Bedürfnisspannung, die Wiederherstellung eines früheren Zustands) glauben manche Forscher (z. B. BERKOWITZ 1962) zu erkennen, daß bei FREUD die Katharsis deutlich Teil eines allgemeinen Konzepts der Natur der Aggression sei, und sie argumentieren, daß nach psychoanalytischer Lehre ein inneres Reservoir an aggressiver Energie über aggressive Handlungen abgeleitet und reduziert (abreagiert) werden könne. FREUD zog aber unseres Wissens keine direkte Verbindung zwischen Katharsis und Aggression von der Art, daß man durch bestimmte Aggressionen (z. B. sozial gebilligte) die allgemeine Bereitschaft zu anderen Aggressionen (etwa sozial mißbilligte) reduzieren könne. Bei FREUD finden sich solch simple Handlungsanweisungen nicht. Derartige Vorstellungen gehen vielmehr auf DOLLARD et al. (s. Kap. 1) zurück, die in ihrem Denken zwar stark psychoanalytisch beeinflußt sind, ohne uns jedoch im einzelnen Rechenschaft über die Ableitung ihrer Gedanken abzulegen.

3. Das Triebmodell in der neueren psychoanalytischen Literatur

Die allgemeine Reaktion auf FREUDS letzte Fassung seiner Trieblehre war bereits zu seinen Lebzeiten recht intensiv. Nur wenige Psychoanalytiker vermochten den spekulativen und sicher auch durch subjektive Faktoren beeinflußten Schritt (vgl. JONES, Bd. III) zur Annahme eines *Todes*triebs bejahend nachzuvollziehen, einen Schritt, den FREUD selbst erst nach erheblichen inneren Widerständen wagte.
Im großen und ganzen ist mit BUSS (1961) eine Dreiteilung des psychoanalytischen Lagers festzustellen. Eine kleine Gruppe führte FREUDS Todestrieb-Konzept weiter (NUNBERG, MENNINGER, MELANIE KLEIN, evtl. auch WAELDER). Eine größere Gruppe nahm zwar einen selbständigen, der Libido gegenübergestellten Aggressionstrieb an, leitet diesen jedoch nicht aus einem ursprünglichen Todestrieb ab (hier sind vor allem HARTMANN, KRIS und LOEWENSTEIN zu nennen, in gewisser Weise auch MITSCHERLICH). Schließlich ist noch eine weitere Gruppe zu nennen, die FREUDS letzten Schritt zur Verselbständigung der Aggression gänzlich zurückwies und Aggression als reaktiv, nicht als triebmäßig-spontan begriff (FENICHEL, HORNEY etc.).

Reiz an. LORENZ belegt das immer wieder mit dem einmalig beobachteten Verhalten eines Stars, der alle Handlungen des Fliegenfangens und -fressens ausführte, ohne daß LORENZ eine Fliege sehen konnte.
Nach Meinung von LORENZ hat der Mensch ebenso wie viele Tiere einen Aggressionstrieb, ja sogar einen hypertrophierten: »In grauer Vorzeit« wurde dem Menschen ein starker Aggressionstrieb angezüchtet (S. 341). Die Zivilisation, in welcher der Mensch nun zu leben habe, biete ihm jedoch keine ausreichenden Möglichkeiten, die aggressiven Energien, die spontan gebildet werden, zu entladen.
Das Ausleben der aggressiven Antriebe hält LORENZ aber zur Aufrechterhaltung der psychischen und physischen Gesundheit des Menschen für notwendig. Dies glaubt er mit dem Bericht eines Psychiaters und Psychoanalytikers namens MARGULIN über die Ute-Indianer belegen zu können (S. 341). In diesem Stamm sei in wenigen Jahrhunderten durch den Druck der Umwelt eine außerordentlich gesteigerte Aggressivität herangezüchtet worden, die in den befriedeten modernen Reservaten unzweckmäßig sei. Durch den unausgelebten Aggressionstrieb sei bei den Ute-Indianern der Prozentsatz der Neurotiker so hoch wie bei »keiner anderen menschlichen Gruppe«; zudem übertreffe ihre »Rate der Autounfälle in bizarrer Weise die jeglicher anderen automobilbenutzenden Menschengruppe« (S. 343).
Es gilt also, Mittel und Wege zu finden, wie man die Aggression in sinnvoller Weise ausleben kann.

4.2. Hemmung und Beherrschung der Aggression

Ein Kampf zwischen zwei Wölfen kann nach LORENZ damit enden, daß der allmählich Unterliegende eine Demutsgebärde zum Stärkeren hin macht: Er weist dem Überlegenen seinen empfindlichen Hals zum Zubeißen. Der Überlegene beißt aber nicht zu; er muß dank angeborener Hemm-Mechanismen den Kampf abbrechen. (LORENZ soll hier übrigens Sieger und Besiegte verwechselt haben. Eine andere Interpretation des tierischen Verhaltens wird damit erforderlich; STAMM 1972: »So wendet der überlegene Wolf oder Hund sein Gesicht weg und präsentiert die Halsseite, als ob er sagen wollte: ›wage es ja nicht, mich weiter anzugreifen . . .‹«).
LORENZ meint, der Mensch habe in gleichem Maße Tötungshemmungen vererbt bekommen wie der Wolf und andere Tiere. Die Erfindung von Waffen überspiele jedoch die Hemmungen. Die Schnelligkeit, mit der ein bewaffneter Mensch den anderen töten kann, verhindert den rechtzeitigen Einsatz von Demuts- oder Befriedungsgebärden; die Fernwaffen verhindern schließlich darüber hinaus jedweden sozialen Kontakt zwischen dem Angreifer und seinem Opfer, so daß gezeigte Demutsgebärden nicht einmal mehr wahrgenommen werden können.

»Kein Mensch würde auch nur auf die Hasenjagd gehen, müßte er das Wild mit Zähnen und Fingernägeln töten« (S. 339).
LORENZ gibt eine Reihe von Verhaltensvorschriften, mit deren Hilfe die Gefahren, die sich aus unserem überstarken Aggressionstrieb ergeben, gebannt werden können.
Zunächst erscheint es LORENZ möglich, die eigentlich auf den Artgenossen gerichtete Aggression auf Ersatzobjekte umzulenken: Man kann z. B. Holz hacken statt einem Gegner Ohrfeigen zu geben. (In Verkennung eines leidlich gesicherten Sprachgebrauchs wirft LORENZ Verschiebung, Sublimierung und Katharsis durcheinander, S. 370 ff.)
Eine besondere menschliche Form der Aggressionsableitung sieht LORENZ im Sport. So wie viele Tiere nur Scheinkämpfe (Kommentkämpfe) ausführen, könne der menschliche Aggressionstrieb im sportlichen Kampf befriedigt werden. Der Sport verbinde darüberhinaus die Menschen durch die persönliche Bekanntschaft, und persönliche Bekanntschaft zwischen Angehörigen verschiedener Völker reduziere die Kriegsgefahr. Kein Mensch könne ein Volk hassen, wenn er mehrere Einzelmenschen aus diesem Volk zu Freunden habe (S. 376). Auch die Begeisterung – z. B. für Kunst und Wissenschaft – sei als Sublimierung der Aggression anzusehen, und schließlich schaffe das der Begeisterung verwandte Lachen ein »Gefühl brüderlicher Zusammengehörigkeit«; »Menschen, welche lachen, schießen nie« (S. 383 f.).

5. Kritik am Triebmodell der Aggression

Die Frage, ob die menschliche Aggressivität auf einen Trieb zurückzuführen ist oder nicht, ist keine »rein akademische«. Je nachdem, wie die Antwort ausfällt, müssen verschiedene gesellschaftspolitische Konsequenzen gezogen werden:
Ist die Aggressivität triebbedingt, ist sie – bildlich gesprochen – ein unaufhörlich fließender Strom, so ist Sorge zu tragen, daß ihre Energie kanalisiert werden kann. Es ist zu klären, wie man sie rechtzeitig umleitet und eindämmt, damit möglichst wenig Schaden, vielleicht sogar ein Nutzen entsteht.
Wird aggressives Verhalten aber erlernt, so müssen Maßnahmen getroffen werden, die das Lernen egoistischer Aggressionsformen erschweren und das Lernen kooperativen Verhaltens begünstigen.
Daß Aggressionen gelernt werden, besagt nicht, daß sie aus dem Nichts entstehen (wie MITSCHERLICH in einem Publik-Gespräch unlogisch folgerte; s. *Publik* vom 4. 9. 70). Vielmehr entstehen die Aggressivitäten aus der stetigen Aktivität des Menschen, aus seinen Erfolgen und Mißerfolgen (s. Kap. 3) und aus den Gelegenheiten zur Imitation aggressiven Verhaltens.
Im Grunde leiden alle Trieb- oder Instinktlehren daran, daß sie Ver-

halten nur benennen, aber nicht erklären. Man beobachtet Schlägereien, ordnet sie den Aggressionen zu und führt sie auf einen Aggressionstrieb, Todestrieb, Mortido oder Destrudo zurück (s. MITSCHERLICH 1969, S. 83). Manchen scheint das dabei entstehende Wortgeklingel zu befriedigen. Aber auf diese Weise können beliebig lange Trieblisten entstehen; es gibt kein hinreichendes Kriterium dafür, wann eine solche Liste abzuschließen ist. FREUD fetischisierte die Zahl Zwei; immer hatte er ein dualistisches Triebsystem. LORENZ betonte vier Triebe; bei McDOUGALL waren es achtzehn; BERNARD soll eine Sammlung versucht haben und auf 14 046 angeborene Triebe gekommen sein (DORSCH, S. 159).

Es leuchtet ein, daß man – wenn man eine größere Zahl von Trieben akzeptiert, gut und gern mehrere Aggressionstriebe annehmen sollte, denn es erscheint nicht zweckmäßig, die Aggression eines sadistischen Mörders oder eines Hitlers mit den verbalen Aggressionen eines geistreichen Kabarettisten oder mit den phantasierten Aggressionen eines tagträumenden Neurotikers zu vergleichen. Triebtheoretiker können die Vielfalt der Aggressionen und ihre Situationsbezogenheit nicht mit einem einzigen Trieb überzeugend erklären. Zudem haben sie immer noch nicht erklärt, wo denn die körperliche Triebquelle zu finden sei und welches die auslösenden Reize seien. Auslöser von Instinkthandlungen – und das weiß eigentlich keiner besser als LORENZ – sind relativ eng umschreibbar. Beim Menschen aber kann praktisch jede Reizgegebenheit Aggressionen auslösen. Und wie sieht die Instinkt*handlung* »Aggression« beim Menschen aus? Gerade LORENZ sah früher die Endhandlung als gut umschreibbar an. Warum aber gilt das ausgerechnet für »den« Aggressionsinstinkt des Menschen so wenig, daß es fast unmöglich ist, auch nur zwei genau gleiche Aggressionen zu beobachten?

Gegen diese kritischen Einwände sichern sich die Triebtheoretiker am besten ab, indem sie wie FREUD nie sagen, was sie denn eigentlich unter Aggression verstehen, oder indem sie wie LORENZ eine Un-Definition liefern: Aggression sei der auf einen *Artgenossen* gerichtete Kampftrieb. Bei Bedarf verläßt man das Schema und billigt auch Aggressionen *zwischen* (verschiedenen) Arten zu (1963, S. 24, 27).

Geben die Tatsachen, daß überall in der Welt (= Ubiquität) die Menschen irgendwelche Aggressionen zeigen und daß schon kleine Kinder aggressiv sein können, einen Beleg ab für einen Aggressionstrieb? Die Ubiquität ergibt sich, weil überall, wo Menschen sind, Aggressionen zum Erfolg führen. Was das frühe Alter anbelangt, in dem Kinder schon Aggressionen zeigen, so ist darauf hinzuweisen, daß die Kinder im gleichen Alter auch schon viele andere Verhaltensmuster gelernt haben; sie können z. B. schon die ersten Wörter sprechen, Gegenstände aufheben usw. Soll man für alles, was ein Kleinkind kann, einen Trieb annehmen? Wir vermissen dann jedenfalls den Nasebohrtrieb, denn

Nasebohren dürfte (gleichgültig, wie Psychoanalytiker es interpretieren) überall auf der Welt – und zwar recht früh im individuellen Lebenslauf – beobachtet werden.
Wir wollen nicht alle Kritik, die schon gegen das Triebmodell vorgebracht worden ist, wiederholen (Zur Ergänzung sei auf BERKOWITZ, BUSS und DANN verwiesen). FREUD war, wie wir heute erkennen, auch »nur« ein Kind seiner Zeit. Wenn sich ihm Sexualität und Aggressivität als dominierende Verhaltensklassen aufdrängten, so ist im einen Fall an das Leben in Wien um die Jahrhundertwende, im andern an den Schock zu denken, den der Erste Weltkrieg in Mitteleuropa auslöste.
Der Zweite Weltkrieg war noch gräßlicher; die Folge war, daß die Wissenschaft in einer Art Totenstarre (oder Schuldgefühl?) jahrelang zum Thema »menschliche Aggressivität« schwieg. Erst rund 15 Jahre nach dem 2. Krieg belebte sich die Diskussion. In Deutschland wurde LORENZ wortführend. Die Kritik interpretierte das schon früh dahingehend, daß seine Vorstellungen von der Aggression all jenen eine Entschuldigung zu liefern scheinen, deren Weste nicht ganz rein geblieben war. Motto: Wenn wir einen Aggressionstrieb haben und dieser ausgelebt werden muß, können wir ja eigentlich nicht viel dafür, daß...
Zur LORENZschen Popularität trägt weiterhin bei, daß wir es gewohnt sind, Aussagen von Autoritäten unbesehen anzuerkennen. Einmal ist LORENZ eine Autorität als Tierforscher, zum andern ruft er immer wieder die »Dichterfürsten« zu Hilfe. GOETHE zu zitieren ist zwar keine wissenschaftliche Methode, aber »es kommt an«. Breitenwirkung erzielt LORENZ auch mit seiner »Psychologie« gängiger Vorurteile und Sprichwörter. (Daß es in Redensarten einmal heißt: »Gegensätze ziehen sich an«, das andere mal: »Gleich und gleich gesellt sich gern«, macht sie handlich für jeden Zweck und fällt so schnell nicht auf.)
Wenn wir noch ganz kurz beim Erfolg von LORENZ verweilen dürfen: Es kommt ihm auch sein sympathischer Stil zugute. Manchmal schießt er allerdings übers Ziel hinaus; der Hinweis, ähnlich wie im Tierreich sei auch beim Menschen das »brutpflegende« Geschlecht aggressiver als das andere, kann vielleicht ein Schmunzeln bei manchem Familienvater entlocken, im übrigen aber steht es im Widerspruch zu Erfahrungen der Psychologie.
Hier ist es an der Zeit, offen auszusprechen: Der Tierforscher LORENZ und ähnlich auch der Analytiker MITSCHERLICH kennen die Humanpsychologie von der Aggression nicht, obwohl sie kräftig dreinreden. Sie übersehen die Fakten, die nicht in ihre Theorien passen.
Man zähle z. B. die Psychologen, die MITSCHERLICH in *Aggression und Anpassung* zitiert (einem Aufsatz, den er inzwischen schon in drei verschiedenen Bändchen den Interessierten angeboten hat, u. a. 1969): Es sind neben LORENZ, SIGMUND und ANNA FREUD noch ein paar

Psychoanalytiker bzw. Psychologen, welche der sog. Tiefenpsychologie nahestehen – mehr nicht. Im ganzen Buch (1969 c) wird nie Bezug genommen auf die gewichtigen Untersuchungen von BANDURA und WALTERS, BERKOWITZ und BUSS.

Die »Psychologie« von LORENZ ist noch leichter ad absurdum zu führen. Sie wäre vielleicht als eine Art Privatwissenschaft zu bezeichnen, wenn Wissenschaft nicht immer öffentlich wäre. LORENZ zitiert gern GOETHE, SCHILLER und die Bibel, aber kaum einen Psychologen. Von Bedeutung ist in seinem Buch eigentlich nur der »Psychiater und Psychoanalytiker« MARGULIN, der »sehr genaue« Studien an »Prärie«-Indianern (den Ute-Indianern) angestellt haben soll (s. Absatz 4.1.). Nichts davon ist haltbar, wie bei MONTAGU (1968, Hrsg.) nachzulesen ist. Von MARGULIN gibt es keine Veröffentlichung, die man genau überprüfen könnte (s. STEWART, S. 105). Was LORENZ dennoch aufführt, stimmt jedenfalls nicht. Das beginnt damit, daß die Utes keine Prärieindianer sind, und es endet damit, daß sie keineswegs durch besondere Aggressivität auffallen, daß sie keineswegs Selbstmord verüben müssen, wenn sie einen Stammesgenossen getötet haben, daß sie keineswegs mehr Autounfälle haben als jede andere Menschengruppe etc. Es lohnt sich deshalb gar nicht mehr, kritisch zu fragen, wie MARGULIN oder LORENZ denn eigentlich gemessen haben wollen, daß die Ute-Indianer so sehr an Neurosen und Neigung zu Unfällen leiden wie keine andere Gruppe.

Vielleicht sollte man es übersehen, wenn ein Ethologe wie LORENZ in bezug auf die menschliche Psyche unhaltbare Behauptungen aufstellt. Es überrascht aber doch wohl sehr, mit welcher Fülle ihm von anderen Ethologen auch Fehler in den Schilderungen von Tieren nachgewiesen werden. Die in MONTAGUS Buch zu Wort kommenden Kollegen von LORENZ werfen ihm u. a. vor, daß er unsere nächsten Verwandten im Tierreich, die Affen, stark verzeichne. Diese Tiere müssen als liebenswürdige, nicht aber als hochaggressive geschildert werden. Auch die bei LORENZ beschriebenen Rattenschlachten werden von BARNETT (S. 20) ins Reich der Fabel verwiesen.

So wollen wir auch nicht mehr viel Zeit und Raum auf die LORENZschen Schlußfolgerungen und Ratschläge im einzelnen verwenden. Über den Sport als Katharsis könnte man diskutieren, wenn nur »Bergsteigen, Tauchen oder Expeditionen« den Sport ausmachten. Daß der Fußball irgendwelche Aggressionsenergie verbraucht, ist zweifelhaft; nicht zweifelhaft ist dagegen, daß er schon Haß und Kriege ausgelöst hat (s. Anm. 15 zu Kap. 1).

---

* Im übrigen hätte LORENZ mehr bedenken müssen, daß Instinkte artspezifisch sind. Man kann daher nicht von einigen Tierarten auf den Menschen schließen. Die Selbstverständlichkeit, mit der LORENZ seinen Menschen nach dem Bild einiger Fische und Vögel formt, ist zurückzuweisen.

Wie ernst soll man LORENZ' Behauptung, Menschen die lachen, schießen nicht, nehmen? Hat er, der ohnehin glaubt, kein Mensch könne einen Hasen mit bloßen Händen töten, nur oberflächlich oder gar nicht in den Berichten von Konzentrations- und anderen Lagern gelesen? Könnte man nicht ähnlich kunstvoll ableiten, wer schreibe, der schieße nicht; wer ein Auto lenke, schieße nicht; wer flirte, schieße nicht usw.? Es ist wichtig, daß die Triebtheorie von LORENZ keinen Eingang in den pädagogischen und politischen Alltag findet. Der norwegische Psychologe LUMSDEN, der LORENZ mit LYSSENKO vergleicht, schrieb 1970 (vom Herausgeber sinngemäß übersetzt):

Die Gefahr der Aggressionsinstinkt-Theorie liegt darin, daß sie – weit davon entfernt, den Menschen zu emanzipieren – ihn einer reaktionären Ideologie unterwirft, indem sie den Anschein erweckt, daß ein autoritäres soziales System zur inneren und äußeren Hemmung (der Aggression) geradezu biologisch notwendig sei.

Das Lernen aggressiven Verhaltens[1]

Von Wilfried Belschner

1. Aggressionsspezifische Modelle als soziale Konventionen

Genügt das Faktum, daß im Jahre 1969 in der BRD 2,17 Millionen Straftaten registriert wurden, genügt die Tatsache, daß kein Jahr mehr ohne kriegerische Auseinandersetzung auf dem Erdball vergeht, genügt also die Häufigkeit individueller oder kollektiver aggressiver Handlungen, um aggressionsspezifische Mechanismen, wie sie in den Konzepten der Frustrations-Aggressions-Hypothese oder des Aggressionstriebs enthalten sind, annehmen zu müssen? Ist denn wirklich das Ausmaß an Brutalität schon eine hinreichende Bedingung für die Annahme eines Aggressionstriebes, wie es z. B. KUIPER (1969) glaubt? Und ist weiter zu folgern, daß die Aggression zum »Wesen« des Menschen gehört und diese »natürliche Ausstattung« des Menschen unbefriedbar ist?

Sowohl das Modell der Frustrations-Aggressions-Hypothese als auch das Modell des Aggressionstriebes gehen davon aus, daß für die Klasse aggressiver Verhaltensweisen spezifische Regeln gelten, die sie von den andern Verhaltensweisen abheben. Das im sozialen Kontakt störende Moment der Aggression reicht aber nicht zur Begründung solcher Hypothesen aus. Warum sollten wir nicht auch z. B. eine Frustrations-Resignations-Hypothese, eine Frustrations-Flucht-Hypothese etc. mit gleicher Berechtigung formulieren? Und warum will der freudianisch orientierte Psychoanalytiker zur Erklärung menschlichen Verhaltens, sei es auch nur aus Pragmatismus, lediglich für zwei Verhaltensklassen, darunter die Aggressivität, Triebe postulieren?

Eine mögliche Antwort könnte darin bestehen, daß der Glaube an die Notwendigkeit aggressiver Verhaltensweisen zu den kulturellen »Selbstverständlichkeiten« (HOFSTÄTTER 1957) gehört. Nach dieser Annahme wären das Auftreten und die Anwendung von Drohung und Gewalt als Gruppennorm akzeptiert. Wie sich in anderen Bereichen, z. B. den geschlechtsspezifischen Normen, zeigen läßt, tendiert die jeweilige Gruppe dahin, ihre Selbstverständlichkeiten als biologisch fundiert zu betrachten.

Analog etwa zu der heute nicht mehr haltbaren These WESTERMARCKS (zit. nach HOFSTÄTTER 1957), der in bezug auf die Einehe von einem »monogamen Instinkt« spricht, wird das Auftreten von Aggressionen danach als selbstverständlich und naturgemäß erwartet und in ein Trieb- oder Instinkt-Konzept eingebettet.

Die Einstellung der Gesellschaft gegenüber der Aggression ist ambivalent: sie wird einerseits als störend abgelehnt, gilt aber andererseits als nützlich (z. B. »arterhaltend«, LORENZ 1964) und »natürlich«.

Das globale Konzept »Gesellschaft« ist aufzuschlüsseln. Es ist z. B. zu untersuchen,
- welche Merkmale der Interaktion von den Mitgliedern einer Gruppe jeweils herangezogen werden, um Handlungen als gegen sie gerichtete Aggressionen zu definieren,
- welche Gruppe ihre Bestimmung öffentlich durchsetzen kann, so daß die von ihr ausgehenden »Aggressionen« öffentlich nicht mehr als solche gelten, sondern statt dessen »legale« und »normale« soziale Verhaltensmuster repräsentieren,
- welche Werte in einem sozialen System in Frage gestellt werden durch die als Aggressionen bezeichneten Handlungen.

Nach diesen Überlegungen können wir davon ausgehen, daß die verstärkte Hinwendung der Aufmerksamkeit zur Aggression lediglich eine kulturelle Setzung ist, und die Zuweisung der Aggressionen in die Klasse der trieb- bzw. instinktbedingten Verhaltensweisen auf einem »consensus omnium« (HOFSTÄTTER 1957) beruht; deshalb kann sie nur als Konvention und nicht als ein in der menschlichen Natur vorgegebener und somit auffindbarer Sachverhalt angesehen werden. Damit aber gelten für die Aggression dieselben psychologischen Regeln, die für beliebige andere Verhaltensweisen zur Anwendung kommen. Der folgende Text handelt somit von einer Zugangsweise zu dem Thema »wie entwickelt sich menschliches Verhalten«, wobei dieser Prozeß mit Hilfe zweier Lernprinzipien dargestellt werden soll. Das Eigenschaftswort *»aggressiv«* in der Verbindung *aggressives Verhalten* ist also ersetzbar durch beliebige andere Wörter, durch die jeweils Verhaltensweisen zu Klassen zusammengefaßt werden (z. B. zu der Klasse »depressives Verhalten«, der Klasse »kooperatives Verhalten« etc.).

Durch die Wahl dieses lerntheoretischen Darstellungsaspektes tritt ein anderer wesentlicher Gesichtspunkt in den Hintergrund, der hier nur knapp angedeutet werden kann (Belschner 1975). Menschen organisieren ihr Verhalten derart, daß sie andere Personen beeinflussen, um Ziele zu erreichen. Die Lebenssituationen, in denen sich Menschen wahrnehmen, werden sich u. a. danach strukturieren, welche Möglichkeiten und Fähigkeiten ihnen zu diesem Zeitpunkt offen- und zur Verfügung stehen, um eine solche Beeinflussung durchzuführen und zu erreichen. Statt von »aggressivem Verhalten« *einer* Person zu sprechen, könnte auch eine Darstellung versucht werden, die von dem

Geschehen zwischen *zwei* und mehr Personen ausgeht. Zur Beschreibung dieser Ereignisse würde dann der Begriff der Interaktion im Mittelpunkt stehen. Unter dem hier herausgegriffenen Aspekt der Aggression würde man deshalb davon sprechen, daß eine Person versucht, eine andere Person/Gruppe/Instanz zu beeinflussen, indem sie intendiert, soziale Macht über sie auszuüben. Diese benutzte Machtstrategie wird von anderen Personen/Instanzen als nicht normgerecht und illegitim eingestuft. Wenn die diesen Personen/Instanzen zustehende soziale Macht größer ist als die des Akteurs, wird er nach dem Alltagsverständnis als »aggressiv«, »verwahrlost«, »delinquent«, »straffällig«, »gemeingefährlich« beurteilt werden und Institutionen der sozialen Kontrolle (z. B. Erziehungsberatung, psychiatrische Klinik, Strafanstalt) zugewiesen.

2. Die Erwartung von der Möglichkeit des aggressionsfreien Menschen und der aggressionsfreien Gesellschaft

Nimmt man die im vorangegangenen Abschnitt vertretene Position ein, so sind Aggressionen soziale Verhaltensweisen, die durch die Bedingungen der Umwelt hervorgebracht und variiert werden. Es muß somit möglich sein anzugeben, unter welchen Umständen aggressive Verhaltensweisen aufgebaut, aufrechterhalten oder abgebaut werden.

Eine Analyse solcher Umstände läßt sich auf der Ebene der unmittelbaren und der mittelbaren Faktoren durchführen. Als *unmittelbare Faktoren* sind die Verhaltensweisen, welche die Sozialisationsagenten (Eltern, Erzieher) Kindern gegenüber zeigen, anzusehen. Die Eltern von amerikanischen delinquenten Jugendlichen (GLUECK/GLUECK 1950) und von amerikanischen Vietnam-Freiwilligen (MANTELL 1971) bevorzugten es z. B., sich rücksichtslos, physisch-gewalttätig gegenüber ihren Kindern durchzusetzen.
Man könnte annehmen, durch eine Erziehung der Erzieher könnten weniger aggressive Interaktionsstile aufgebaut werden. Dem steht aber entgegen, daß das Verhalten der Erzieher von den grundlegenden Normen und Strukturen eines sozialen Systems als *mittelbare Faktoren* abhängt. In einer Gesellschaft, in der z. B. Leistung den obersten Wert darstellt, wird jede andere Person zum Konkurrenten; eine Person verhält sich notwendigerweise aggressiv, um den Konkurrenten »aus dem Markt zu drängen« (s. z. B. (BROCH/GALTUNG 1966).

Für die Erziehung des Menschen und für die Gestaltung der internationalen Beziehungen ergeben sich daraus bedeutsame Folgerungen. Ist es eine utopische oder eine vorstellbare Zielprojektion, sich ein Gesellschaftssystem auszudenken, in dem das soziale Miteinander durch friedliche Verhaltensweisen gekennzeichnet ist, die dem Menschen ebensowenig wie die aggressiven Verhaltensweisen »von Natur

aus« einprogrammiert sind? Oder müssen wir resignierend die »aggressive Grundbegabung der Gattung Mensch« als »Artmerkmal« (MITSCHERLICH 1969 b) anerkennen und die pädagogische Aufgabe des einzelnen und der Gesellschaft lediglich darin erblicken, dieses »leicht erweckbare seelische Bedürfnis des Menschen« zu kanalisieren und seine Auswirkungen zu »mildern« (MITSCHERLICH 1969 b)?
Akzeptierten wir diese u. a. von MITSCHERLICH formulierte psychoanalytische Arbeitshypothese, so blieben wir in den Denkgewohnheiten eines Drohsystems befangen. Wir leben z. Z. in dem Paradox, daß Politiker den Frieden zum höchsten Wert erheben und zugleich ihre Zustimmung zur Erhöhung der »overkill-capacity« geben. Die Formel »Wenn du den Frieden willst, bereite dich auf den Krieg vor« kreist systemimmanent in den Vorstellungen der Gewalt. Beziehen wir HEGELS Satz »Ist erst einmal das Reich der Vorstellung revolutionär, so hält die Wirklichkeit nicht stand« auf unser Problem, so ist für den Aufbau konkreter Handlungsanweisungen für die Entwicklung friedlichen Verhaltens das Verlassen der Denkgewohnheiten der Trieb- und Instinkt-Konzepte notwendig.
An ihre Stelle tritt nicht die Annahme, der Mensch sei »von Natur aus friedfertig«, die MITSCHERLICH (1969 b) zu Recht als Illusion bezeichnet, sondern die Annahme, der Mensch sei »von Natur aus nicht festgelegt« und erlerne in einem Sozialisationsprozeß die ihn kennzeichnenden Verhaltensweisen. Die Abkehr vom Glauben an konstitutionell festgelegte aggressive Neigungen schafft erst Raum für neue Vorstellungen: Der Mensch als einzelner und die von ihm eingesetzten Institutionen werden verantwortlich für die durchgeführten Handlungen und die sich in einer Gruppe bildenden Normen.
Es erweist sich sodann als eine vorstellbare Zielprojektion, im Menschen für aggressives Verhalten zunächst einen Null-Pegel anzunehmen, so daß die Hypothese von der Kanalisierung und Sublimierung eines aggressiven, »antibiologischen Potentials« (MITSCHERLICH 1969 a) nicht mehr benötigt wird.
Mit der These, aggressive Verhaltensweisen müssen entwickelt und ausgeformt, d. h. gelernt werden, beginnend von einer Basislinie mit dem Niveau Null, wird es möglich, den folgenden Zirkel zu durchbrechen:

Annahme der Existenz eines Aggressionstriebes → Es entsteht die Erwartung für das Vorhandensein aggressiver Verhaltensweisen im Repertoire des Menschen → Interpretation von realisierten Verhaltensweisen als Ausformungen des Aggressionstriebes (evtl. als konstruktive, sublimierte Formen) → Rückschluß von den festgestellten »Aggressionen« auf die Existenz des Aggressionstriebes.

Die revolutionäre Vorstellung im Sinne HEGELS wird darin bestehen, einen aggressionsfreien Menschen als überhaupt möglich zu erwarten.[2]

Das Lernen und die Realisierung aggressiver Verhaltensweisen hängen dann aber von Bedingungen ab, die durch die spezifische Umweltausprägung vorgegeben werden, auf dem Hintergrund der neuen »Selbstverständlichkeit«, daß dem Menschen (und auch dem im Namen von Institutionen handelnden Menschen) »eigentlich« auch andersgeartete Konfliktlösungen zur Verfügung stehen.

Es darf durch diesen Abschnitt nicht der Eindruck entstehen, als werde »an sich« aggressives Verhalten entwickelt. Bei einer Person wird vielmehr Verhalten aufgebaut, das sich z. B. nach der Häufigkeit und der Intensität des Auftretens messen läßt. Dieses durch solche Merkmale beschriebene Verhalten wird zum *aggressiven* Verhalten erst durch den weiteren Vorgang des Vergleichs mit Normen, die für diese Situation als bedeutsam herangezogen werden. In dieser Prozedur der Bewertung wird das gemessene Verhalten mit dem Attribut aggressiv verknüpft (Keupp 1972, Belschner u. a. 1975). Eine Realdefinition der Aggression ist also nicht möglich.

Zur Beschreibung der statistischen Verteilung von Ausprägungsgraden des Persönlichkeitsmerkmals »aggressiv« wird man dann ebenfalls das Modell der Normalverteilung[3] wie bei anderen zur Charakterisierung von Personen verwendeten Attributen ansetzen können. Die bedeutsame Schlußfolgerung besteht darin, für Personen, die im Verteilungsbereich geringer oder fehlender Ausprägung aggressiven Verhaltens anzusiedeln wären, nicht im gleichen Atemzug die weitere psychopathologische Charakterisierung »Fehlentwicklung« (»Neurose«, »Triebunterdrückung«, »Aggressionshemmung«) bereitzuhalten, sondern sie als Vertreter einer möglichen Normvariante anzusehen.

Die Bedeutung dieser »individuellen« Erwartung wird klar erkennbar, wenn wir sie in den Bereich der internationalen Beziehungen übertragen. Zu den psychischen Bedingungen für den Frieden zählt Bergius (1967) die Erwartung der Möglichkeit des Friedens. In den USA ließ sich beispielsweise aufzeigen, daß die Ausgabe von Luftschutzfibeln wie eine amtliche Bestätigung für die Annahme wirkte, mit einem Nuklearkrieg sei zu rechnen, wodurch die subjektive Wahrscheinlichkeit für den Ausbruch deutlich erhöht wurde (Nowak/Lerner 1960). Die Annahme einer biologischen Verankerung aggressionsspezifischer Mechanismen dürfte analog die subjektive Wahrscheinlichkeit des Auftretens aggressiver Akte verändern.

Die Aufgabe dieses Beitrages wird darin bestehen, einige der Bedingungen zu nennen, nach denen sich die Entwicklung der Aggression – betrachtet man sie als eine gelernte soziale Verhaltensweise – steuern und kontrollieren läßt. Denn: »Da Kriege in den Köpfen der Menschen beginnen, muß in den Köpfen der Menschen Vorsorge für den Frieden getroffen werden« (UNESCO-Charta).

3. Übertragung des Lernkonzeptes auf den Bereich aggressiven Verhaltens

Aggression ist ein sehr komplexer Typus sozialen Verhaltens. Eine Diskussion der methodischen Probleme bei der Durchführung von Lernexperimenten (z. B. zur Frage, welche operationale Definition der zu erlernenden Verhaltensweise man auswählen soll, oder zur Vergleichbarkeit molarer Verhaltenseinheiten) findet sich im Beitrag von SCHOTT (siehe Kap. 5).

3.1. Die Unterscheidung von Verhaltenstyp und Verhaltenstendenz

Nach EYFERTH (1964) empfiehlt es sich, zwischen Verhaltens*tendenz* und Verhaltens*typ* (bei SCHOTT – Kap. 5 – »Handlungsschema« genannt) zu unterscheiden. Die Aggression ist als ein *Typus* beobachtbaren und mit einer bestimmten Wahrscheinlichkeit auftretenden sozialen Verhaltens anzusetzen.
Mit sozialer Verhaltens*tendenz* wird die Bereitschaft zu einem partnerbezogenen Verhalten bezeichnet. Diese nicht beobachtbare, sondern nur erschließbare und damit hypothetische Variable stellt das Bindeglied zwischen der Reizung (Stimulierung S) und der Antwort (Reaktion R) des Organismus dar. (TOLMAN [1932] spricht von der »intervenierenden Variablen«.)
Eine solche Tendenz zu aggressivem Verhalten kann gelernt werden; mit dem Ausdruck »Lernen« ist also beispielsweise gemeint, die Bereitschaft (Tendenz) einer Person, jemanden zu verprügeln, werde größer, oder die Wahrscheinlichkeit für die Verwendung der Prügelstrafe werde erhöht, ohne daß dies »durch Verletzung des Organismus oder spontan im Zuge einer Reifung« (HOFSTÄTTER 1957) zustande kommt. Der Terminus »erhöhen« setzt dabei nicht voraus, daß das Ausgangsniveau für diese Vorgänge schon von Null abweicht.

3.2. Drei Lernkonzepte: Klassisches Konditionieren – Operantes Konditionieren – Lernen am Modell

In der psychologischen Forschung haben sich für die Erklärung von Lernvorgängen drei Modelle als besonders nützlich erwiesen:

a) das klassische Konditionieren (PAWLOW etwa ab 1900, WATSON 1914)
b) das operante Konditionieren (SKINNER, 1938, HULL 1943), gelegentlich »instrumentelles Konditionieren« oder »Lernen am Erfolg« genannt
c) das Lernen am Modell (BANDURA/WALTERS 1963, BANDURA 1968, 1973), auch als »Lernen durch Beobachtung«, »Lernen durch Imitation«, »Lernen durch Nachahmung« oder »Lernen durch Identifikation« bezeichnet.

Vorausgesetzt, aggressive Verhaltenstendenzen werden erlernt, so sind zwei Fragen zu stellen:
Es ist erstens nach der Bedeutung jedes dieser drei Prinzipien für die Aggressionsforschung zu fragen. In der Literatur zum Lernen aggressiven Verhaltens finden sich mit Ausnahme der Hypnose-Experimente von BARENDREGT (1969) keine dem Autor bekannten Untersuchungen, die sich des klassischen Konditionierens bedienen. Von einer ausführlicheren Darstellung dieses Lernprinzips soll deshalb abgesehen werden (s. dazu SELG 1974). Zweitens ist danach zu fragen, wie im einzelnen der Ablauf des Lernvorgangs bei aggressiven Verhaltenstendenzen vorstellbar wäre.

Es ist aus didaktischen Gründen weitgehend darauf verzichtet worden, kognitive Aspekte des Lernvorgangs explizit darzustellen. Im Sinne von GAGNÉ (1967) könnte das Problem, wie lernt eine Person, sich aggressiv zu verhalten, auch sukzessive aus der Sicht des Lernens von Begriffen, Regeln und des Problemlösens behandelt werden.

4. Das Modell des operanten Konditionierens

4.1. Erfolg durch aggressives Verhalten

Beginnen wir mit dem Modell des operanten Konditionierens, das in Abb. 1 (S. 61) in vereinfachter Weise dargestellt ist. Ein Beispiel soll zur Veranschaulichung dienen.

Ein hungriger Junge namens Hans geht an einem Obststand vorbei und nimmt sich einen Apfel, ohne daß der Händler es bemerkt. Der Apfel schmeckt ihm köstlich und stillt seinen Hunger.

Im Beispiel haben wir zunächst die Situation S_1 des Jungen durch die Mitteilung des inneren Zustandes (Hunger), der als unbefriedigend erlebt wird, und der äußeren Situationsmerkmale (Obststand) beschrieben. Diese Merkmale von S_1 könnten als Hinweisreize für eine Vielzahl von Aktionen

($R_1 \rightarrow R_n$) wirken: Hans könnte in einem Geschäft sich etwas Eßbares kaufen (R_1), nach Hause gehen (R_2), etc. bis R_n. Die von dem Knaben, aus welchen Gründen auch immer, gewählte spezifische aggressive Handlung (R_{AH1}) verschafft ihm Erfolge (positive Handlungskonsequenzen K^+) in zweierlei Hinsicht. Sie führt erstens zur Aufhebung des unbefriedigenden inneren Zustandes. Zum andern war Hans jedoch auch in der Art des sozialen Kontaktes mit dem Händler »erfolgreich«: Er verstieß zwar gegen die sozialen Spielregeln, wurde aber nicht erwischt.

Nach THORNDIKES »Gesetz des Effektes« (1913) ist nun folgende Prognose möglich: Da die erste aggressive Handlung ($R_{AH\,1}$) zum Erfolg führte, wird in Situationen, die der vorausgegangenen Situation S_1

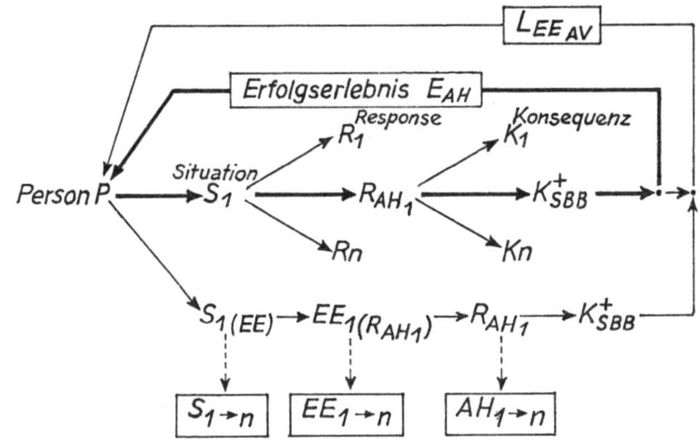

Abb. 1:
Das Konzept des operanten Konditionierens von aggressivem Verhalten

P	Person
S_1 (S_n)	Situation
R_1 (R_n)	Reaktion
$R_{AH\,1}$	aggressive Handlung von spezifischem Gepräge
K_1 (K_n)	Konsequenz
K^+	positive Konsequenz
SBB	Befriedigung eines spezifischen Bedürfnisses
E_{AH}	Erfolgserlebnis nach einer aggressiven Handlung
EE_{AV}	Erwartung von Erfolg durch aggressives Verhalten
L_{EEAV}	Lernen der EE_{AV}
$S_1(EE)$	Situation 1 als Auslöser für eine Erfolgserwartung
EE_1 (R_{AH1})	Erfolgserwartung für eine spezifische aggressive Handlung

(Hunger, Obststand) gleichen (oder ähnlich sind), eine Auswahl aus den im Verhaltensrepertoire der Person vorhandenen Handlungsmöglichkeiten ($R_1 \rightarrow R_n$) stattfinden, und zwar dahingehend, daß die erfolgreich realisierte Handlung $R_{AH\,1}$ (oder eine ähnliche) mit größerer Wahr-

scheinlichkeit wieder benutzt wird als die anderen. Der Erfolg, den man mit aggressiven Handlungen (E_{AH}) erlebt, würde also im Verlauf der Zeit zu einer immer stärkeren beobachtbaren Einengung des Verhaltensspielraums der Person führen. (Für eine ausführliche Diskussion von THORNDIKES Gesetz siehe BLÖSCHL 1969, FOPPA 1965.)
Der innere Zustand einer Person und die Merkmale der äußeren Situation wirken als »Reize« für das Verhalten (Response, Reaktion) der Person und bestimmen, was vom Handelnden als Erfolg erlebt werden kann.

Wäre der Knabe etwa vom Händler zur Rede gestellt worden (negative Konsequenz K –) oder hätte sich die gestohlene Frucht als ungenießbar erwiesen (K–), so wären sowohl der soziale als auch der individuelle Handlungsaspekt für ihn unbefriedigend verlaufen.

Wiederum nach THORNDIKES Gesetz wäre nun nicht eine positive Bekräftigung (Verstärkung K^{+}) der aggressiven Handlung erfolgt, sondern es wäre im Gegenteil eine Abnahme der Wahrscheinlichkeit weiterer aggressiver Handlungen in der Situation S_1 zu erwarten. Das Ausbleiben von Erfolgs-Rückmeldungen (E_{AH}) bewirkt die »Löschung« des realisierten Verhaltens.
In dem oben angeführten Beispiel war der Hunger als Antrieb für das aggressive Verhalten des Jungen angegeben worden. Nimmt man andere Vorfälle, wird man rasch erkennen, daß beim Menschen nicht nur solche physiologische und deswegen »primär« genannte Mangelzustände wie Hunger und Durst als Motor für das aggressive Verhalten wirken, sondern daß dafür auch eine Reihe weiterer, nicht physiologisch ableitbarer, »sekundärer« Motivationen in Frage kommt: Bedürfnisse nach Macht, Geltung, Besitz etc., die zuvor selbst durch Lernvorgänge entstanden sind.

4.2. Die »Erwartung von Erfolg durch aggressives Verhalten« als sekundäre Motivation

Wie jeder aus eigener Anschauung weiß, ist die Aggression hervorragend geeignet, die Realität zu verändern. Androhung oder Anwendung von Gewalt sind beispielsweise ein nützliches, vielfach verwendetes Mittel zur Erreichung egoistischer Ziele. Verallgemeinernd läßt sich sagen: Aggressives Verhalten führt unter den kulturellen Normvorstellungen, unter denen wir leben, mit hoher Wahrscheinlichkeit zur Befriedigung der verschiedenartigsten Bedürfnisse.
Ein entscheidendes Kriterium für das Auftreten aggressiven Verhaltens ist deshalb die Erwartung der Person, mit ihrem Handeln Erfolg zu haben (EE_{AV}).

Kehren wir nochmals zum vorher angeführten Beispiel zurück. Nehmen wir an, Hans habe vor dem Apfeldiebstahl noch niemals gestohlen, so mögen für ihn die Chancen des Gelingens bzw. Mißlingens 50:50 gestanden haben. Er wird es in seiner subjektiven Anschauung eventuell mit »Glück« interpretieren, daß er nicht geschnappt wurde. Nehmen wir nun weiter an, der Junge habe im Laufe der Zeit noch einige Male seinen Hunger durch Diebstahl gestillt. Der wiederholte Erfolg seiner aggressiven Handlungen (E_{AH}) wird eine Veränderung seiner Erfolgserwartungen nach sich ziehen.

Zahl der erfolgreichen Diebstähle:	1	2	3	4	5	6	7	...	n
vorherige Einschätzung der Erfolgschancen:	50:50	55:45	55:45	60:40	70:30	80:20	80:20	...	100:0

In dem fiktiven, auf sieben »Versuche« beschränkten Beispiel ist zunächst nur eine allmähliche Veränderung der ersten Einschätzung der Erfolgschancen, die statt 50:50 ebensogut auch 40:60 hätte lauten können, angenommen. Die Progression wird dann steiler, bis schließlich ein Plateau erreicht wird.

Je stärker sich das Chancenverhältnis zugunsten des Erfolgserlebnisses verschiebt, desto stärker wird bei jedem nachfolgenden »Versuch« die Erwartung sein, durch aggressives Verhalten wieder die gewünschte, angestrebte Befriedigung zu erreichen.

Fassen wir mit WIENER (1952) den Begriff Lernen als »eine Form von Rückkopplung, bei der das Verhaltensschema durch die vorangegangene Erfahrung abgewandelt wird« auf, dann können wir die folgende These postulieren: Im Verlauf der einzelnen Versuche wird, bedingt durch die Häufung der Erfolgsrückmeldungen, eine überdauernde »Erwartung von Erfolg durch aggressives Verhalten« (EE_{AV}) aufgebaut. Eine Person kann also »lernen«, daß in einer Situation mit spezifischen Charakteristika diese Erwartung anwendbar ist (LEE_{AV}, s. Abb. 1).

Hat nun jemand mit anderen sozialen Verhaltenstendenzen, etwa »Erwartung von Erfolg durch gewaltloses Verhalten«, weniger häufig positive Erfahrungen gemacht, wird die EE_{AV} als sekundäre Motivation zur Geltung kommen und die Auswahl der in einer spezifischen Situation einzusetzenden Verhaltensweisen mitbestimmen. Es kommt zu der oben schon festgestellten Einengung des Verhaltensspielraums.

4.3. Der Aufbau des aggressiven Kreisprozesses

Die enge Verknüpfung von spezifischer Situation, Erfolgserwartung, aggressivem Verhalten, Bedürfnisbefriedigung und Bestätigung der Erwartung kann dazu führen, daß andere, nicht-aggressive Verhaltensweisen ($R_1 \rightarrow R_n - R_{AII}$) nur noch selten benutzt werden. Die Chance, durch sie ebenfalls eine Aufhebung des unbefriedigenden Bedürfniszustandes zu erreichen, verringert sich. Wenn aber Handlungsbereitschaften nicht erfolgreich sind, werden sie nach dem THORNDIKEschen Gesetz gelöscht: Die entsprechenden Erfolgserwartungen sinken auf Null.

Für das aggressive Verhalten könnte sich daraus der Aufbau eines Kreisprozesses ergeben, der in Abb. 1 als äußerer Rahmen eingezeichnet ist. Eine Situation S_1 enthält eine Reihe von Hinweisen, die die sekundäre Motivation EE_{AV} aufrufen. Unter dem Aspekt der Erfolgserwartung EE_1 wird für die Bedingungen von S_1 die aggressive Handlung $R_{AII\,1}$ ausgewählt, die zum Erfolg führt. Die sekundäre Motivation erfährt hierdurch eine weitere Bekräftigung, und die Anwendung gerade der aggressiven Verhaltensweise R_{AH1} wird »gerechtfertigt«.

Vermeidet eine Person prosoziale Verhaltenstendenzen und Verhaltenstypen und ist sie mit der aggressiven Erfolgserwartung und der entsprechenden Verhaltensweise erfolgreich, so werden diese bestätigt und bestärkt. Diese Person wird wahrscheinlich nie nachprüfen, ob sich durch die Anwendung einer prosozialen Verhaltenstendenz und Verhaltensweise ebenfalls ein Erfolg eingestellt hätte.

Die These, daß sich dieses »Vermeidungsverhalten« selbst bestärkt und es dadurch auch in Situationen, in denen es nicht angemessen ist, beibehalten wird, läßt sich durch Untersuchungsergebnisse aus anderen Bereichen belegen.

Ratten drehen z. B. bis zu 600 Mal ein Rad, nachdem sie gelernt haben, dadurch einem elektrischen Schock zu entgehen, ohne daß irgendwann später noch einmal ein Schock ausgeteilt wird (MILLER 1948).

Hat sich ein Kreisprozeß eingespielt, wird sich die Einschätzung der Erfolgschancen weiterhin steigern. Extreme Quotenverteilungen wie 100:0 würden auf eine übersteigerte Erwartung (EE_{AV}) hinweisen; andere Motivationen würden in diesem Fall keine Bedeutung mehr aufweisen, wodurch die Erfolgserwartung durch aggressives Verhalten nur schwerlich geändert werden kann und eventuell der Eindruck eines Zwangs, sich aggressiv verhalten zu müssen, erweckt wird.

4.4. Die Wirkung nicht-konsequenter Erziehung

Wenn wir eingangs unterstellten, aggressives Verhalten führe mit hoher Wahrscheinlichkeit zum Erfolg, so wurde bislang davon abgesehen, die Auswirkungen eines Wechsels von Erfolgen und Mißerfolgen in die Diskussion mit aufzunehmen. Die postulierte Erfolgserwartung ist eine variable Größe (in Abb. 1 wurde hierfür zur

Kennzeichnung der Buchstabe L [Lernen] verwendet); ihre jeweilige Intensität ist abhängig von der »Lerngeschichte« der Person: Im allgemeinen werden Erfolge sie erhöhen, Mißerfolge sie erniedrigen. Unser Beispiel könnten wir in folgender Weise weiterverfolgen.

Hans geht täglich nach Schulschluß am Obststand vorbei, und da er seit dem Frühstück nichts mehr gegessen hat, hat er Hunger. Durch eine Reihe ungünstiger Umstände gelingt es ihm jedoch nicht jeden Tag, seinen Hunger dort zu stillen; sei es, daß ein Bekannter ihm den Apfel abnimmt, sei es, daß die gestohlene Ware ungenießbar ist etc...

Als Ergebnis seiner »Bemühungen« soll sich diese Sequenz von eingetretenen (E) und ausgebliebenen (A) Erfolgen ergeben:

Tag	Mo	Di	Mi	Do	Fr	Sa	Mo	Di	Mi	Do	Fr	Sa	Mo ...
Ergebnis	E	E	A	E	A	E	E	A	E	E	E	A	E ...

Die Erfolgserwartung wird nicht jedesmal bekräftigt; man spricht in diesem Fall von intermittierender (partieller) Verstärkung.

Aus vielen Experimenten (z. B. JAMES/ROTTER 1958) wissen wir, daß durch das intermittierende Bekräftigen ein Verhalten zwar langsamer aufgebaut wird, daß es dann aber »sitzt«; es wird weniger schnell verlernt.

Versuchen wir diesen Sachverhalt auf das Lernen aggressiver Verhaltenstendenzen zu übertragen. Wohl jeder, der eine erzieherische Aufgabe zu erfüllen hat, wird von sich berichten können, daß er unangepaßte aggressive Handlungen »ab und zu« auch einmal durchgehen läßt. Das bedeutet: das Kind erlebt sein Verhalten als erfolgreich, und es wird darin bestätigt. Verhält sich der Erzieher zwischendurch »konsequent« und vereitelt er dadurch einen Erfolg des Kindes, dann betreibt er eine intermittierende Bekräftigung. Er muß künftig gegen eine Verhaltenstendenz ankämpfen, die durch seine eigenen uneinheitlichen Erziehungsmaßnahmen gegen ein Verlernen (Löschen) widerstandsfähiger geworden ist.

Eltern tendieren häufig dazu, zumal von ihren Söhnen zu verlangen, ihnen selbst gegenüber brav und lieb zu sein, während sie außer Haus ihr Kind zu einem »echten Jungen« erziehen wollen.

Aus dem Interview mit dem Vater eines aggressiven Jungen und mit diesem selbst mögen die folgenden Sätze zur Illustration dienen (BANDURA/WALTERS 1959).

Vater: »... Ich würde es nicht dulden, wenn er sich gegenüber seiner Mutter oder mir nicht korrekt verhalten würde... Wenn er versuchen sollte, Schimpfwörter zu benutzen oder... etwa zu schlagen, würde ich es keineswegs erlauben.« Sohn: »Ich will nicht eingebildet sein, aber ich weiß, ich kann meine Füße besser zum Austeilen von Tritten verwenden als alle die

Jungen hier in der Nachbarschaft. Mein Vater sagte zu mir: ›Wenn du weißt, wie man mit seinen Füßen kämpft, dann liegt alles in deinen Händen, dann hast du es geschafft ... du brauchst niemals vor jemanden Angst zu haben!‹«

Unterschiedliche, situationsspezifische Standards führen also ebenso zu intermittierenden Bekräftigungen aggressiven Verhaltens.
Gegen die berichteten Daten von BANDURA und WALTERS (1959) könnte man evtl. einwenden, die Methode des Interviews werde keine ausreichende Kontrolle der Untersuchungsbedingungen erlauben. Deshalb sei hier das unter Laboratoriumsbedingungen durchgeführte Experiment von COWAN und WALTERS (1963) dargestellt:

Drei Gruppen A, B und C von je 10 normalen Kindern im Alter von 8—13 Jahren konnten mit einer großen clownähnlichen Puppe spielen, die zu aggressiven Handlungen geradezu einzuladen scheint. In den ersten zwei Spielminuten wurde auf das Verhalten jedes Kindes nicht reagiert, wohl aber bei den daran anschließenden 18 aggressiven Handlungen. Kinder der Gruppe A bekamen jedesmal eine Glasmurmel geschenkt (kontinuierliche Verstärkung), die der Gruppe B jedes dritte Mal und die der Gruppe C jedes sechste Mal (intermittierende Verstärkung). Nach dieser experimentellen Bekräftigungsphase wurden sie nicht mehr für aggressives Verhalten belohnt; sie konnten solange weiterspielen, wie sie wollten.

Die Ergebnisse bestätigen die Hypothese, die wir aus dem oben postulierten Leitsatz entwickeln können. Obwohl die Kinder der Gruppe C nur drei Belohnungen erhalten hatten, dauerte es bei ihnen am längsten, bis das verstärkte aggressive Verhalten nachließ, während die regelmäßig verstärkten Mitglieder der Gruppe A am schnellsten aufhörten.
Dieses Ergebnis läßt sich dahingehend interpretieren, daß Mißerfolge in die Erfolgserwartung miteingeplant werden. Mangelnde Konsequenz eines Erziehers dürfte somit bewirken, daß der so Behandelte sich geradezu aggressiver benehmen muß, um »endlich wieder« eine Belohnung zu erhalten, denn die Pause »muß« doch nach seiner Erfahrung »beim nächsten Mal« (irgendwann) zu Ende sein. Da Belohnungen aggressives Verhalten stimulieren können, wird es beispielsweise von einem Kind in erhöhtem Maße angewendet werden, um die Pause bis zur nächsten Bekräftigung möglichst schnell zu überbrücken.

4.5. Die Ausweitung der gelernten Erfolgserwartung auf neue Situationen und aggressive Verhaltensweisen

Bei unseren bisherigen Überlegungen sind wir davon ausgegangen, daß eine spezifische Situation eine Reihe von Hinweisen enthält, die in der Person aufgrund der gesammelten Erfahrungen eine Erfolgserwartung für eine spezifische aggressive Handlung ansprechen.

Nun können wir beim Menschen aber nicht nur *eine* Art von aggressivem Verhalten und *eine* spezifische aggressionsauslösende Situation beobachten. Wie können diese beiden Phänomene mit unserem Modell vereinbart werden? Muß sich etwa bei dem Jungen Hans derselbe Prozeß, in dem sich die EE_{AV} für den Obststand A entwickelte, für den Obststand B nochmals in allen Lernschritten wiederholen? Oder geht er an diese neue Situation S_2 schon mit dem Erfahrungsschatz aus S_1 heran?

Die Lernpsychologie bietet für dieses Problem das Konzept der »Übertragung von Lernleistungen« zur Erklärung an. Lernerfolge können, nach den Untersuchungen THORNDIKES (1903) zu schließen, in dem Maße auf andere Situationen übertragen werden, in dem die verschiedenen Situationen ähnliche Hinweise für die Auslösung eines spezifischen Verhaltens enthalten (zit. nach EYFERTH 1964). Personen werden aber nicht nur in dieser »trivialen« Weise (KLAUER 1969) Lernergebnisse transferieren, sondern auch kreativ vorgehen. Bekannte aggressive Verhaltensweisen werden in Situationen angewendet, in denen es bislang undenkbar schien, sie zu benutzen. Neuartige aggressive Verhaltensformen werden erfunden, indem z. B. für Gegenstände andere als die bisher üblichen, ursprünglichen Anwendungsmöglichkeiten entdeckt werden. Generalisierungen können somit entsprechend der Ausprägung des Persönlichkeitsmerkmals »kreativ« unterschiedlich schnell verlaufen.

Die Erfolgserwartung des Jungen wird somit zur Ausformung seines Verhaltens auch beim Obststand B, C oder D usw. beitragen, wenn diese etwa in bezug auf die Überschaubarkeit durch den Händler, die Zugänglichkeit der Ware für den Dieb, die Einbettung in die übrige Marktsituation, die Frequentierung durch andere potentielle Käufer etc. dem Obststand A gleichen.

Da sich A und B, A und C, B und C, A und D usw. stets in einigen Einzelheiten unterscheiden werden, wird die EE_{AV} mit jeder weiteren Situation, in der sie zu einem erfolgreichen Verhalten führt, auf eine immer breitere Basis gestellt, einschließlich solcher Situationen (n), die der Ausgangssituation wenig oder kaum mehr entsprechen. Die Kriterien für den Abruf der EE_{AV} werden immer allgemeiner und passen auf eine sich ausweitende Variationsbreite von »Reizen« ($S_1 \rightarrow _n$). Diesen Vorgang bezeichnet man als »Reiz-Generalisierung«.

Die Generalisierung von Reizen als Auslöser einer EE_{AV} läßt sich durch eine Untersuchung von WALTERS und BROWN (1963) belegen, die im Versuchsaufbau der schon referierten Arbeit von COWAN und WALTERS ähnelt:

Die Kinder wurden entweder überhaupt nicht (Kontrollgruppe A), jedes Mal (kontinuierlich, Gruppe B) oder jedes 6. Mal (intermittierend, Gruppe C) für aggressives Verhalten gegenüber der clownähnlichen Puppe belohnt. Anschließend an diese Versuchsphase konnten die Kinder miteinander spielen. Die Mitglieder der Gruppe C zeichneten sich dabei in ihrem Benehmen gegenüber den anderen durch bedeutsam erhöhten körperlichen Einsatz wie mit den Füßen treten, boxen usw. aus. Es schien ihnen erfolgversprechend zu sein, das in der zuerst als »Reiz« vorgegebenen unpersönlichen Spielsituation realisierte und belohnte aggressive Verhalten auch auf die dann als »Reiz« wirkende, durch Wettbewerbsspiele provozierte zwischenmenschliche Beziehung zu übertragen. Die EE_{AV} war also auf die in beiden Situationen vorhandenen Hinweise generalisiert worden.

Andererseits zeigt die alltägliche Erfahrung immer wieder, daß eine Person über eine Vielfalt von Verhaltensweisen ein- und derselben Situation gegenüber verfügt, die von der Umwelt als aggressiv beurteilt werden können:

Bei Hans werden z. B. eine Reihe von Techniken zu beobachten sein, um unbemerkt einen Apfel zu entwenden: im Vorbeigehen rasch zugreifen und dabei in eine andere Richtung schauen, die Ware interessiert in die Hand nehmen, sie begutachten etc....

Wir gingen zunächst davon aus, daß verschiedene »Reize« ($S_{1 \rightarrow n}$) die gleiche Reaktion auslösen können. Hier nun wollen wir die These betrachten, daß verschiedene aggressive Aktionen der Person für die Bewältigung *einer* Situation gleich erfolgreich erscheinen. Die EE_{AV} kann also von einer aggressiven Handlung, mit der sie aufgebaut (gelernt) wurde, auf eine Anzahl (n) von qualitativ unterschiedlichen aggressiven Handlungen generalisiert werden (Generalisierung von Reaktionen $AH_{1} \rightarrow n$).
Als beispielhafter Beleg sei die Untersuchung von LOVAAS (1961) angeführt:

14 Kinder im Kindergartenalter konnten an 2 Spielzeugen hantieren. Beim aggressiven Spielzeug bewirkte ein Hebeldruck, daß die eine Puppe der andern mit einem Stock auf den Kopf schlug; beim zweiten, nicht-aggressiven Spielzeug konnte ebenfalls mittels Hebeldruck ein Ball in einem Behälter hin- und hergeworfen werden. Anschließend an diese Phase des Experiments wurden 7 Kinder belohnt, wenn sie eine Puppe, die vom Versuchsleiter als »gut« vorgestellt worden war, durch Ausdrücke aus diesem Bedeutungsfeld beschrieben. Entsprechend wurde mit den andern 7 Kindern der Untersuchungsgruppe verfahren, die eine »schlechte« Puppe vorgestellt bekamen. In der dritten Phase des Experiments konnten sich die Kinder nochmals mit den beiden Spielzeugen der ersten Phase beschäftigen.

Als Ergebnis ließ sich feststellen, daß Kinder, die für ihr verbalaggressives Verhalten belohnt worden waren, dann wesentlich häufiger als vorher das aggressive Spielzeug bevorzugten. Sie hatten ge-

lernt, aggressives Verhalten als erfolgversprechend anzusehen, und übertrugen diese Hypothese vom verbalen in den nichtverbalen Handlungsbereich.
Der Einsatz verschiedenartiger aggressiver Handlungen in der gleichen Reizsituation wird von Bedingungen der Situation und den Charakteristika der Person abhängen.

Schwächliche Personen werden z. B. weniger dazu neigen, andere (kräftige) Personen tätlich anzugreifen, sondern werden eher Aggressionsformen wie Spott und Ressentiment bevorzugen, ihren Kindern gegenüber aber nicht auf die Prügelstrafe verzichten wollen.

In einer Untersuchung von Dinwiddie (1955, zit. nach Berkowitz 1962) hatten die Versuchspersonen (Vpn) in einem Test auf eine Serie von frustrierenden Situationen schriftlich zu antworten. Die Vpn, die sich selbst in einem Fragebogen als ängstlich eingestuft hatten, äußerten häufiger indirekte Aggressionen als die Vpn, die sich selbstbewußter beurteilt hatten. Mit Dinwiddie können wir aus diesen Ergebnissen folgern, daß die Wahl aggressiven Verhaltens auch von solchen Variablen wie dem in der Untersuchung verwendeten Angst-Maß abhängt.
Die Person lernt zu unterscheiden, in welchen Situationen welche Verhaltensweisen anwendbar sind, um eine Bestrafung zu vermeiden, dadurch die EE_{AV} aufrechtzuerhalten und sie auf einem möglichst hohen Niveau verfestigen zu können. Die Selektion der Verhaltensweisen geschieht also unter dem Gesichtspunkt der Maximierung der jeweils persönlich definierten Erfolgserwartung. In welcher Weise dabei eine Situation von jemanden aufgefaßt wird, hängt von deren äußerlichen Beschreibungsmerkmalen und, wie sich aus Dinwiddies Untersuchung ergibt, von den Persönlichkeitseigenschaften dieser Person ab.
Diese Tendenz, die EE_{AV} zu maximieren, ist eine Möglichkeit, die zur Differenzierung des Verhaltens führt. Aus der Sicht der einzelnen Verhaltensweisen handelt es sich um eine Generalisierung der EE_{AV} auf unterschiedliche Reaktionen.

4.6. Anmerkungen zum Konzept des Aggressionstriebes

Das Beispiel hatten wir zuletzt dahin ausgeweitet, daß Hans durch »Generalisierung« der EE_{AV} lernte, für den Obststand A verschiedene Diebstahltechniken zu entwickeln bzw. diese auf verschiedene Obststände A, B, C usw. anwenden zu können. Bereits früher hatten wir die intermittierende Bekräftigung der Erfolgserwartung eingeführt und daraus gefolgert, daß sie die Häufigkeit aggressiver Akte ansteigen läßt und die Löschungsresistenz der EE_{AV} erhöhen wird. Dabei waren wir bislang davon ausgegangen, daß Hans stiehlt, um sich zu sättigen.

Wir müssen uns nun mit dem Faktum auseinandersetzen, daß es eine Vielfalt von aggressiven Verhaltensmustern gibt, die durch ihre »Unersättlichkeit« den Forschern auffiel und psychoanalytisch orientierte Autoren einen »Aggressionstrieb« annehmen ließ:

»Ist nicht das, was die Menschen sich und ihren Mitmenschen antun, ausreichend, um uns vom Bestehen eines Aggressionstriebes zu überzeugen? ... denn tatsächlich ist es erschreckend, so viel Zerstörungssucht und Grausamkeit zu sehen, die nicht tierisch, sondern so spezifisch menschlich ist ... Kann man die Lust am Zerstören, Beschädigen, Plündern und Morden[4] verstehen, ohne einen Trieb dabei anzunehmen? Ich glaube nicht.« (Kuiper 1969)

Welche Argumente können wir diesem projektiven Glaubensbekenntnis Kuipers entgegensetzen?

Bereits 1937 hat Allport (1949, 1970) die These von der »Funktionellen Autonomie der Motive« entworfen. Sie besagt: Eine Aktivität ist zunächst ein Mittel zur Befriedigung eines Bedürfnisses; im Laufe der Zeit verselbständigt sie sich jedoch und wird sich selbst zum Motiv. Ähnliche Formulierungen finden sich bei Newcomb (1950), Sears, Maccoby und Levin (1957), Tolman (1959), Bergius (1960), Berkowitz (1962), Oerter (1967). Wenden wir diesen Satz auf unser Beispiel an.

Anfangs stiehlt Hans, um seinen Hunger zu stillen, und es entwickelt sich nach einer Reihe von Erfolgen (positiven Bekräftigungen) eine Erfolgserwartung, die an diesen aggressiven Akt gekoppelt ist.

Allmählich löst sich die Erfolgserwartung von dem zeitlich früher vorhandenem Motiv und motiviert sich selbst, d. h., sie wird nicht mehr nur über die Auswahl der Verhaltensweisen entscheiden, die geeignet sind, eine spezifische Bedürfnisbefriedigung zu maximieren (SBB max), sondern das zu befriedigende Motiv ist nun die EE_{AV} selbst geworden (G_{EEAV} (s. Abb. 2, S. 71).

Von psychoanalytischer Seite wird die Ansicht vertreten, der Aggressionstrieb sei eine stetig fließende Quelle aggressiver Erregung, die spontan entladen wird. Allport (1970) weist auf eine Reihe von Untersuchungen hin, in denen sich spontane Aktivitäten der Versuchstiere jedoch auch mit seiner Theorie erklären lassen.

Dodsen (1917) ließ beispielsweise Ratten lernen, in hungrigem Zustand den richtigen Weg durch ein Labyrinth zu finden. Die Ratten liefen danach auch dann durch das Labyrinth, als sie vollständig satt waren.

Aus dem Humanbereich läßt sich etwa das folgende Beispiel für ein sekundäres Motiv anführen:

Für ein Kleinkind bedeutet die Anwesenheit der Mutter oder einer anderen Bezugsperson zunächst die Befriedigung ganz elementarer Bedürfnisse: Es wird von ihr gefüttert, trockengelegt, gewärmt etc. Nach einiger Zeit wird das Kind aber auch nicht allein sein wollen, wenn die ursprünglich vorhandenen und die Gegenwart der Bezugsperson bedingenden Bedürfnisse nicht wirksam sind, und deshalb versuchen, durch Schreien, Weinen, Strampeln usw., die Mutter herbeizuholen. Hatte also die Anwesenheit der Bezugsperson zunächst die Funktion, spezifische primäre Bedürfnisse zu befriedigen — sie war gleichsam das Mittel (Instrument), um ein bestimmtes Ziel zu erreichen —, so ist diese Gegenwart der Bezugsperson nun selbst zum Ziel geworden. »Das Mittel wurde gleichsam zum Zweck.« (NEWCOMB 1950).

Nach der Annahme der oben genannten Autoren ließe sich folgern, daß die EE_{AV} ein Motiv ist, das aus einem andern Motiv (z. B. Befriedigung des Hungers, Streben nach Macht oder Besitz) hervorgegangen ist, aber jetzt autonom und der Motor für aggressive Handlungen ist, die zur eigenen Bestätigung durchgeführt werden. Die EE_{AV} ist »Selbstzweck« geworden. Die Person hat gelernt, sich oder andere zu schädigen, um zu schädigen.

Im Schema der Abb. 2 sollte dies in folgender Weise veranschaulicht werden: Nachdem eine Person gelernt hat, aggressives Verhalten führt zu Erfolgen, werden Situationen unter diesem Aspekt betrachtet und eventuell gesucht ($EE_{AV}\ S_1$). Die Bereitstellung möglicher Verhaltensmuster für diese Situation wird ebenfalls im Hinblick auf die Erfolgserwartung vorgenommen ($EE_{AV}R_1 \rightarrow_n$), und die zu realisierende Verhaltensweise wird danach ausgesucht, ob sie dieses gelernte Motiv maximieren kann ($K^+_{EEAV\ max}$).

Hans stiehlt, um seine Erwartung hinsichtlich des Erfolgs beim Stehlen zu bestätigen.

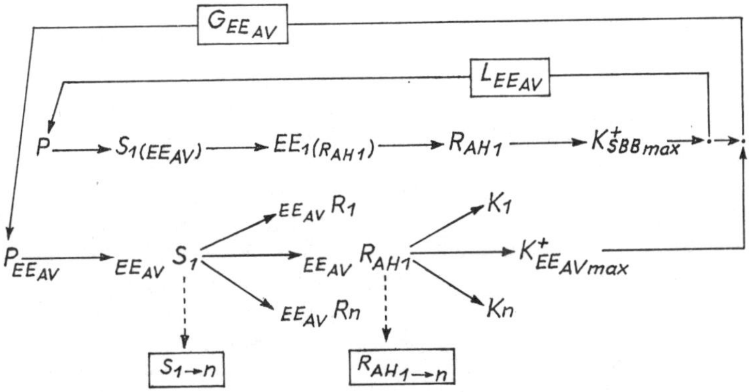

Abb. 2: Das Konzept der Funktionellen Autonomie aggressiven Verhaltens

P	Person
S_1 (S_n)	Situation
R_1 (R_n)	Reaktion
$R_{AH\,1}$	aggressive Handlung von spezifischem Gepräge
K_1 (K_n)	Konsequenz
$K+$	positive Konsequenz
SBB	Befriedigung eines spezifischen Bedürfnisses
E_{AH}	Erfolgserlebnis nach einer aggressiven Handlung
EE_{AV}	Erwartung von Erfolg durch aggressives Verhalten
L_{EEAV}	Lernen der EE_{AV}
S_1 ($_{EE}$)	Situation 1 als Auslöser für eine Erfolgserwartung
EE_1 (R_{AH1})	Erfolgserwartung für eine spezifische aggressive Handlung
G_{EEAV}	generalisierte, nicht auf die Befriedigung eines spezifischen Bedürfnisses gerichtete EE_{AV}
P_{EEAV}	Person, die erwartet, durch aggressives Verhalten erfolgreich zu sein
$K^{+}_{SBB\,max}$	die auf eine Handlung erfolgende positive Konsequenz, die am besten (maximal) geeignet ist, ein spezifisches Bedürfnis zu befriedigen
K^{+}_{EEAV}	die auf eine Handlung erfolgende positive Konsequenz, die am besten (maximal) geeignet ist, die EE_{AV} zu bestätigen

4.7. Die Beseitigung aggressiven Verhaltens durch den Abbau alter und den Aufbau neuer Erfolgserwartungen

Nach den Ausführungen des letzten Abschnitts werden wir nicht erwarten, Hans werde aufhören zu stehlen, indem wir ihm erlauben, z. B. mit einem Luftgewehr zu schießen. Welche anderen Möglichkeiten stehen dem Erzieher zur Verfügung, um störende aggressive Verhaltensweisen zu stoppen? Diese Frage ist vor allem unter dem Aspekt zu stellen, wie etwa Eltern und Lehrer im Alltag solchen »Symptomen« begegnen sollen. Ist es nämlich wirklich notwendig, gemäß tiefenpsychologischer Methode einen Konflikt annehmen zu müssen oder nach den Triebqualitäten zu suchen, die nicht altersgemäß entwickelt sind?

Es bleibt also die Forderung bestehen, dem Erzieher Maßnahmen anzubieten, die ihre Gültigkeit wissenschaftlich erwiesen haben und zudem möglichst leicht erlernbar und handhabbar sind. Diese Forderung erhält ihre Dringlichkeit durch die weite Verbreitung aggressiven Störverhaltens, wie es sich aus der eingangs genannten Zahl der Straftaten in der BRD ergibt. Aber auch im schulischen Bereich wird es in hohem Maße beobachtet. Nach einer Untersuchung von Müller (1960) klagen 41 Prozent der Junglehrer über langandauernde Disziplinschwierigkeiten. Zur Begründung wird angegeben, man wisse nicht, wie man mit Kindern umgehen solle. Die Belastung des Lehrers soll durch zwei Antworten aus den Fragebogen verdeutlicht werden.

»Fürchterliche Disziplinschwierigkeiten. Vor Streit und Krach oft kein Unterricht möglich.« (Fragebogen 172). »Ich habe darunter (Disziplinschwierigkeiten) so gelitten, daß ich mich restlos von der Öffentlichkeit zurückzog.« (Fragebogen 191).

Erzieher reagieren bislang weitgehend auf das Störverhalten nach den 3 Prinzipien der »Lerntheorie des Laien«, wie AYLLON (1959 zit. nach SCHWITZGEBEL 1964) ironisch diesen Katalog benannte, und schufen damit die Voraussetzungen für dessen Fortdauer:

1. Prinzip »Wiederholung«:	»Wie oft muß ich es dir noch sagen, daß du nicht stehlen sollst.«
2. Prinzip »Bestrafung«:	»Wenn du eine gehörige Tracht Prügel möchtest, dann stehle ruhig weiter.«
3. Prinzip »Begreifen lehren«:	»Geht es denn überhaupt nicht in deinen Kopf hinein, daß Stehlen nicht erlaubt ist?«

Gemeinsam ist allen diesen Methoden, daß das Symptom im Mittelpunkt der Beachtung des Erziehers steht und – daß sie erfolglos sind! Im Zögling werden lediglich Angst vor den physischen Folgen seines Tuns und Minderwertigkeitsgefühle für sein Versagen, das »Symptom« zum Verschwinden zu bringen, wachgerufen. Es werden ihm außer Androhung oder Vorwürfen jedoch keine Vorschläge gemacht, *wie* er dies erreichen könnte. Darüber hinaus erhält er keine Informationen, was er »stattdessen« tun sollte.

Durch die vermehrte Zuwendung der Aufmerksamkeit auf das Symptom hat der Erzieher mit einem paradoxen Effekt seiner Bemühungen zu rechnen, indem nämlich das Störverhalten mit größerer Häufigkeit auftritt.

In einer Klasse, in der die Schüler häufig ihren Arbeitsplatz verließen, erhöhten die Lehrer die Zahl der Aufforderungen an die Kinder, sie sollten sich hinsetzen. Die Erzieher bekräftigten damit jedoch das »Symptom« und provozierten dadurch, daß die Schüler noch mehr als zuvor herumliefen (MADSEN et al. 1968 a).

Das Problem läßt sich aus unserer Grundannahme heraus lösen. Danach werden soziale Verhaltenstendenzen, die als Motor für ein bestimmtes Verhalten wirken, erlernt. Der menschliche Organismus läßt sich als ein System auffassen, das Informationen verarbeitet. Bislang waren wir davon ausgegangen, daß die Person die Konsequenzen, die auf ihr aggressives Handeln in einer spezifischen Situation folgten, regelmäßig oder unregelmäßig als Erfolg bewerten könnte. Jedes weitere Bewältigen einer Situation durch aggressive Verhaltensweisen »informierte« (FOPPA 1964) die Person über die Richtigkeit ihrer Erfolgserwartung.

Das »Verlernen« einer aggressiven Verhaltensweise läßt sich nun erreichen, indem auf sie hin konsequent der erwartete Handlungserfolg

ausbleibt. Der gelernte Zusammenhang von Situation, Erwartung, Handlung und positiver, erwünschter Handlungskonsequenz muß dauerhaft unterbrochen bleiben, so daß die Erfolgsrückmeldung konstant ausbleibt (»time-out from positive reinforcement«, FERSTER/APPEL 1961).
Eine Verhaltensänderung kann aber mit dieser Methode nur insoweit erreicht werden, als durch die Verminderung der »Erwartung von Erfolg durch aggressives Verhalten« eventuell die Häufigkeit aggressiver Handlungen verringert wird. Durch Erziehungsmaßnahmen soll aber die Person neu orientiert werden: Sie muß erfahren können, welche Verhaltensziele erwünscht sind, d. h. wie sie auf anderem Weg zum benötigten Erfolg kommen kann.
Die Verhaltensmodifikation ist somit als ein zweigliedriger Vorgang aufzufassen; neben der Löschung des unangepaßten Verhaltens muß die Person über Verhaltensweisen informiert werden, die erstens von der Gruppe, in der die Person lebt, als »angepaßt« und »wünschenswert« beurteilt werden und zweitens für die Person Konsequenzen nach sich ziehen, die ihr selbst als erstrebenswert erscheinen.
Der Erzieher muß sich also durch Beobachtung oder Befragung versichern, ob die Bekräftigungen, die er einzusetzen plant, in der Werthierarchie der Person einen Vorzugsplatz einnehmen (AYLLON/AZRIN 1968).

In der Untersuchung von STAATS, FINLEY, MINKE und WOLF (1964) hatten sich die Kinder vor dem Experiment Spielzeug ausgesucht; BARRET (1962) befragte ihre Patienten, welche Musik sie bevorzugten.

Der Prozeß der Modifikation aggressiven Verhaltens beinhaltet den Aufbau neuer Erfolgserwartungen, die prosoziale Verhaltensweisen bereitstellen. Die Person wird veranlaßt »umzulernen«: Bei Vorliegen der alten Situationsmerkmale S_1 werden andersartige Handlungen verlangt.
Die Prozedur des Löschens unerwünschter und des differenzierenden Bekräftigens erwünschter Verhaltensmuster ist in den letzten Jahren vielfach erfolgreich zum Abbau aggressiven Verhaltens eingesetzt worden. Sie hat Anwendung gefunden für alle Altersstufen und bei den verschiedensten Verhaltensstörungen.
Wie aus Tab. 1, für die kein Anspruch auf Vollständigkeit erhoben wird, hervorgeht, wurden als »Therapeuten« Eltern, Lehrer und Klinikpersonal eingesetzt. Sie wurden für ihre therapeutische Aufgabe oft kurzfristig geschult, indem sie auf den Zusammenhang zwischen dem als »Symptom« auftretenden aggressiven Verhalten des andern und ihrem eigenen, darauf folgenden Verhalten hingewiesen wurden. Dem Behandlungsbeginn geht also regelmäßig eine Beobachtungsphase voraus, um die einzelnen Glieder dieser Beziehung zu erfassen.

Tab. 1 Beispiele für die Anwendung der Methoden »Löschung unerwünschter Verhaltensweisen« und des »Bekräftigens erwünschter Verhaltensweisen«

Autor	Behand. Person(en)	Alter (Jahre)	Anzahl	Behandl.-ort	Symptom	Therapeut	Behandl.-dauer
Williams (1959)	Junge	1;9	1	Elternhaus	Wutanfälle	Eltern	10 Tage
Wolf/Risley/Mees (1964)	Junge	3;6	1	Klinik + Elternh.	auto- + hetero-aggr.	Eltern + Klinikpersonal	180 Tage
Brown/Elliot (1965)	Jungen	3—4	27	Kindergarten	phys. + verbale Aggr.	Lehrer	14 Tage
Hawkins et al. (1966)	Junge	4	1	Elternhaus	hetero-aggr.	Mutter	1 Monat
Sloane/Johnston/Bijou (1967)	Junge	4	1	Kindergarten	hetero-aggr.	Lehrer	
Scott/Burton/Yarrow (1967)	Junge	4	1	Kindergarten	hetero-aggr.	Heimpersonal	17 Tage
Ward/Baker (1968)	Mädch. + Jungen	6	12	Schule	USV*	Lehrer	5 Wochen
Becker et al. (1967)	Mädch. + Jungen	6—10	10	Schule	USV	Lehrer	14 Tage
Bostow/Bailey (1969)	Junge	7	1	Klinik	stärkste Aggr.	Klinikpersonal	6 Sitzungen
Thomas et al. (1968)	Mädch. + Jungen	7—8	28	Schule	USV	Lehrer	71 Tage
Broden et al.	Jungen	8	2	Schule	USV	Lehrer	12 Sitz.
Carlson et al.	Mädch.	8	1	Schule	Wutanf.	Lehrer	6 Wochen
Madsen et al. (1968)	Jungen	8	2	Schule	USV	Lehrer	16 bzw. 20 Sitz.
Barrish et al. (1969)	Mädch. + Jungen	10	24	Schule	USV	Lehrer	22 Sitz.
Zimmerman/Zimmerman (1962)	Junge	11	1	Klinik	Wutanfälle	Lehrer	mehrere Wochen
Hall et al. (1968)	Mädch. + Jungen	12	30	Schule	USV	Lehrer	15 Sitzungen
Tyler/Brown (1967)	Delinquenten	13—15	15	Heim	straffälliges Verh.	Heimpersonal	27 Wochen
Burchard/Tyler (1968)	Delinquent	13	1	Heim	auto + hetero-aggr.	Heimpersonal	5 Monate
Meichenbaum et al. (1968)	Delinquentinnen	15	10	Heim	»unkorrigierbare« Aggr.	Lehrer	14 Tage
Brown/Tyler (1968)	Delinquent	16	1	Heim	»unkorrigierbare« Aggr.	Heimpersonal	3 Monate
Schwitzgebel/Kolb (1964)	Delinquenten	15—21	20	ambulant	straffäll. Verhalten	Experimentator	9—10 Monate
Bostow/Bailey (1969)	Frau	58	1	Klinik	verbale Aggr.	Klinikpersonal	5 Sitzungen

* USV = Den Unterricht störendes Verhalten.

Eine der ersten Untersuchungen, in der mit einer Methode behandelt wurde, die aus dem Lernprinzip des operanten Konditionierens abgeleitet war, ist die von Williams (1959).

Das Problem bestand darin, daß ein 21 Monate alter Junge, der während der ersten 18 Lebensmonate krank gewesen war, vor allem zu den Schlafenszeiten brüllte und sich hin- und herwarf, sobald die Eltern das Kinderzimmer verließen. Aber auch wenn sie im Zimmer etwas lesen wollten, begann er zu schreien. Die Eltern warteten somit zwischen einer halben und eineinhalb Stunden, bis der Junge schlief. Er hatte die Kontrolle über ihr Verhalten gewonnen, da er sie mit seinem Handeln »zwingen« konnte, sich nach seinen Wünschen zu richten und nur für ihn allein da zu sein. Für den Jungen bestand ein Zusammenhang zwischen Schreien und der ihm angenehmen Anwesenheit und der ungeteilten Aufmerksamkeitszuwendung der Eltern. Diese bestätigten stets aufs neue seine Erwartungen.
Die therapeutische Anweisung an die Eltern beinhaltete deshalb, diese Beziehung aufzuheben: Nachdem der Junge wie üblich zu Bett gebracht worden war, verließen sie das Zimmer und kehrten auf das Einsetzen des Brüllens nicht zurück. Diese Maßnahme wurde von den Eltern systematisch durchgehalten; hätten sie es nicht getan, wäre die Erfolgserwartung des Jungen intermittierend bekräftigt worden. So aber wimmerte, strampelte oder schrie der Junge bereits beim zehnten Mal nicht mehr, sondern lächelte, als die Eltern aus seinem Zimmer gingen.

Ohne daß die Eltern eine Strafe angedroht oder angewendet hatten, verschwand das »Symptom«. Es war auch nicht nötig gewesen, im Kind nun das Bestehen neurotischer Mechanismen für das Verhalten verantwortlich zu machen. Vielmehr mußten die Eltern erkennen, daß sie durch ihr eigenes Verhalten ein Ritual, das sie selbst als störend beurteilten, aufgebaut und seine Wirksamkeit erhalten hatten.
In dem geschilderten Beispiel ging es nur um die Löschung einer die Umwelt störenden Verhaltensweise. Der folgende Bericht über den siebenjährigen Dennis (Bostow/Bailey 1969) soll nun darüber hinaus die Methode des Bekräftigens von Verhaltensweisen, die mit Aggressionen nicht zusammen auftreten können, aufweisen. Die Wahrscheinlichkeit, daß Aggressionen realisiert werden, wird dadurch vermindert.

Dennis griff Personen an und machte die Möbel, wann immer er nur konnte, kaputt. In der Klinik konnte er nicht zu den andern Kindern in den Tagesraum oder auf den Spielplatz gelassen werden. Er wurde deshalb von hilflosen »Betreuern« an eine Tür im Flur angebunden, wodurch er nur zufällig vorbeikommende Kinder angreifen und schlagen konnte. Verschiedene Beruhigungsmittel haben keinen Einfluß auf sein schon seit langer Zeit bestehendes auffälliges Verhalten.
Daraufhin begann eine lernpsychologisch orientierte Behandlung. Während einer 17tägigen Beobachtungszeit, in der auch die Medikamente abgesetzt wurden, konnte sich Dennis jeweils 30 Minuten lang im Tagesraum auf-

halten. Für die anschließende Therapiephase, in der er ebenfalls täglich jeweils eine halbe Stunde mit den andern Kindern zusammen sein konnte, wurde im Tagesraum ein oben offener, 120 x 60 cm großer Holzkasten aufgestellt. Mit dem Personal wurde vereinbart, daß Dennis jedesmal, sobald er sich aggressiv verhält, sofort und ohne jeden Kommentar in den Kasten gebracht wird, den er nach zwei Minuten wieder verlassen konnte. Andererseits erhielt er jedesmal, wenn er außerhalb des Kastens zwei Minuten lang kein Kind geschlagen, gekratzt oder getreten hatte, einen Schluck Milch oder ein Plätzchen, beides Dinge, die er gern mochte.

Das Ergebnis spricht für sich: Während Dennis anfangs in der jeweils halbstündigen Beobachtungszeit durchschnittlich etwa 45 aggressive Handlungen vollbrachte, war die Häufigkeit nach 11 »Behandlungs-Tagen« auf Null abgesunken. Die Zeit, die Dennis nun im Tagesraum verbleiben konnte, wurde von zunächst drei Stunden innerhalb einer Woche auf den ganzen Tag ausgedehnt. Nach dem Bericht des Klinikpersonals mußte er lediglich täglich 2—3 Mal in den Kasten gebracht werden.

Mit der Maßnahme, Dennis von den potentiellen Spielkameraden zu trennen, wurde versucht, ihm die früheren Folgen seines Tuns zu entziehen.

Bei dem geschilderten Fall handelt es sich um ein Extrembeispiel. Der Bericht belegt die Effizienz der Maßnahme; man wird sich jedoch zu Recht fragen, ob die Erzieher sich nicht auch mittels der angewendeten Prozedur gegenüber dem Kind aggressiv verhalten haben. Die Reaktionen des Opfers selbst, indem es weint, hinfällt etc., allgemein, indem es verbal oder nicht-verbal Wirkung zeigt, können genügen, um das aggressive Verhalten des Angreifers zu bekräftigen, wenn nämlich diese Ziele während der Sozialisation in der Bedürfnisstruktur des Aggressors aufgebaut wurden. Der Erfolg hängt mit Verlusten der andern Person zusammen, sei es, daß sie nachgibt oder sich dem Angreifer unterwirft (PATTERSON/LITTMANN/BRICKER 1967). In einigen Untersuchungen ließ sich nachweisen, daß in Heimen ein Jugendlicher durch antisoziales Verhalten die Aufmerksamkeit seiner Kameraden in weitaus stärkerem Umfang auf sich ziehen kann als durch prosoziales Verhalten (BAER/HARRIS 1963 PATTERSON/EBNER 1965, PATTERSON/FURNISS 1966). Um diese Möglichkeit der Bekräftigung auszuschalten, wurde z. B. bei delinquenten Jugendlichen auch eine Methode der sozialen Isolation benutzt (BURCHARD/TYLER 1965, TYLER/BROWN 1967, BROWN/TYLER 1968).

In der zuletzt genannten Untersuchung etwa mußte der 16jährige, als »unkorrigierbar« beurteilte John, der von der Schule gewiesen und zu Hause nach Ansicht seiner Eltern untragbar war, jedesmal, wenn er seine Kameraden schlug, bedrohte oder nachzugeben zwang, das Heim verlassen und bis zum nächsten Morgen in einer danebenstehenden Hütte verbleiben. Er hatte von dort aus keine Möglichkeit, mit den andern in Kontakt zu treten und sich seine Wünsche in der gewohnten Weise erfüllen zu lassen.

Während der drei Monate, in denen diese Prozedur verwendet wurde, verzichtete also das Personal auf andere Bestrafungen Johns; vielmehr versuchte man, alle Ansätze prosozialen Verhaltens, sei es im Leistungsbereich oder im Kontaktbereich, verbal zu unterstützen. Im Tagebuch des Heims wird John jetzt als »Modellkind« bezeichnet. Der Heimleiter berichtet bei Abschluß der Behandlungsphase, daß zuvor das Personal völlig damit ausgelastet war, auf John aufzupassen und zu versuchen, die andern Kinder vor ihm zu schützen. John konnte nun an einer Camping-Freizeit teilnehmen und vertrug sich mit den andern Mitgliedern seiner Gruppe.

Die drei als Beispiele herangezogenen Untersuchungen wurden unter den alltäglichen Umständen, wie sie in einer Klinik, einem Heim oder dem Elternhaus gegeben sind, durchgeführt. Es war also nicht versucht worden, durch die Verlegung der Experimente in ein Laboratorium die Zahl der wirksamen Faktoren zu vermindern und dadurch besonders günstige Bedingungen zu schaffen.
Das Verhalten von Dennis und John hatte nur für sie selbst Bedeutung hinsichtlich der darauffolgenden Konsequenzen. Einige Untersucher versuchten auch erfolgreich, den Einfluß der Gruppe, in der die Behandelten lebten, ins Spiel zu bringen, indem deren Verhalten Auswirkungen für alle nach sich zog.

Unterließen es z. B. die Schüler eines Teams bei einem Spiel, lauten Krach zu machen, so erhielten alle Mitglieder des Teams Vergünstigungen in der Schule; sie konnten etwa eher in die Pause gehen oder die letzte halbe Schulstunde nach eigenen Wünschen gestalten (Barrish/Saunders/Wolf 1969).

In den Untersuchungen haben wir auch verschiedene Arten von Bekräftigern kennengelernt. Dennis wurde »materiell« in Form von Süßigkeiten, John »sozial« in Form verbalen Lobs durch die Erzieher bekräftigt.
Die Zuwendung der Aufmerksamkeit des Lehrers unmittelbar nach dem Auftreten einer erwünschten Handlung hat sich als eine sehr wirksame und dabei leicht anwendbare Möglichkeit des Bekräftigens erwiesen. Sieht man von Ausnahmen ab (Wieczerkowski et al. 1969), darf man annehmen, daß nichtverbale Verhaltensweisen wie freundliches Zunicken, Zulächeln, ermunterndes Anschauen bzw. verbale Verhaltensweisen wie »Das ist dir gelungen«, »Richtig« etc. zum stets verfügbaren Repertoire gehören (z. B. Allen, Hart, Buell, Harris/Wolf 1964, Johnston, Kelly, Harris/Wolf 1966, Holzkamp 1969).

Hoffmann beobachtete in einer von uns angeregten Arbeit das Lehrerverhalten in zwei Klassen einer Volksschule. Es ergab sich beispielsweise, daß 20,0 bzw. 18,2 Prozent des gesamten Lehrerverhaltens in die Kategorien »Ermunterung, Lob des Schülers« eingestuft werden konnten. Die Schüler jeder Klasse hatten sich mit soziometrienahen Ratings untereinander hinsichtlich Schönheit, Beliebtheit, Tüchtigkeit und Aggressivität beurteilt. Es zeigte sich, daß in der Klasse A als aggressiv eingestufte Schüler in bedeutsamem Ausmaß weniger positive Zuwendungen der Lehrerin erhielten als nichtaggressive Schüler. Ähnlich bekräftigte die Lehrerin der Klasse B die als unbeliebt bzw. nichttüchtig beurteilten Schüler wesentlich seltener positiv. Diese Ergebnisse weisen darauf hin, daß sich die jeweilige Lehrkraft zwar häufig anerkennend und bestätigend äußert, aber durch die Verteilung ihrer Aufmerksamkeitszuwendung bestehende soziale Strukturen und Leistungshierarchien verfestigt. Der aggressive Schüler z. B. erhält für angepaßte Reaktionen, die auch er zeigt, (zu) wenige Verstärkungen, um neue Verhaltensziele und neue Erfolgserwartungen entwickeln zu können (BELSCHNER/HOFFMANN 1972).

Damit stellt sich die Frage, wie der Erzieher vorzugehen habe, um eine prosoziale, situationsangepaßte Aktion nach den Prinzipien des operanten Konditionierens aufzubauen. Grundsätzlich gelten für pro- wie für dissoziale Verhaltensweisen die gleichen Gesetzmäßigkeiten des Lernens. Der Erzieher muß die Anforderungen, die er anfangs stellt, um ein Verhalten als erwünscht bekräftigen zu können, relativ niedrig ansetzen.

Dennis z. B. brauchte nur zwei Minuten nicht aggressiv zu sein, um durch Süßigkeiten darüber informiert zu werden, daß sein eben realisiertes Verhalten den Erwartungen des Erziehers entsprach.

Es empfiehlt sich also, zunächst das gewünschte Verhalten kontinuierlich zu bekräftigen, damit es häufiger auftritt und dann wiederum positiv verstärkt werden kann.

Die hochaggressive, achtjährige Diane erhielt z. B. für jeden halben Tag, der in der Schule ohne Wutanfälle und explosive Reaktionen verlaufen war, einen Stern auf einer Tafel. Erst für jeweils vier Sterne in ununterbrochener Reihenfolge bekam sie Süßigkeiten, und es wurde ein kleines Klassenfest veranstaltet (CARLSON, ARNOLD, BECKER/MADSEN 1968).

In der Person muß sich eine Erwartung bilden können, daß sie mit dem durch den Erzieher bekräftigten oder geduldeten prosozialen Verhalten Zuneigung, Aufmerksamkeit, materielle oder ideelle Vorteile etc. erzielen kann.

Wenn diese »Hypothese« (BRUNER/POSTMAN 1951) eine ausreichende Stärke erreicht hat, um im Gegeneinander der verschiedenen Erfolgserwartungen in spezifischen konfliktträchtigen Situationen nicht-aggressive Verhaltensmuster bereitzustellen, dann können die Anforderungen für eine erneute Bekräftigung höher gesteckt und es kann von kontinuierlicher auf intermittierende Bekräftigung übergegangen werden.

Für die »Erwartung von Erfolg durch kooperatives, friedliches Verhalten« (EE_{KV}) ließen sich nun alle theoretischen Ausführungen, die für die EE_{AV} gemacht wurden, wiederholen.

Mit einigen kritischen Anmerkungen soll dieser Abschnitt abgeschlossen werden. Dem Leser wird vielleicht aufgefallen sein, daß in den referierten Untersuchungen bei der Analyse der Bedingungen für das Auftreten aggressiven Verhaltens die Ebene der unmittelbaren Faktoren nicht verlassen wurde. Der geschilderte Ansatz der Verhaltensveränderung sucht nicht mehr *in* der auffälligen, aggressiven Person allein nach den Ursachen, sondern geht von den Interaktionen mit den Bezugspersonen aus. Das medizinische Krankheitsmodell, in dem die behandelte Person aus ihrem sozialen Kontext isoliert wird, ist also überwunden. Nach dem in den Untersuchungen implizierten Krankheitsmodell wurde aber jeweils die Struktur der auf die Bezugspersonen einwirkenden Faktoren beibehalten. (Zur Diskussion der Krankheitsmodelle s. BELSCHNER, HOFFMANN, SCHOTT, SCHULZE 1975.) Eine Veränderung gerade dieser mittelbaren Faktoren aber wird häufig erst eine dauerhafte Verhaltensänderung ermöglichen. Versuche, jeweils nur ad hoc therapeutisch durch eine Modifikation des Interaktionsstils unter Beibehaltung der sozialen und organisatorischen Rahmenbedingungen der Situation vorzugehen, um dadurch Verhaltensauffälligkeiten zu beseitigen, werden meist nur kurzfristige Erfolge erzielen können: Die eingesetzten Verstärker werden sich gegen die weiterhin wirksamen ursächlichen Bedingungen abnutzen und sukzessive wirkungsloser werden. Zum therapeutischen muß das *präventive Management* treten und es nach und nach ersetzen (KOUNIN 1970).

Beispiel: In einer 6. Klasse wurde der Versuch unternommen, das laute Verhalten von Schülern zu reduzieren, da es einen Unterricht nicht mehr zuließ. Mit den Schülern wurde deshalb vereinbart, den Lärmpegel im Klassenzimmer zu messen. Ziel der Klassenmitglieder sollte es sein, sich derart leise zu verhalten, daß die Anzeigenadel des Meßgerätes für jede Fünfminuten-Einheit eine bestimmte Marke nicht häufiger als fünfmal überschritt. Bei einer Unterrichtsdauer von 40 Minuten wurde erwartet, daß bei 6 der 8 Fünfminuten-Einheiten die Vereinbarung von den Schülern erfüllt wurde. Als Verstärker wurden vom Lehrer zunächst im Rahmen des Physikunterrichts besonders attraktive Zusatzversuche eingesetzt. Für einige wenige Stunden erhöhte sich die Mitarbeit der Schüler sprunghaft. Als diese Verstärkerart nicht mehr wirkte, wurde eine Verkürzung der Unterrichtszeit um bis zu 10 Minuten angeboten, wenn das Unterrichtsziel erreicht würde. Aber auch dieser Verstärker verlor nach anfänglichem Erfolg rasch an Effekt.

Der Versuch zeigt die Begrenztheit des therapeutischen Ansatzes auf. Die im Rahmen der Verhaltensmodifikation kontrollierten Variablen stimmten nicht oder nur teilweise mit den für eine Reihe von Schülern bedeutsamen Variablen zur Steuerung des Verhaltens überein: Für sie war die Anerkennung in der Rocker-Gruppe dieses Stadtgebietes wesentlich bedeutsamer als etwa ein um 10 Minuten vorverlegter Schulschluß. Für ein *präventives Management* wäre nun z. B. zu untersuchen, was getan werden müßte,

- damit sich solche schulfeindlichen Gruppen nicht zu bilden brauchen,
- damit Schule und Unterricht für die Schüler attraktiver werden etc....

Der zweite hier zu erörternde Punkt ist der Widerspruch zwischen dem an die einzelne Person oder an bestimmte Gruppen herangetragene Anforderung, sich aggressionsfrei zu verhalten und den gegenüber einzelnen oder Gruppen legitimierten Aggressionen, die sich aus »Sachzwängen«, »technischen Erfordernissen«, »wissenschaftlichen Erkenntnissen«, Verordnungen, Traditionen etc. ergeben. Jeder, der aggressives Verhalten anderer Personen vermindern möchte, sollte sich vorher überlegen, ob diese Aggressionen nicht ein Hinweis auf die individuell oder in der Gruppe erlebte Notwendigkeit eines Wandels vorhandener Interaktionstypen und sozialer Strukturen sind. Ein unreflektierter therapeutischer Abbau der Aggression verfolgt dann lediglich das Ziel der Anpassung an den Status quo. Die Möglichkeit, weitgehend aggressionsfreie Personen erziehen zu können, sollte nicht dazu verführen, sie als Mittel der Herrschaftssicherung zu mißbrauchen.

Da die Bezeichnung eines Verhaltens als aggressives Verhalten damit zusammenhängt, daß einzelne Personen (z. B. Eltern, Lehrer) oder Instanzen die ihnen zur Verfügung gestellte soziale Macht benutzen, um die von ihnen vertretene Norm durchzusetzen oder zu behaupten, muß (müßte) vor jeder »Behandlung« aggressiven Verhaltens geprüft werden, ob es sich aus der Sicht des Behandelten nicht um *Überlebensstrategien* (Goffmann 1971, 1973) handelt; d. h. aus der Sicht dieser Person gibt es für die Lebenssituation, die er als Problem zu bearbeiten hat, keine andere Lösungsmöglichkeit, entweder da seine bisherige Sozialisation lediglich den Aufbau dieser sozialen Techniken (Überlebensstrategien) ermöglichte, oder da, obwohl vielfältige soziale Techniken aufgebaut wurden, sie derzeit nicht zur Verfügung stehen. Durch die Legitimation von Personen/Instanzen, andere Personen durch die Zuschreibung von aggressivem Verhalten in die Rolle eines Stigmatisierten einzuweisen, wird verdeckt, daß grundlegende Rechte von Personen/Gruppen aufgehoben werden und ihre Mißachtung unrechtmäßig ist. Dieses Problem stellt sich sowohl für den aggressiven Schüler wie für den Straftäter.

5. Das Konzept des »Lernens am Modell«

5.1. Das Angebot aggressiver Verhaltensmuster

Eine bisher weit unterschätzte Rolle bei der Erlernung von Aggressivität spielen die Massenmedien und die sich daraus ergebende Verschiebung von Wertvorstellungen:

»Kambodscha ist obszön — Sex ist nicht obszön!« Mit diesem Ruf sprengten Frauenrechtlerinnen und Homosexuelle einen Kongreß der Amerikani-

schen Psychiatrischen Gesellschaft im Mai 1970 (Süddeutsche Zeitung 15. 6. 1970).*
Aus dem Jahr 1970 stammt jedoch auch noch das Urteil des Bayerischen Obersten Landesgerichts (AZ: Reg. 8 St. 60/70), wonach die Einfuhr pornographischer Literatur aus dem Ausland, auch wenn sie nur zum eigenen Gebrauch und nicht zur Weiterverbreitung bestimmt ist, unter Strafe gestellt wird.

Andererseits aber blieb folgender Vorgang ohne strafrechtliche Verfolgung:

Zwischen 1954 und 1961 stieg nach den Untersuchungen einer Medienarbeitsgruppe der amerikanischen Regierung die Zahl der Fernseh-Programme mit gewalttätigem Inhalt um 300 Prozent. Die Analyse von 183 Unterhaltungssendungen mit zusammen 122,5 Stunden Sendezeit, die aus jeweils einer Woche des Monats Oktober 1967 und 1968 stammten, ergab folgende Resultate: 8 von 10 Sendungen zeigten Gewaltakte. Pro Programmstunde bekamen die Zuschauer 15 gewalttätige Zusammenstöße zu sehen (STILLER 1970, siehe auch den Beitrag von SELG, Kap. 1).

Zur Illustration des Problems mögen auch noch folgende Ergebnisse dienen:

1. Eine Auszählung der Motive, die in 51 Gute-Nacht-Geschichten dreier deutscher Rundfunkanstalten den Kindern angeboten wurden, zeigte, daß die Kategorie »Aggression und Dominanz« die erste Stelle unter 7 Motivklassen einnahm (WDR 28,4 Prozent, NDR 28,2 Prozent, RB 18,4 Prozent). Im Durchschnitt war damit etwa jede vierte Handlung (24,2 Prozent) gekennzeichnet durch das Bestreben, den andern den eigenen Wünschung und Vorstellung zu unterwerfen (BELSCHNER/SCHOTT 1972).
2. Nach einer Umfrage des Schulamtes in Schwabach sahen sich 336 von 1921 Volksschülern mit Erlaubnis der Eltern alle 6 Folgen der Fernseh-Kriminalserie »Tim Frazer« an, die sich durch Hinterlist, Drohung, Verstellung und Gewalttätigkeit auszeichnete (WETTERLING 1964).

Es ist zu fragen, ob eine Moral
— in der das Töten eines Menschen erlaubt ist,
— in der es auch gestattet ist, den Vorgang des Tötens öffentlich und in allen Einzelheiten zu zeigen,
— in der Gewaltanwendung ständig und ohne überzeugende Begründung als Unterhaltung angeboten wird,
unsere Unterstützung erhalten darf.

Wie wirkt sich diese Einstellung aus, welche die bildliche oder beschreibende Darstellung eines sexuellen Aktes für »pornographisch« hält und deshalb ablehnt, die Anwendung von Gewalt aber unbeanstandet zuläßt? Müssen wir nicht erwarten, daß die Häufigkeit, mit

* Erst in den letzten Jahren wurden die Bestimmungen, nach denen das Beschreiben oder Zeigen der Geschlechtsorgane und sexueller Vorgänge verboten war, gelockert.

der Aggressionen in den Massenmedien veröffentlicht werden, zu einer Änderung der Wertvorstellungen bei den Zuschauern führt, daß nämlich die gewalttätige Lösung von Konflikten dadurch legitimiert wird? Ist es wirklich so harmlos, einen Großteil der Bevölkerung den Programmen der »Schule für Gewaltanwendung«, wie SIEGEL und GILULA (zit. nach ILFELD 1969) ironisch das Fernsehen **bezeichnen,** auszusetzen? Kurz: lernen die Zuschauer von den ihnen angebotenen Vorbildern die Techniken der gewalttätigen Lebensbehauptung?

5.2. Das aggressive Modell als Übermittler von Erfolgserwartung und Verhaltensmuster

In den letzten Jahren hat sich eine Diskussion darüber entwickelt, ob solch komplexe Verhaltensmuster wie Sprechen, Autofahren, aber auch einen Diebstahl begehen etc. nach dem Modell des operanten Konditionierens »gelernt« werden. Denn dies würde erfordern, daß die vielen Lernschritte, aus denen sie sich aufbauen, jeweils einzeln bekräftigt werden, um nach und nach eine Annäherung an das gewünschte Verhalten zu erreichen.

Zwei Schwierigkeiten würden sich aus dieser Annahme ergeben:

1. Es läßt sich immer wieder beobachten, daß plötzlich sozusagen »fertige« Reaktionen bei einer Person auftauchen.
2. Es wäre zu bezweifeln, ob eine Person in der sie heute umgebenden Umwelt lebensfähig wäre, wenn sie alle Fertigkeiten nach dem Modell des operanten Konditionierens erwerben müßte, da der Lernprozeß, um nur über die notwendigsten Fertigkeiten verfügen zu können, bis ins hohe Erwachsenenalter andauern würde.

Schon 1941 versuchten MILLER und DOLLARD die Nachahmung, d. h. den Vorgang, daß »ein Organismus auf einen andern dadurch reagiert, daß er genau wie dieser reagiert« (ASCH, zit. nach HASELOFF/JORSWIECK 1970) aufzuklären. Nach ihrer Analyse wird das Verhalten einer Modellperson M imitiert, wenn zwischen ihr und dem Beobachter B ein emotionales Abhängigkeitsverhältnis besteht und wenn die erfolgreiche Nachahmung eine Belohnung verspricht.

Durch eine Vielzahl von Experimenten hat dann vor allem die Arbeitsgruppe um BANDURA und WALTERS seit etwa 1960 versucht, den Vorgang der Übernahme fremder Verhaltensweisen mit einer neuen Arbeitshypothese aufzuklären. Für den Bereich aggressiven Verhaltens ließe sich diese in Abhebung von MILLER und DOLLARD etwa wie in Abb. 3 schematisch darstellen und folgendermaßen formulieren:

Eine Person M zeigt in der Situation S_1 eine aggressive Verhaltensweise R'_{AH}, die von einer Person B beobachtet wird, in deren Verhaltensrepertoire sie noch nicht vorhanden ist. Dieser Vorgang der aufmerksamen Beobachtung allein reicht schon aus, um die »komplette« neue Verhaltensweise R'_{AH} zu übernehmen. Die Person B muß dabei diese weder sofort nachahmen und dafür bekräftigt werden, noch braucht die Person M für ihr Verhalten belohnt zu werden. Zwischen der Übernahme (Speicherung im Gedächtnis) und dem erstmaligen Auftauchen der Verhaltensweise R_{AH} bei B (Abruf aus dem Speicher) können Monate liegen.

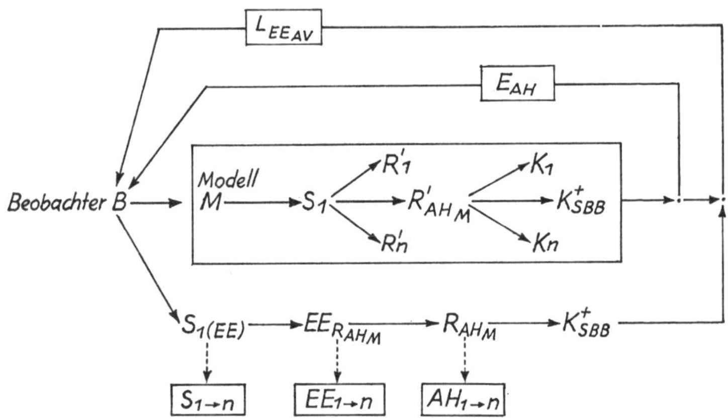

Abb. 3: Das Konzept des »Lernens am Modell«

M	Modell
R'_{AHM}	die vom Modell geäußerte aggressive Handlung
R_{AHM}	die vom Beobachter ausgeführte Handlung
S_1 (S_n)	Situation
R_1 (R_n)	Reaktion
K_1 (K_n)	Konsequenz
K^+	positive Konsequenz
SBB	Befriedigung eines spezifischen Bedürfnisses
E_{AH}	Erfolgserlebnis nach einer aggressiven Handlung
EE_{AV}	Erwartung von Erfolg durch aggressives Verhalten
L_{EEAV}	Lernen der EE_{AV}
S_1 (EE)	Situation 1 als Auslöser für eine Erfolgserwartung
EE_1 (R_{AHM})	Erfolgserwartung für eine spezifische aggressive Handlung

Die Person M kann für die Person B, ohne daß sie es beabsichtigt, ein »Modell« dafür liefern, wie man eine spezifische Situation bewältigen kann. Zwischen den Personen M und B muß weder eine Sympathiebeziehung noch ein Lehrer-Schüler-Verhältnis bestehen. M braucht also nicht bestrebt zu sein, B etwas beizubringen. Andererseits muß auch die Beobachtung von B nicht von der bewußten Absicht gelenkt zu werden, in M ein Vorbild zu sehen und sich von ihm »etwas abzuschauen«. M und B brauchen somit nicht in direkten, persönlichen Kontakt miteinander zu treten und einander bekannt zu sein.

Es wäre nun danach zu fragen, wie der Vorgang der Aufnahme der neuen Verhaltensweise R_{AH} zu erklären ist. Ansatzweise könnte man so vorgehen, daß man zwischen der beobachtbaren Verhaltenssequenz des Modells und deren »Wert« für das Erreichen bestimmter persönlicher Ziele unterscheidet.

Am schon mehrfach herangezogenen Beispiel können wir dies verdeutlichen.

Hans sieht, wie Karl, der »Anführer« seiner Klasse, den er nicht leiden kann, am Obststand einen Apfel stiehlt, ohne dabei erwischt zu werden. Unter zwei Aspekten kann dieser Vorgang für Hans bedeutungsvoll sein:

1. Er kann eventuell sein Repertoire um eine Verhaltensweise bereichert haben (»am Obststand langsam vorbeischlendern, zugreifen und dabei interessiert auf die andere Straßenseite schauen«). Hans hat durch die Beobachtung eine neue Verhaltensweise gespeichert.

Von einer ausführlichen Darstellung des Speicherungsprozesses soll hier abgesehen werden. BANDURA (1965, 1968) beschreibt ihn dahingehend, daß im Beobachter physiologische Erregungsvorgänge ausgelöst werden, die denen ähnlich sind, wenn der Beobachter das vom Modell gezeigte Verhalten selbst ausführen würde. Diese Erregungsvorgänge sollen nun relativ beständige und später wieder abrufbare Vorstellungen des Modellverhaltens erzeugen.

2. Er hat durch Karl, sein Modell, eventuell eine neue Hypothese erfahren (»wenn du Hunger hast, kannst du dir, ohne zu bezahlen, etwas Eßbares besorgen«). Der »Wert« (E_{AH}) der Handlung würde darin bestehen, daß Hans bemerkt, daß man den bestehenden Hunger auch erfolgreich auf eine andere als bei ihm bisher übliche Weise stillen kann (K^{+}_{SBB}). Für ein Motiv werden vom Beobachter neue Befriedigungsmöglichkeiten erkannt.

Das »Lernen am Modell« besteht also darin, daß das Verhalten des Modells als Reiz dient, zwischen diesem und dem Beobachter eine größere Ähnlichkeit zu bewirken. Der Beobachter wird darüber informiert, wie man sich »richtig« verhalten kann: Mit der Übernahme der komplexen Verhaltenssequenz selbst erhält er ein Instrument zur Bewältigung einer Situation. Dieses Mittel kann völlig neu sein oder als bekanntes Instrument in einen bislang ungewohnten Zusammenhang eingebettet werden.

Darüber hinaus lernt er am Beispiel des Modells, welche sozialen Verhaltenstendenzen für die Befriedigung eines Bedürfnisses erfolgreich anwendbar sind. Im System seiner Erwartungen werden durch die Wahrnehmung der Handlungskonsequenzen beim Modell Veränderungen (Umstrukturierungen) ausgelöst. Die Person B kann also, ohne selbst

jemals aggressive Aktionen ausgeführt zu haben, eine »Erwartung von Erfolg durch aggressives Verhalten« entwickeln (L_{EEAV}), die bei zukünftigen Handlungen relevant ist für die in einer spezifischen Situation S zur Verfügung stehenden Verhaltensmuster.
Begegnet die Person B zu einem Zeitpunkt ihres Lebens einer erfolgreichen aggressiven Modellperson, dann kann hierdurch entweder eine neue, bislang fremde Verhaltenstendenz eingesetzt werden — in diesem Fall spricht man vom »Modell-Effekt« im engeren Sinn, oder es kann eine bereits bestehende Verhaltenstendenz eine Stärkung erfahren: in diesem Fall spricht man vom »Enthemmungs-Effekt«. Je stärker das Monopol der EE_{AV} sich ausprägt, desto seltener werden prosoziale Verhaltenstendenzen entsprechende Aktionen vorschlagen und dadurch aggressive Handlungen der Person in der gegebenen Situation hemmen.

5.3. Die Wirkung des aggressiven »Life-Modells«

Nachdem zunächst versucht wurde, eine Arbeitshypothese über das »Lernen am Modell« darzustellen, sollen nun einige Experimente zur weiteren Erläuterung angeführt werden.
Das Modell kann dem Beobachter in verschiedener Weise angeboten werden: Es kann real in der Untersuchungssituation auftreten (»Life-Modell«) oder »symbolisch«, indem eine bildliche oder beschreibende Darstellung gegeben wird. Zu prüfen wäre, ob diese verschiedenen Darbietungsmöglichkeiten als gleich wirksam hinsichtlich der Übernahme aggressiver Verhaltensweisen anzusehen sind. Wenden wir uns zunächst dem Life-Modell zu.
An einer Untersuchung von Bandura und Huston (1961) läßt sich der »Modell-Effekt« demonstrieren.

Zwei Gruppen A und B von Kindern im Kindergartenalter wurde ein Spiel angeboten, bei dem zwischen zwei gleichaussehenden Schachteln zu wählen war. Riet das Kind richtig, konnte es ein farbiges Tierbild, das in einer Schachtel enthalten war, gewinnen. Eine Frau machte jedem Kind zunächst vor, wie man vorzugehen habe. Das Modell zeigte dabei allerdings neuartige, aber für die Aufgabenlösung unnötige verbale und motorische Reaktionen: es rief beispielsweise »marschieren, marschieren«, lief im Stechschritt und schlug bei der Gruppe A eine Puppe von der Schachtel ärgerlich herunter. Bei der Gruppe B lief das Modell in einem großen Umweg zur Puppe und hob sie sanft herunter. Die Kinder hatten daran anschließend Gelegenheit, in Gegenwart des Modells dieses Spiel zu versuchen.
Zwischen den Gruppen A und B ergab sich ein bedeutsamer Unterschied hinsichtlich der Zahl der geäußerten aggressiven Verhaltensweisen, die denen des Modells ähnlich waren: Während bei der Gruppe A 88 Prozent der Kinder die Aggressionen, 44 Prozent das Marschieren und 28 Prozent die verbalen Äußerungen des Modells nachgeahmt hatten, waren bei keinem Kind der Gruppe B solche Verhaltensweisen feststellbar.

Verallgemeinernd läßt sich aussagen, daß durch das Modell eine permissive Atmosphäre geschaffen wurde, in der vom Beobachter nicht nur neuartige aggressive Aktionen gelernt, sondern auch ausgeführt werden konnten.
Die Frage, ob diese Wirkung des Life-Modells sich auch dahingehend bemerkbar machte, daß Hemmungen gegen die Ausführung aggressiven Verhaltens abgebaut werden und deshalb andere, bereits vorhandene aggressive Verhaltensweisen häufiger auftreten, läßt sich bejahen.

In der Studie von BANDURA, ROSS und ROSS (1963) zeigten die Jungen, die Aggressionen zugesehen hatten, in bedeutsamem Ausmaß häufiger gegenüber einer clownähnlichen Puppe auch solche aggressiven Schlag- und Stoßformen, die ihnen vom aggressiven Modell nicht demonstriert worden waren, als die Jungen, die dem Einfluß eines nicht-aggressiven Vorbilds ausgesetzt waren.

Aus diesen Ergebnissen läßt sich schließen, daß die bestehenden Erwartungen, die die Kinder hinsichtlich der Anwendbarkeit aggressiven Verhaltens haben, allein schon durch das unbeanstandete aggressive Agieren des Life-Modells bestärkt werden. Das Modell wirkt sich sowohl in einer Erhöhung der Zahl der aggressiven Aktionen als auch in der Formung des Verhaltens aus, indem spezifische neue Handlungsmuster nachgeahmt werden.
In den bislang besprochenen Arbeiten wurde für einzelne Personen oder für eine Gruppe von Personen die Wirkung eines aggressiven Modells unter den Bedingungen eines psychologischen Laboratoriums untersucht. Eine weitere Möglichkeit besteht darin, einen Vergleich zwischen verschiedenen Kulturen durchzuführen. Man erkennt z. B., daß die individuelle Gewalttätigkeit in Kulturen, in denen militärische Erfolge stark erwünscht sind, in hohem Maße durch Vorbilder begünstigt wird. TEXTOR (1967) analysierte 30 Gesellschaftssysteme nach der Bedeutung, die »kriegerischem Ruhm« zugemessen wurde; er stellte einen starken Zusammenhang zwischen diesem Merkmal und der Häufigkeit persönlich begangener Verbrechen in diesen Kulturen fest. Mit diesem Ergebnis werden die Beobachtungen anderer ethnologischer Untersucher bestätigt, die auf die Bedeutung der kulturell vorgegebenen Modelle für die Übermittlung aggressiver Verhaltensmuster an den einzelnen hinweisen (WHITING 1941).
Die elterlichen Verhaltensweisen können ebenfalls modellhaft dem Kind aggressives Verhalten nahebringen. MCCORD und MCCORD (1958) wiesen nach, daß Kinder die kriminellen Handlungen ihres Vaters nachahmten, wenn die Mutter ebenfalls ein sozial auffälliges Verhalten zeigte oder wenn die Kinder von den Eltern keine Zuwendung erfuhren.
Der Aspekt, daß Eltern unbeabsichtigt die Funktion eines aggressiven

Modells übernehmen, wenn sie ihr Kind bestrafen, soll im nächsten Abschnitt erörtert werden.

5.4. Der Bumerang-Effekt der Bestrafung aggressiven Verhaltens

Kinder werden von Eltern und Erziehern häufig physisch bestraft.

55 Prozent der Jungen und 37 Prozent der Mädchen werden in Bayern von ihren Eltern verprügelt (WEBER 1966).

HÄVERNICK (1964) stellte in einer (wissenschaftlichen Regeln allerdings nicht entsprechenden) Befragung fest, daß in 80 Prozent der deutschen Familien die körperliche Züchtigung als eine vertretbare Erziehungsmaßnahme angesehen wird. Schläge sind damit nach HÄVERNICKS Meinung ein Bestandteil der Familiensitte, und er folgert kühn weiter, Eltern, die eine solche Bestrafung der Kinder ablehnen, handelten sittenwidrig!

In Baden-Württemberg waren bis Juli 1970 Lehrer durch einen ministeriellen Erlaß aus dem Jahre 1953 abgedeckt, wenn sie Jungen vom dritten bis neunten Schuljahr körperlich wegen »Rohheitsvergehen« und »beharrlicher böswilliger Widersetzlichkeit« züchtigten.

Selbst anerkannte Pädagogen muß man als Vertreter dieser Erziehungsmaßnahme betrachten:

»Unter Umständen ist körperliche Züchtigung das einzig Richtige. Die Jungen vertragen es besser als irgendeine entehrende andere Strafe. Eine Züchtigung ist rasch geschehen und rasch verschmerzt.« (HAHN, zit. nach WOLF 1964).

Aber auch 44 Prozent der Schülereltern meinen, ein Lehrer könne sich mit Prügel am besten durchsetzen (WEBER 1966).

Schließlich sei noch ein Umfrageergebnis mitgeteilt: Obwohl 66 Prozent der Erwachsenen in der BRD Kinderliebe als ihre beste Eigenschaft angeben, sterben, bei einer hohen Dunkelziffer, pro Jahr mehr als 90 Kinder an den Folgen von Kindesmißhandlungen (BIERMANN 1969). 1960 wurden 235 Personen wegen dieses Deliktes rechtskräftig verurteilt (ULLRICH 1964).

Ein Beispiel, das RUSSELL (1964) schildert, mag uns darauf hinweisen, daß Eltern und Erzieher für das Kind ein aggressives Modell sind, wenn sie es physisch strafen:

»Eines Tages sah ich in der Schule, wie ein mittelgroßer Junge einen kleineren Jungen mißhandelte. Ich machte ihm Vorwürfe, aber er antwortete: ›Die Großen schlagen mich, und so schlage ich die Kleinen. Das ist fair.‹ Mit diesen Worten faßte er die Geschichte der Gattung Menschen zusammen.«

Es ist fraglich, ob Schläge beim bestraften Kind die vom Erzieher gewünschte Wirkung erzielen. Es ist vielmehr denkbar, daß er das Kind psychisch verletzt und enttäuscht und es sich zurückgestoßen fühlt. Eine Verschlechterung der Beziehungen zwischen Erzieher und Kind ist zu erwarten (TAUSCH/TAUSCH/FITTKAU 1967). Ein positives emotionales Verhältnis ist aber u. a. ein wichtiger Faktor, um den Erzieher für das Kind als eine »wichtige« Person auszuzeichnen, wodurch entweder allein schon seine Anwesenheit oder seine Zuwendung und von ihm ausgeteilte Belohnungen als Bekräftiger angenommen werden können.

Im Lichte des Konzeptes vom »Lernen am Modell« ist die Forderung des Erziehers, der selbst Schläge austeilt, an den zu Erziehenden, das unerwünschte aggressive Verhalten aufzugeben, paradox: Er verbietet die Aggression als Delikt, benutzt sie aber als Sanktion. Am eigenen Leibe erfährt das Kind, daß aggressives Verhalten trotz des Verbotes anwendbar ist und welche Effekte (Schmerz, Verlust etc.) man damit erfolgreich bewirken kann. Woher aber soll es erkennen können, welches die von ihm erwarteten Aktionen sind, wenn es nur die Ablehnung seines gezeigten Verhaltens erfährt? Warum sollte es seine Wertvorstellungen ändern, wenn die Erzieher nach den gleichen Maximen handeln?

Durch die Bestrafung wird zudem die Aufmerksamkeit seinen unangepaßten Handlungen zugewendet, wodurch gerade diese unerwünschte Verhaltenstendenz bekräftigt werden kann und folglich für das zukünftige Auftreten von Aggressionen eine größere Wahrscheinlichkeit besteht. Mit einer Untersuchung von SEARS et al. (1953) läßt sich die daraus ableitbare Annahme »je strenger Jungen von ihren Müttern wegen aggressiven Verhaltens bestraft werden, um so aggressiver verhielten sie sich im Kindergarten« belegen: Für diese Jungen rechtfertigte die Mutter selbst als Modell die Anwendung von Gewalt zur Lösung von Problemen und Konflikten und bekräftigte durch ihre Zuwendung das aggressive Verhalten des Kindes.

Wenn auf eine Bestrafung hin das unerwünschte Verhalten aus dem beobachtbaren Repertoire einer Person verschwunden ist, darf daraus nicht geschlossen werden, daß die Stärke der zugehörigen Verhaltenstendenz verringert wurde (s. Kap. 4.7.). Wenn es nämlich die Person aus Angst vor den unangenehmen Konsequenzen vermeidet, aggressiv zu agieren, bleibt die Erfolgserwartung bestehen, da diese nur gelöscht werden könnte, wenn auf die Anwendung hin konsequent die Erfolgsbestätigung ausbleiben würde (SALOMON/KAMIN/WYNNE 1953, FERSTER 1958, BANDURA 1961). Erreicht wird mit der Bestrafung eventuell lediglich eine Veränderung des Einsatzortes des aggressiven Verhaltens: Die Erfolgserwartung als soziale Verhaltenstendenz kommt in Situationen zum Tragen, die weniger Angst vor Bestrafung auslösen. In der oben zitierten Untersuchung von SEARS z. B. stieg die Zahl der unerwünschten Handlungen im Kindergarten.

Der Bumerang-Effekt körperlicher Bestrafung durch das Modell des

Erziehers läßt sich auch durch einen Vergleich der Erziehungspraktiken der Eltern von delinquenten bzw. nicht-delinquenten Jungen aufweisen (Tab. 2).

	Delinquenten	Nicht-Delinquenten
durch den Vater	67,8 %	34,7 %
durch die Mutter	55,6 %	34,6 %

Tab. 2 Häufigkeit körperlicher Bestrafung (GLUECK/GLUECK 1950)

Je seltener die Eltern ihren Kindern Gelegenheit boten, ein aggressives Modell aus nächster Nähe zu beobachten, desto geringer war die Chance, daß die Kinder straffällig wurden.
Für das Scheitern der Bestrafung als einem nützlichem Mittel zur Begrenzung bzw. Aufhebung aggressiven Verhaltens haben einige Forscher neben dem Konzept des »Lernens am Modell« noch andere Hypothesen aufgestellt.
Man wird z. B. einwenden, daß sich die Androhung oder Anwendung von Strafe oft nicht vermeiden läßt, um eine rasche Unterbrechung des abweichenden Verhaltens zu erreichen. Der Erzieher muß sich in einer solchen Situation entscheiden, wie »hart« er bestrafen will. Daß harte Strafen wenig nützlich sind, um neue grundlegende Wertvorstellungen zu vermitteln, d. h. neue Erfolgserwartungen aufzubauen oder bestehende zu verstärken, ist aus den beiden eben genannten Beispielen hervorgegangen. Die Wirksamkeit der Strafe hält eventuell vor, solange der Bestrafende sich in unmittelbarer Nähe aufhält, nicht aber, wenn er sich entfernt. MISCHEL und GRUSEC (1966) beobachteten jedoch, daß der Bestrafte die aggressiven Handlungen des Modells schon in dessen Anwesenheit anwandte.
ARONSON (1969) hat durch eine Reihe von Experimenten aufzeigen können, daß milde Strafen, z. B. in Form eines mißbilligenden Blickes des Erziehers, im Kind die Bildung neuer Wertvorstellungen anregen und nicht nur das Ausagieren des unerwünschten Verhaltens für kurze Zeit aufschieben (ARONSON/CARLSMITH 1963, FREEDMAN (1965).

Ein Beispiel: Hans neigt dazu, seinen jüngeren Bruder zu schlagen. Droht sein Vater ihm Prügel an, wird Hans das Schlagen unterlassen, solange er vom Vater beobachtet wird. Die Begründung für sein Verhalten wird ihm vom Vater geliefert. Diese äußere Rechtfertigung des eigenen zurückhaltenden Verhaltens fehlt aber, wenn er lediglich eine milde Strafe empfängt. Hans muß nach einer eigenen, »inneren« Begründung suchen: Es mache ihm gar keinen Spaß, kleine Kinder zu verhauen; er habe dazu gar keine Lust usw.

Aus solchen Ansätzen kann sich ein dauerhaftes Wertsystem entwickeln, in dem für aggressive Reaktionen keine Erfolgserwartung bereitgehalten wird.

Einige Autoren weisen darauf hin, daß die Bestrafung häufig erst zu einem Zeitpunkt erfolgen würde, an dem die aggressive Handlung längst abgeschlossen ist. Der Effekt der Bestrafung richte sich nur noch gegen die Ereignisse, die zu Beginn der Strafe aktuell waren, nicht aber auf die Aggressionen und die auslösenden Situationsmerkmale (MOWRER 1960, WALTERS/DEMKOV 1963). Freut sich Hans bei Beginn der Strafe gerade über seinen geglückten Diebstahl, dann wird er eventuell in der Zukunft lediglich vermeiden, in dieser Weise gefühlsmäßig zu reagieren.

Benutzt ein Erzieher häufig die Methode der Bestrafung, muß er damit rechnen, daß er den Bestraften darauf trainiert, die unangenehmen Wirkungen zu ertragen und sie geradezu als einen Hinweis dafür zu werten, daß er »auf dem rechten Weg« war, das von ihm angestrebte Ziel zu erreichen.

MILLER (1960) ließ Ratten den Weg durch ein Labyrinth zur Futterstelle lernen. Sobald die Tiere mit dem Fressen begannen, erhielten sie einen elektrischen Schock, dessen Stärke von Versuch zu Versuch gesteigert wurde. Im Gegensatz zu diesen »erfahrenen« Artgenossen hörten Ratten, die das »Training« nicht durchgemacht hatten, mit dem Fressen sofort auf, wenn sie dem elektrischen Schock von voller Stärke ausgesetzt wurden. Die häufig bestraften Ratten hatten gelernt, daß die gewöhnlich Angst auslösenden Reize ein Hinweis für das Vorhandensein von Futter sind und daß es sich also lohnt, die begonnene Handlung fortzusetzen. Diese »Einstellung« wurde von ihnen auch auf Situationen übertragen, in denen neue Bestrafungsmethoden verwendet wurden (TERRIS/WECHKIN 1967, TERRIS/BARNES 1969, TERRIS/RAHHAL 1969 a).

Die strafenden, Beunruhigung oder Angst auslösenden Handlungen des Erziehers verlieren bei längerer Anwendung auch beim Menschen ihre Wirkung, das aggressive Verhalten zu unterbinden (TERRIS/RAHHAL 1969 b). Statt den Bestraften darüber zu informieren, daß sein Verhalten unerwünscht ist, erfährt er vielmehr durch die Strafe einen Anreiz zur Ausführung seiner angestrebten Handlung.

Wir haben jetzt einige Aspekte über die Strafe als Erziehungsmaßnahme erörtert. »Wohin die lächerliche Verweichlichung in der Erziehung in den letzten achtzehn Jahren geführt hat, sehen wir ja am Anwachsen der Jugendkriminalität ... Allerdings möchte ich vor zu milder Strafe warnen ...« (Zit. bei WOLF 1964). Zumindest für diese häufig geäußerte Meinung, man müsse »hart durchgreifen«, lassen sich keine Argumente finden, die eine Verwendung von physischer Strafe oder Strafandrohung vertretbar erscheinen lassen. »Wir fangen gerade erst an zu entdecken, was Moral eigentlich ist. Bei ihr kommt es darauf an, wie wir uns unseren Mitmenschen gegenüber verhalten, und nicht darauf, wieviel von unserem Körper wir zeigen.« (TYNAN, zit. nach LEONHARDT 1967)

5.5. Die Möglichkeit der Übernahme aggressiver Verhaltenstendenzen von Modellen der Massenmedien

Die Wirkung aggressiver Modelle ließe sich vervielfachen, wenn eine symbolische Darstellung schon für die Übernahme oder Bestärkung der Hypothese der Anwendbarkeit aggressiven Verhaltens ausreichen sollte. In den Massenmedien werden, wie eingangs dieses Kapitels dargelegt wurde, häufig aggressive Verhaltensmuster angeboten (s. auch Kap. 2). Folgende Darbietungsmöglichkeiten sind dabei unterscheidbar:

a) Die Verhaltensweisen des realen Modells können als Film vorgespielt werden (Film-Modell).
b) Die Rolle des Modells kann in einem Zeichentrickfilm von einem anthropomorphisierten Tier oder einer Pflanze übernommen werden (Cartoon-Modell).
c) Statt optisch kann das Modellverhalten akustisch in einer Geschichte vorgestellt werden.

Man wird zunächst wie BANDURA, ROSS und ROSS (1963) vermuten, daß die Tendenz, das Modellverhalten zu imitieren, um so schwächer sein wird, je menschen-unähnlicher das Modell ist.

Zu den verschiedenen Darbietungsmöglichkeiten eines symbolischen Modells liegt eine Reihe von Untersuchungen vor, von denen lediglich einige als Beispiele angeführt werden.

Die Wirkung von Zeichentrickfilmen untersuchten MUSSEN und RUTHERFORD (1961).

Ein Streifen, in dem Pflanzen oder Tiere in aggressiver Weise handeln, genügt bei Erstkläßlern, um ihre Bereitschaft zu aggressivem Verhalten zu steigern. In der anschließenden Befragung neigten die Kinder, die Vorlagen gesehen hatten, auf denen z. B. eine Unkrautpflanze eine Blume erwürgt, eher dazu, einen Ballon platzen zu lassen, als Kinder, die Bilder mit nichtaggressivem, eher kooperativem Inhalt betrachtet hatten.

Dieses Ergebnis konnte durch LOVAAS (1961 b) bestätigt werden.

LARDER (1962) benutzte anstelle der Filme zwei Geschichten, die vierjährigen Kindern vom Tonband vorgespielt wurden. Untersucht wurde die Frage, ob der Inhalt der aggressiven (Gruppe A) bzw. nichtaggressiven Erzählung (Gruppe B) das nachfolgende Spielverhalten des Kindes beeinflußt. Das Ergebnis der Experimente von LOVAAS und MUSSEN und RUTHERFORD ließ sich auch für die Geschichten aufweisen: Aggressive Inhalte stimulieren in einer permissiven Atmosphäre die Anwendung aggressiver Handlungen:

Die Mitglieder der Gruppe A bevorzugten ein Spielzeug, bei dem durch einen Hebeldruck sich zwei Puppen gegenseitig auf den Kopf schlugen.

Die Wirkung normaler Spielfilme, in denen das Modell real auftritt, untersuchte SCHÖNBACH (1967).

Er stellte den erwachsenen Besuchern eines James-Bond- bzw. eines Mary-Poppins-Film vor und nach der Aufführung u. a. diese Frage: »Nehmen Sie an, Sie werden eines Tages hinterrücks niedergeschlagen und ausgeraubt. Sie werden so schwer verletzt, daß Sie sich 4 Wochen lang im Krankenhaus aufhalten müssen. Der Täter ist volljährig und zurechnungsfähig. Welche Bestrafung halten Sie persönlich für angemessen?« Eine Skala von 9 Antwortmöglichkeiten, die von 6 Wochen Haft über lebenslänglich Zuchthaus bis zur Todesstrafe reichte, wurde angeboten. Die Anzahl der Personen, die mindestens 3 Jahre Zuchthaus gefordert hatten, steigt unter dem Eindruck des James-Bond-Films von anfangs 28 Prozent auf 43 Prozent an, während die Tendenz zu aggressiven Reaktionen durch den Mary-Poppins-Film auf dem Ausgangsniveau verbleibt (28 Prozent bzw. 27 Prozent).

ERON (1963) ließ sich von den Eltern die Lieblings-Fernsehprogramme ihrer neunjährigen Söhne nennen. Der Inhalt dieser Sendungen wurde nach dem Ausmaß der darin gezeigten aggressiven Handlungen eingestuft. Die Häufigkeit, mit der die Kinder in ihrem beobachtbaren Verhalten aggressiv reagierten, stellte ERON durch eine Beurteilung der Klassenkameraden untereinander fest. Zwischen den beiden Beschreibungsmerkmalen der Kinder bestand ein deutlicher Zusammenhang.

Diese Studie beantwortet allerdings nicht die Frage, ob aggressive Kinder aggressive Programme anschauen, weil sie schon aggressiv sind, oder ob sie sich in ihrem Verhalten nach den Fernsehmodellen richten. Die Arbeit ist jedoch ein weiterer Hinweis dafür, daß das Miterleben des aggressiven Verhaltens anderer nicht die Neigung zu eigenem aggressiven Verhalten reduziert. Die »Katharsis-Hypothese«, wie sie in dieser Form von FESHBACH (1955, 1961) vertreten wurde, besitzt keinen Erklärungswert (siehe Kap. 1).

In den bislang als Beispiele angegebenen Untersuchungen wurde jeweils nur eine Darbietungsform des Modellverhaltens benutzt. BANDURA, ROSS und ROSS (1963) zeigten den Kindern bei den drei Versuchsgruppen entweder ein Life-, Film- oder Cartoon-Modell, bei der Kontrollgruppe dagegen überhaupt kein Modell.

	Experimental-Gruppen					Kontroll-Gruppe
Stichprobe	Life-Modell		Film-Modell		Cartoon-Modell	
	weibl.	männl.	weibl.	männl.		
Gesamtgruppe	82,93		91,50		99,05	54,30
Mädchen	65,8	57,3	87,0	79,5	80,9	36,4
Jungen	76,8	131,8	114,5	85,0	117,2	72,2

Tab. 3 Häufigkeit aller von den Vpn gezeigten aggressiven Aktionen

Aus Tab. 3 läßt sich entnehmen, wie oft die Kinder durchschnittlich während der gesamten Beobachtungszeit aggressiv agierten. Zwischen den 3 Gesamtwerten für die einzelnen Modelldarbietungen bestehen keine Unterschiede, wohl aber sind die Differenzen zur Kontrollgruppe alle statistisch bedeutsam; d. h., sie sind nicht als zufällige Resultate zu interpretieren.

Betrachtet man die einzelnen, hier nicht wiedergegebenen Aggressionsmaße, aus denen sich der Gesamtwert zusammensetzt, so wird deutlich, daß die meisten Unterschiede gegenüber der Kontrollgruppe bei *den* beiden Gruppen bestehen, die im Film ein Modell vorgeführt bekamen.

Die Annahme, die Beobachtung des Life-Modells würde am stärksten zur Nachahmung anregen, wurde damit nicht bestätigt. Der hier nachgewiesene gesteigerte Einfluß von Film-Modellen widerlegt die Meinung von Aubrey (zit. nach Eron 1962), wonach »kein direkter Zusammenhang besteht zwischen der im Fernsehen gezeigten Handlung und den Aktionen der Kinder, die das Programm betrachten.« Es ist wohl weniger relevant, wie lange Kinder Fernsehsendungen betrachten, bedeutsamer ist der Inhalt der Sendung. Hovland wies schon 1954 generell darauf hin, daß die Massenmedien, gleich ob Film, Fernsehen, Radio, Buch oder Zeitung, in bemerkenswerter Weise die Wertvorstellungen und Einstellungen, die das Handeln des Menschen lenken, beeinflussen können. Für den Bereich der Aggression wird diese Hypothese, daß ein aggressives Modell den Beobachter informiert, aggressive Verhaltensweisen seien anwendbar und erfolgversprechend, überzeugend durch die bereits vorliegenden Untersuchungen unterstützt.

Auch die von Kellner/Horn (1971) vertretene These, daß die Darstellung von Aggressionen im Fernsehen »eine Gewöhnung zur Folge hat, die zu kontinuierlich abnehmenden und schließlich ausbleibenden aggressiven Emotionen bzw. Verhaltenstendenzen führt«, steht im Widerspruch zu den hier vorgelegten Ergebnissen empirischer Untersuchungen (s. Entgegnung Selg 1972).

5.6. Bedingungen für die Nachahmung des aggressiven Modells

Untersuchungen haben inzwischen eine Vielzahl von Bedingungen aufgewiesen, die über das Ausmaß der Imitation des Modells durch den Beobachter entscheiden.

Einen bedeutsamen Faktor stellen dabei die Konsequenzen, die das Modell auf seine aggressiven Handlung hin erfährt, dar.

Bei Kindern, die zusehen konnten, wie das Modell belohnt wird, indem es z. B. Süßigkeiten, Spielzeug etc. geschenkt erhält oder verbal gelobt wird, stieg die Zahl der aggressiven Akte bedeutsam an im Vergleich zu Kindern, die ein Modell beobachten konnten, das für sein aggressives Verhalten bestraft wurde (HILL 1960, BANDURA/ROSS/ROSS 1964, WALTERS/LEAT/MEZEI 1963, BANDURA 1965, HICKS 1965, 1968, ROSEKRANS/HARTRUP 1967, WALTERS 1962, 1969, WALTERS et al. 1963, THELEN/SOLTZ 1969).

Stellvertretend für sich selbst kann der Beobachter am Verhalten des Modells und den darauffolgenden Konsequenzen erfahren, ob seine Erwartungen, mit einer bestimmten Handlung in einer spezifischen Situation Erfolg zu haben, gerechtfertigt sind. Die Bereitschaft, das Modellverhalten zu imitieren, wird stärker sein, wenn der Beobachter bemerkt, daß sich damit unbestraft Ziele erreichen lassen, die ihm erstrebenswert erscheinen.
Da lediglich der »Wert«, den das Modellverhalten für das Erreichen angestrebter Ziele besitzt, ein entscheidender Faktor für die Übernahme von Verhaltensweisen ist, können auch Personen, die dem Beobachter unsympathisch sind, imitiert werden.

Äußere Merkmale wie großer Besitz, gutes Aussehen, exklusive Kleidung, anerkannte Titel geben dem aggressiven Vorbild ein hohes Prestige und vermitteln dem Beobachter den Eindruck, daß das Modell mit seinem Verhalten erfolgreich seine Umwelt bewältigt, und fördern dadurch die Nachahmung, da der Beobachter annimmt, daß er damit ähnliche, von ihm positiv eingeschätzte Effekte erzielen kann (LEFKOWITZ/BLAKE/MOUTON 1955, BANDURA 1961, BANDURA/WALTERS 1963, WALTERS/LEAT/MEZEI 1963, EPSTEIN 1966, SOARES/SOARES 1969, BARON 1970, BARON/KEPNER 1970).

Als weitere Faktoren sind u. a. zu nennen die Ähnlichkeit zwischen Beobachter und Modell (beide gehören z. B. dem gleichen Geschlecht an, sind gleich alt) und die vom Beobachter dem Vorbild zugebilligte Kompetenz (das Modell wird als Experte auf einem spezifischen Gebiet angesehen).
Aus Platzgründen muß hier auf eine ausführlichere Darstellung der nachahmungsförderlichen Bedingungen (s. SECORD und BACKMAN 1964) und des Einsatzes des Modell-Lernens für therapeutische und präventive Maßnahmen (Mees 1974) verzichtet werden.

6. Schlußbemerkung

»Homo homini lupus; wer hat nach all den Erfahrungen des Lebens und der Geschichte den Mut, diesen Satz zu bestreiten?« (FREUD 1930). Unter den heute gültigen kulturellen Bedingungen wohl niemand. Aber: neigen wir nicht voreilig dazu, dieses Faktum der »unabänderlichen menschlichen Triebnatur« zuzuschreiben und uns dadurch aus der Verantwortung zu entlassen?

Gewalt wird häufig als »ultima ratio« angesehen: aber wie schnell glauben wir, alle sonstigen Möglichkeiten zur Konfliktlösung ausgeschöpft zu haben?

Ziel dieses Kapitels war es, eine Theorie darzustellen, die im Gegensatz zur Triebtheorie davon ausgeht,
daß aggressives Verhalten gelernt wird.

Eine Fülle empirischer Untersuchungen kann für diese Hypothese als Beleg angeführt werden.

Als bedeutsame Konsequenz läßt sich daraus ableiten: Die Beseitigung des bestehenden aggressiven Verhaltens einer Person ist nicht nur ein individuelles, sondern auch ein soziales und gesellschaftliches Problem. Denn die obige Annahme zwingt dazu, danach zu fragen,

— durch welche Gegebenheiten in der Umwelt der Person aggressive Aktionen ein Bestandteil des Verhaltensrepertoires wurden
— und durch welche Faktoren in der Umwelt der Person das aggressive Verhalten über einen Zeitraum hinweg aufrechterhalten bleibt.

Diese Fragestellungen rücken nun in verstärktem Maße Bedingungen für die Entstehung aggressiven Verhaltens in den Blickpunkt, für die eine öffentliche Verantwortung besteht. Als Beispiele seien genannt:

— mangelnde Ausbildung von Eltern und anderen Erziehern in gewaltlosen Erziehungsmaßnahmen,
— überhöhtes Angebot an aggressiven Modellen in den Massenmedien,
— das öffentliche Akzeptieren von politischen Strategien, die auf Gewaltandrohung beruhen, und die Zulassung von deren Vertretern für öffentliche Ämter,[5]
— das öffentliche Billigen der Vorbereitung und der Anwendung des Krieges »als einer Fortsetzung des politischen Verkehrs mit Einmischung anderer Mittel« (Clausewitz 1966); im Jahre 1969 wurden etwa 820 Milliarden Mark für Rüstung ausgegeben (Menke-Glückert 1969); seit 1946 gab die amerikanische Regierung 4 Billionen Mark für die »nationale Sicherheit« aus;
— der Aufbau eines Männlichkeitsideals, zu dessen Charakteristika die Gewalttätigkeit gehört.

Dieser Katalog ließe sich erweitern; eine Fülle von gesellschaftlichen und politischen Aufgaben, Entscheidungen und Reformen wäre daraus ableitbar.

Unter dem Aspekt, daß aggressives Verhalten gelernt wird, läßt sich die folgende These vertreten:

Der Glaube an die biologische Verankerung aggressiven Verhaltens als »Aggressionstrieb« bewirkt, aggressives Verhalten als unabwendbar und notwendig hinzunehmen; dieser Glaube kann für den Ablauf des sozialen Lebens eine größere Störquelle bedeuten als das aggressive Verhalten selbst.

Übertragen wir diese Überlegungen in den Bereich der internationalen Beziehungen. Der Glaube an die Notwendigkeit des Krieges, und sei es auch »nur« als *ultima ratio,* fördert die Bestrebungen, stets kriegsbereit zu sein, fördert Feinddenken und die vorzeitige Aufgabe von Verhandlungen zur Konfliktlösung: Der Ausbruch von Kriegen entspricht dann dem Naturgesetz oder wird als unvermeidbares Schicksal betrachtet; Friede wird wie in der Antike oder der Renaissance als »Gnade« oder »Geschenk« angesehen. (NESTLE 1938, RAUMER 1953).

Homo homini lupus – ja, wenn er es gelernt hat.

Psychophysiologie der Aggression

Von Gottfried Lischke

1. Psychophysiologische Korrelate aggressiven Verhaltens

Versuchen wir das sprachliche Umfeld von »Aggression« zu erfassen, so finden wir neben Begriffen für böse und schädigende Handlungen stets auch Bezeichnungen, die in direktem Bezug zum somatischen Geschehen stehen. Man ist »rot vor Wut«, »es läuft einem die Galle vor Ärger über«. Die Alltagssprache hat die Tendenz, zu jedem offenen Verhalten eine »innere Ursache« anzugeben. Diese schon im vorwissenschaftlichen Verständnis angedeutete Beziehung gibt Anlaß zu immer neuen Hoffnungen, das Problem der sozialschädlichen Aggressivität durch Eingriffe in physiologische Mechanismen einer Lösung näher zu bringen. Man stellt sich ein Aggressionszentrum im Gehirn vor, dessen operative Entfernung Gewalttäter resozialisieren würde, oder man glaubt, Pharmaka entwickeln zu können, die Angriffslust und Feindseligkeit hemmen.

Solche Methoden wären in der Tat einfacher zu handhaben und vor allem billiger als der mühselige Versuch, durch Umweltveränderung mit den zerstörerischen Impulsen fertig zu werden. Man müßte dann nicht mehr mit viel Aufwand Kinder dem Einfluß aggressiver Modelle, wie sie z. B. das Fernsehen im Übermaß liefert, entziehen und ihnen Vorbilder konstruktiven Handelns bieten. Bei aggressiven Individuen müßten nicht mehr ganze Systeme von Belohnungen, die erreichen sollen, daß ein kooperatives und nicht ein gewalttägiges Verhalten Bewunderung nach sich zieht, planvoll verändert werden. Daß eine Lösung auf dem Weg über das »Somatische« möglich wäre, ist auch eine Folgerung aus der Annahme, den Aggressionen liege ein »Aggressionstrieb« zugrunde. Ein Trieb ist sozusagen eine Eigenschaft der lebenden Substanz, und nicht nur die Ethologie, sondern auch die Psychoanalyse glaubt, eine »biologisch« ererbte Verankerung der Aggressivität annehmen zu müssen. Was liegt da näher, als einen Eingriff in diese innersomatischen Quellen der Angriffslust selbst zu versuchen?

Wir möchten in diesem Kapitel die für ein solches Unterfangen vielleicht nützlichen Forschungsergebnisse schildern. Dabei werden wir

aber kritisch überprüfen, ob ein erfolgversprechender Zugriff zu jenen fraglichen Strukturen im Körper gelungen ist, von wo aus die Aggression gesteuert wird, oder ob nur eine physiologische »Zwangsjacke« gefunden wurde, die das Individuum in seiner spontanen und reaktiven Handlungsbereitschaft so einengt, daß *unter anderem* auch die Aggressionen in Häufigkeit und Stärke abnehmen.
Eine kaum zu überschauende Fülle von Forschungsarbeiten versucht, unsere Erkenntnisse und Eingriffsmöglichkeiten auf diesem Gebiet zu erweitern – und dies nicht erst in jüngerer Zeit, denn die Psychologie der Leidenschaften war seit Hippokrates und Galen stets auch eine Physiologie der Affekte.
Die Zusammenhänge zwischen physiologischem Geschehen und aggressivem Verhalten lassen sich grundsätzlich mit zwei Methoden untersuchen.
a) Man registriert körperliche Veränderungen (z. B. des Blutdrucks, der elektrischen Aktivität einer Hirnregion oder des Blutspiegels eines bestimmten Hormons), während das Versuchstier oder die Versuchsperson reaktiv oder spontan aggressives Verhalten zeigt.
b) Man löst aggressives Verhalten aus oder unterdrückt es, indem man direkt in das Körpergeschehen eingreift (z. B. durch elektrische Reizung von Punkten im zentralen Nervensystem, durch operative Eingriffe oder durch Zufuhr von Chemikalien).
Wir haben also auf der einen Seite eine beobachtete oder experimentell gesetzte »physische« Veränderung, auf der anderen ein Verhalten, das durch psychologische Methoden als aggressives eingestuft und quantifiziert werden muß. Forschungsgegenstand sind also die Beziehungen von in ihrer Art recht unterschiedlichen Meßwertreihen. Auf Meßprobleme wollen wir hier nicht eingehen, sondern verweisen auf die einschlägigen Lehrbücher der psychologischen Methodenlehre.

2. Aktivität, Aktivation, Aggression, Frustration und Wut

Wichtig und dabei kritisch ist in diesem Zusammenhang die Definition aggressiven Verhaltens. Die zu schildernden Forschungsarbeiten definieren die psychologischen Meßwerte nicht immer konsequent als Verhalten, das zu einer Schädigung eines anderen Organismus führt, sondern beziehen je nach theoretischem Hintergrund andere Verhaltensbereiche, z. B. den Grad der Aktivität oder die Anzeichen der Wut mit ein. Besonders jener Affekt, den wir mit Zorn oder »Wut« bezeichnen, ist in diesem Zusammenhang bedeutsam, denn obwohl die Wut nicht identisch mit Aggression ist, ist es doch sie, die in den meisten der hier zu referierenden Untersuchungen die »psychologischen« Meßwerte abgibt.
Wir werden der Deutlichkeit halber zuerst die Begriffe Aktivität, Aktivation, Aggression, Frustration und Wut abgrenzen.

»Aktivität« ist in diesem Zusammenhang der allgemeinste Begriff. Die Aktivität kann als Summe der Bewegungen mit Hilfe der quergestreiften Muskulatur aufgefaßt werden. Sie ist mit dem Sympathikotonus und dem Katecholaminblutspiegel (die Begriffe werden noch erklärt) – wenn auch nicht in eindeutiger Weise (siehe weiter unten die Experimente von SCHACHTER) – positiv korreliert, d. h. daß z. B. eine Erhöhung des Sympathikotonus meist auch zu einer vermehrten Aktivität führt.

Die Aktivität ist eine notwendige Voraussetzung für aggressives Verhalten, d. h. jeder aggressive Akt benötigt ein bestimmtes Ausmaß an Aktivität (s. BANDURA/WALTERS 1964). Wir wollen aber nicht so weit gehen wie einige psychoanalytische Spekulationen (z. B. JACKSON 1958), die »Aktivität« und »Aggression« definitorisch gleichsetzen.

»Aktivation« ist der physiologische Begriff, der das Konzept der Aktivität präzisiert. Nach der Theorie von MAGOUN (1958) u. a. ist der Aktivationsgrad eines Organismus von der Anzahl der neuralen Impulse aus dem aufsteigenden aktivierenden retikulären System (ARAS) abhängig. Dieses ARAS besteht morphologisch aus einem

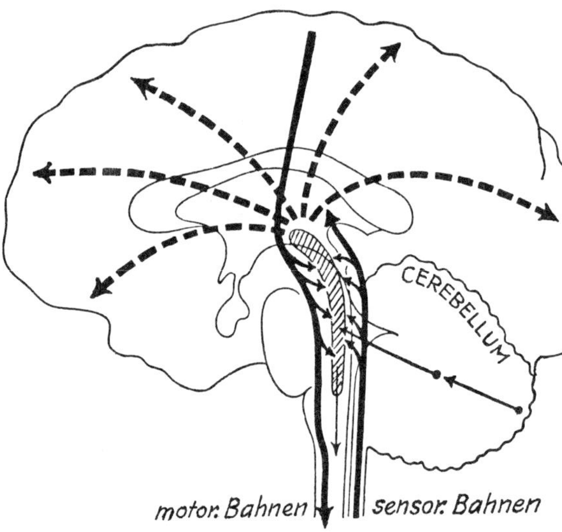

Abb. 1: Das aufsteigende aktivierende retikuläre System (ARAS)

neuralen Netzwerk, das von der Übergangsstelle Rückenmark-Gehirn zum Mittelhirn aufsteigt. Anatomisch bestehen nur unscharfe Grenzen. Es empfängt Kollateralen (Abzweigungen aus einer Nervenbahn) von fast allen sensorischen und effektorischen Bahnen. Nach Ausschaltung dieses »Zentrums« erlischt jede Aktivität des Organismus. Durch elektrische Reizung retikulärer (Netzwerk-)Strukturen im Mittelhirn kann

es zu Aggressionen beim Versuchstier kommen. Ebenso steigt die Spontanaktivität dieses Zentrums mit dem Katecholaminblutspiegel. Dennoch werden wir uns hüten, hier von einem Aggressionszentrum zu sprechen, dazu ist seine Rolle im Gesamtgeschehen des Zentralnervensystems viel zu unspezifisch. Andererseits ist ein Minimum an so verstandener Aktivation Voraussetzung für jede Aggression.
Neben diesen, schon von Anfang an »physiologiennahen«, haben wir noch drei Termini zu erwähnen, von denen zwei der Umgangssprache entnommen sind und auf psychologische Konstrukte abzielen. Trotzdem haben sie im Zusammenhang mit dem Konzept der Aktivation eine zunehmende »physiologische« Bedeutung erlangt.
Hier wäre als erstes die Frustration zu nennen. Der Begriff wurde von FREUD als »frustrane Erregung« in die Psychologie eingeführt. Präzisiert wurde der Begriff von DOLLARD et al. (1939) (siehe S. 11 in diesem Band). Für unsere Zwecke ist es wichtig festzuhalten, daß auf eine Frustration, von pathologischen Ausnahmen abgesehen, meist eine Erhöhung der Aktivation folgt, die sich in extremen Fällen psychologisch als Wut äußern kann (Frustrations-Antriebs-Hypothese). Die Wut ist ein Affekt, der von einer Erhöhung des Sympathikotonus begleitet wird. In ihr wird häufig ein innerpsychisches Korrelat aggressiven Verhaltens gesehen. Da wir aber auch in diesem Fall auf das allgemeinere Konzept der Aktivation zurückgreifen müssen, stellt sich sofort die Frage, inwieweit sich die Wut physiologisch von anderen Affekten, insbesondere der Furcht differenzieren läßt. Erlebnispsychologisch als gravierend und durchaus unterschiedlich erlebte Wut- und Furchtzustände zeigen – global gesprochen – eine gleiche, nur schwer zu differenzierende Erhöhung der allgemeinen Aktivation auf physiologischer Seite.
Unter Aggression schließlich wird hier jedes Verhalten verstanden, das zu einer Schädigung eines anderen Organismus führt.

3. Wut und Furcht (Gleichzeitig eine Einführung in die Methodik einer wichtigen Art des Experimentierens auf diesem Gebiet)

Will man physiologische Begleiterscheinungen aggressiven Verhaltens erfassen, so muß zuerst ein Zustand des Individuums experimentell provoziert werden, in dem sich Aggressionen ereignen können. Dies kann durch verschiedene Arrangements geschehen. Man kann der Vp Gelegenheit geben, einen anderen Menschen mit elektrischen Schlägen zu bestrafen, wie dies BUSS (1961) und andere versuchten; man kann die Vp Pfeile werfen lassen etc. In keinem Fall aber ist garantiert, daß jedes Individuum Aggressionen zeigen wird. Persönlichkeitszüge, Haltungen, Gruppeneinflüsse u. a. sorgen für relativ große Streuungen hinsichtlich Stärke und Art der Reaktionsmöglichkeiten. Eindeutigere

Ergebnisse erzielt man vielleicht mit Frustrationen. Durch die Provokation von Erregungszuständen wie Ärger und Wut kann man die für diese Affekte charakteristischen physiologischen Variablen messen, und umgeht in einem ersten Schritt die Problematik des Verhältnisses von Wut zu offener Aggression.

Wie schon erwähnt, ist es für die physiologische Aggressionsforschung wichtig, den der Wut zugrunde liegenden körperlichen Zustand von dem der Furcht abzugrenzen. Beide Zustände sind durch erhöhte Aktivationsgrade und einen erhöhten Katecholaminblutspiegel gekennzeichnet. Nach von EULER (zit. n. KLOPPER 1964) haben Tiere, die eine relativ hohe Fluchttendenz aufweisen, wie z. B. Antilopen und Nagetiere, einen relativ hohen Adrenalinblutspiegel, Raubtiere hingegen, wie der Löwe, einen hohen Adrenalin- *und* Noradrenalinblutspiegel. Wir werden weiter unten genauer auf die Wirkung von Adrenalin und Noradrenalin eingehen. Hier sei nur soviel gesagt, daß nach Adrenalin- bzw. Noradrenalingaben gewisse psychophysiologische Meßwerte sich in unterschiedlicher Weise verändern.

AX (1953) ging so vor, daß er nicht etwa den Adrenalin- bzw. Noradrenalinblutspiegel direkt zu erfassen suchte, sondern die physiologischen Werte, die sich in Abhängigkeit von Adrenalin bzw. Noradrenalin ändern. Zu diesem Zweck mußte er Experimentalbedingungen schaffen, in denen möglichst rein die Affekte Wut und Furcht realisiert werden konnten. Polygraphisch registrierte er bei seinen 43 Vpn sieben Merkmale, wie z. B. Pulsfrequenz, Blutdruck usw., aus denen er 14 Variablen ableitete. Die Bedingung »Furcht« wurde hergestellt, indem der Vp harmlose elektrische Schläge versetzt wurden, ein Laborgehilfe aufgeregt hin- und herlief und von einem gefährlichen Kurzschluß in einer Starkstromleitung sprach. Außerdem wurden elektrische Blitze in der Nähe der Vp erzeugt, und es wurde ihr gesagt, daß sie der Gefahr wegen absolut ruhig sitzen bleiben müsse, usw. Während all dieser Manipulationen lief die polygraphische Registrierung der physiologischen Meßwerte weiter. Bei der Bedingung »Wut« beleidigte ein angeblich schon entlassener Mechaniker die Vp, indem er sie wegen ihres angeblichen Zuspätkommens tadelte, ihr sagte, daß ein Schaden an der Anlage durch ihr ungeschicktes Verhalten entstanden sei, daß sie sich überhaupt ganz dumm verhalte usw. AX fand, daß die Vpn bei der Bedingung »Wut« (es waren die gleichen wie bei der Bedingung »Furcht«) sich vom Basisniveau u. a. bezüglich folgender Meßwerte statistisch zuverlässig unterschieden: a) die Pulsfrequenz vermindert sich. b) Die Muskelspannung erhöht sich. c) Der diastolische Blutdruck steigt an.

Bei einer Reihe von Reaktionen wie Gesichts- und Handtemperatur, systolischer Blutdruck usw. zeigten sich keine »signifikanten« Unterschiede und folgende Reaktionen traten unter der Bedingung »Furcht« statistisch gesichert häufiger auf: a) Die Muskelspannung steigt bis zu krampfartigen Zuständen an. b) Die Hautleitfähigkeit bei elektrischem Strom ist *allgemein* erhöht. c) Die Atemhäufigkeit steigt an.

Die von AX gefundenen Muster stützen die Hypothese, daß Wut von einem erhöhten Adrenalin- und Noradrenalinspiegel, Furcht aber nur von einem erhöhten Adrenalinblutspiegel begleitet wird. Wenn auch SCHACHTER (1957) einige Jahre später die Ergebnisse von AX teilweise in Zweifel zog, ist dieses Experiment doch klassisch für die physiologische Aggressionsforschung, weil der Zustand der Wut planvoll provoziert wird und die physiologische Registrierung mit dem erlebnispsychologischen Geschehen gleichzeitig vorgenommen wird. Ihre Schranken hat die hier verwendete Methode in der Tatsache, daß eine einwandfreie Registrierung physiologischer Variablen während komplizierter Interaktionen, zu denen auch Bewegungen mit Hilfe der quergestreiften Muskulatur gehören, auf technische Schwierigkeiten stößt. Hier eröffnet die Telemetrie (drahtlose Informationsweitergabe mit Hilfe von Miniatursendern) neue Forschungsmöglichkeiten.

4. Physiologie der ergotropen Mechanismen

Das Experiment von AX (1953) zeigte die Bedeutung ergotroper Mechanismen (HESS) für die Affekte Wut und Furcht. Bevor wir weiter auf die Physiologie der Wut eingehen, sollen hier einige Grundlagen ergotroper Reaktionen diskutiert werden.

CANNON (1929), der diesen Begriff noch nicht gebrauchte, sah das Wesen ergotroper Reaktionen in einer Vorbereitung des Organismus auf Flucht oder Kampf. Nach Wahrnehmung von Reizen, die als Gefahr interpretiert werden, bereitet sich der Organismus auf eine starke Aktivität vor. CANNON zählte folgende physiologische Änderungen in diesem Zusammenhang auf (zitiert nach BUSS) (1961):

1. Verlangsamung oder Aufhören der Verdauungsvorgänge im Magen-Darmsystem.
2. Abfluß des Blutes von den Unterleibsorganen in die Skelettmsukulatur.
3. Stärkere und häufigere Kontraktionen des Herzens.
4. Tiefere Atmung, Erweiterung der Bronchiolen.
5. Mobilisierung der Glykogenbestände der Leber und Erhöhung des Blutzuckerspiegels.

Diese Veränderungen werden offensichtlich durch das vegetative Nervensystem bewirkt.

Das vegetative Nervensystem (s. REIN-SCHNEIDER) umfaßt diejenigen effektorischen Nerven, welche die Drüsen, die glatten Muskeln und das Herz versorgen. Diese Definition ist eine funktionale. Vom morphologischen Standpunkt aus dürfen wir nicht vergessen, daß alle vegetativen Nerven auch sensible Nervenfasern enthalten. Dies ist für unseren Zusammenhang vielleicht in folgender Hinsicht wichtig: Diese sensiblen Fasern sind hauptsächlich Schmerzfasern, und gerade durch Schmerz lassen sich heftige affektive Reaktionen auslösen. Bis weit in die Stammhirngebiete verlaufen die afferenten und efferenten Anteile benachbart. Wenn auch der Ausgangsort der sympathischen Fasern, die uns hier vor allem beschäftigen, Nervenzellen des Rükkenmarks sind, so erhalten diese doch Impulse von höheren Zentren in der Übergangszone vom Rückenmark zum Gehirn, im Zwischenhirn und in der Rinde des Stirn- und Schläfenhirns. Man kann in dieser Tatsache das anatomische Substrat sehen, das zwischen »peripherer« und »zentraler« Physiologie der Aggressivität vermittelt. Über die Nerven des »Grenzstranges laufen dauernd Impulse, die einen gewissen »Sympathikotonus« aufrechterhalten. Aus anatomischen und physiologischen Gründen kommt es im Sympathikusbereich immer zu einer relativ starken Ausweitung der Erregung, d. h. neben örtlichen Wirkungen haben wir bei Erregungen im sympathischen Anteil des vegetativen Nervensystems stets auch mit einer Änderung des gesamten *Sympathikotonus* zu rechnen. Diese Tatsache wird noch dadurch verstärkt, daß das Nebennierenmark, die Hormondrüse für die Ausschüttung von Adrenalin und Noradrenalin, ein umgewandeltes sympathisches Ganglion darstellt (Der Überträgerstoff der postganglionär sympathischen Synapsen ist Noradrenalin und Adrenalin.) Nach Wahrnehmung eines gefahranzeigenden Reizes kommt es aber nicht nur zu einer Erregung des sympathischen Systems, sondern auch des parasympathischen. Dies können wir nach Rein und Schneider an folgendem Experiment zeigen:

Lassen wir etwa eine Katze durch einen Hund verbellen, dann zeigt sie Pupillenerweiterung, Aufrichtung der Nackenhaare, Herzbeschleunigung, Blutdrucksteigerung usw., kurz alle Zeichen eines erhöhten Sympathikotonus. Wird ihr jedoch der gesamte Grenzstrang (Umschaltstelle für sympathische Erregungen) operativ entfernt und der Versuch wiederholt, dann findet sich in der gleichen Situation erhöhte Peristaltik, Insulinausschüttung und eine starke Herzhemmung bis zum Herzstillstand. Die Katze ärgert sich buchstäblich ohnmächtig.

Es zeigt dies, daß auch die parasympathische Innervation aktiviert wird, daß ihr Erfolg aber durch den überwiegenden Effekt der gleichzeitigen Aktivierung des Sympathikus überdeckt wurde.

Wir dürfen aber nicht von der naiven Vorstellung ausgehen, die Aggression sei eine Funktion des Sympathikus. So ließ Bacq (zit. nach Rein-Schneider) einen sympathikuslosen Hund mit seinem normalen Bruder um einen Knochen raufen, wobei er sich keineswegs als unterlegen erwies. Tiere, denen der Sympathikus entfernt wurde, zeigen sich erst nach stärkerem Streß ihren normalen Artgenossen nicht mehr gewachsen. Ihre Anpassungsbreite ist stark eingeschränkt.

Wir erwähnten schon, daß Adrenalin und Noradrenalin als reizübertragende Stoffe im sympathischen System dienen. Hier beträgt das Mischungsverhältnis etwa 80–90 Prozent Noradrenalin und 10–20 Prozent Adrenalin. Hauptsächlich werden diese *Katecholamine* aber

im Nebennierenmark gebildet (50–70 Prozent Adrenalin, 30–50 Prozent Noradrenalin). Diese beiden Stoffe, obschon sie sich chemisch nur ganz geringfügig unterscheiden, weisen deutliche Differenzen in ihrer Wirkung auf. Daher ist es verständlich, daß eine Ausschüttung der Katecholamine aus dem Nebennierenmark zum Teil andere Wirkungen hat, als eine Erregung, die über den Sympathikus vermittelt wird. Insbesondere führt Adrenalin im Gegensatz zu Noradrenalin zu einer Steigerung der Bewußtseinshelligkeit und einer Erhöhung der Reaktionsgeschwindigkeit. Nicht nur wird bei Furcht in erhöhtem Maße Adrenalin freigesetzt (Ax, Schachter, Funkenstein), sonder nach Injektion von Adrenalin in höheren Dosen kommt es zu schweren Angstzuständen. Für Experimente ist es wichtig, daß die Katecholamine bei oraler Gabe unwirksam sind, da sie schon bei der Leberpassage zerstört werden. Sie werden auch sonst im Organismus relativ schnell unwirksam bzw. mit dem Urin ausgeschieden. Gerade diese Eigenschaft bewirkt, daß sie als Vermittler rasch vorübergehender psychischer und physischer Zustände sehr gut geeignet sind.
Die Hormongabe aus dem Nebennierenmark erfolgt ausschließlich nach Erregung über sympathische Fasern des »nervus splanchnicus«. Dieser Nerv empfängt Impulse vom Hypothalamus und der »medulla oblongata«. Dabei hängt das Mischungsverhältnis der Katecholamine von der Art des auslösenden Reizes ab. Zur Adrenalinausschüttung kommt es bei Hypoglykämie (Absinken des Zuckerblutspiegels unter die normalen Werte) und nach Rein und Schneider bei psychischer Erregung, da das Adrenalin eine viel stärkere Wirkung aufweist als das Noradrenalin.
Einerseits wird die Adrenalinausschüttung von Stammhirnzentren gesteuert, andererseits wirkt das Adrenalin auf gewisse Hirnregionen vielleicht selektiv ein. Für die Aggressionsforschung ist also sowohl die Wirkung von Adrenalininjektionen wie die Messung der Adrenalinausschüttung während aggressiver Handlungen bedeutungsvoll. Dabei konnte noch nicht entschieden werden, wie das Adrenalin auf das Gehirn einwirkt. In der älteren Literatur findet man den Hinweis, daß die zentralnervösen Effekte der Katecholamine allein darauf beruhen, daß sie die Hirndurchblutung steigern. Andererseits fand z. B. Vogt (zit. nach Klopper 1964) die höchsten Konzentrationen in der »formatio reticularis« die ja als das zentrale aktivierende System anzusehen ist.
Rothballer (zit. nach Klopper 1964) gelang es, adrenozeptive Mechanismen im Hypothalamus nachzuweisen. Auch findet man im Hypothalamus relativ hohe Konzentrationen der Katecholamine.
In den Experimenten von Rothballer wurde deutlich, daß der Hypothalamus wahrscheinlich eher auf Adrenalin als auf Noradrenalin reagiert. Wir müssen also noch einmal die Frage nach der unterschiedlichen Wirkung der beiden Katecholamine aufgreifen. Dabei helfen

uns die physiologischen Differenzen nicht allzu viel, da sie nicht eindeutig mit psychologischen Dimensionen korreliert sind. Wir werden also den Gedanken von Ax wieder diskutieren und nach psychologischen Variablen suchen, die zu unterschiedlichen Ausschüttungen der beiden Hormone führen.

ELMADJIAN (zit. nach KLOPPER 1964) verglich den Adrenalin- und Noradrenalinblutspiegel von Eishockeyspielern, die entweder »aggressiv« im Feld um den Puck gekämpft hatten, mit dem von anderen, die als Torhüter »ängstlich« im Hintergrund warteten. (Bei den Begriffen »aggressiv« und »ängstlich« handelt es sich nicht um Beobachtungsvariablen, sondern um Interpretationen des Untersuchers.) Er fand, daß das aktive und aggressive Spiel zu einem Anstieg der Ausscheidung von Noradrenalin führte, während die Torwärter eine erhöhte Adrenalinausscheidung aufwiesen.
In einem anderen Experiment zeigte ELMADJIAN, daß Boxer in der Zeit des gespannten Wartens vor dem Kampf mehr Adrenalin und in der Zeit unmittelbar nach dem Kampf mehr Noradrenalin ausschieden.
Bei diesen Experimenten könnte aber die Differenz in der Adrenalin- und Noradrenalinausschüttung auch durch die verschieden große Aktivität bedingt sein. Sie sind daher nicht allzu aussagekräftig.

SCHACHTER (1957) konnte die Ergebnisse von Ax nur teilweise replizieren.

In einem weiteren Versuch, bei dem als zusätzliche Variable das Eintauchen der Hand in Eiswasser eingeführt wurde, um noradrenalinartige Vasokonstriktionen zu provozieren, fand er, daß im Zorn die Hälfte der Vpn »adrenalinartig« reagierte und die Hälfte mehr »noradrenalinähnlich«, bei Furcht allerdings fast alle nach dem »Adrenalintypus«.

Im Gegensatz zu Ax und SCHACHTER arbeiteten FUNKENSTEIN et al. (1954) nur mit Männern. Außerdem wurde die unabhängige Variable Furcht versus Wut nicht durch eine operationale Definition wie in den Experimenten von Ax und SCHACHTER gesetzt, sondern Beobachter wiesen die Vpn gemäß ihrem Verhalten in einer Streßsituation, in der sie einen schwierigen Test zu absolvieren hatten und durch Kritik des Versuchsleiters sowie durch elektrische Schläge geärgert wurden, den Gruppen »Wut« und »Ärger« zu. FUNKENSTEIN fand unter der Bedingung »Wut« vor allem noradrenalinähnliche kardiovaskuläre Änderungen.
Auf den Einfluß der Intensität des Zorns macht BUSS (1961) aufmerksam. Er zitiert ein Experiment von SCHACHTER, in dem dieser gefunden hatte, daß hohe und niedrige Intensitäten von Zorn mit adrenalinähnlichen Effekten einhergehen, während mittlere Intensitäten eher zu noradrenalinähnlichen Wirkungen führen. Betrachtet man die Tatsache, daß (nach BUSS) in Laborexperimenten, wie denen von Ax und SCHACHTER, die Intensität der Furcht größer ist als die Intensität des Zorns, so sollte man bei der Zuordnung von Adrenalin- und Noradrenalineffekten zu Zuständen von Angst und Ärger vorsichtig sein.

»Der unhöfliche Techniker in diesen Experimenten mag einen gewissen Ärger verursachen, aber dessen Intensität ist schwach, vergleicht man sie mit der Intensität der Furcht, die auftritt, wenn die Vp erfährt, daß 5000 Volt durch die Maschine strömen, mit der sie durch Drähte verbunden ist. Wenn es im Experiment möglich wäre, die Vpn hinreichend in Zorn zu versetzen, dann wäre es wahrscheinlich, daß die physiologische Reaktion der der Furcht ähnlicher würde, d. h. mehr dem Adrenalintypus entsprechend.« (Übersetzt v. Ref.)

In vielen Tierexperimenten, angefangen mit CANNON, konnten keine Unterschiede zwischen Furcht und Wut gefunden werden. Wenn die Gefahr für den Organismus ein Maximum erreicht, dann kommt es zur höchsten Freisetzung aller Kräfte durch Mechanismen, die wahrscheinlich durch Adrenalin vermittelt werden.

Geht man von dieser Hypothese aus, so wird ein Experiment von COHEN und SILVERMAN (zitiert nach BUSS 1961) wichtig, das mit Luftwaffenpersonal als Vpn durchgeführt wurde. In ihm konnte, so die Autoren, ein recht hoher Grad von Wut und Furcht erzeugt werden:

Sie benützten als Stressoren ein Zentrifugieren des Körpers, wobei es zu Blutleere im Kopf kommt, Beschimpfungen durch den Experimentator und Injektionen mit einem Medikament, das Unruhe hervorruft (Mecholyl). In der Zentrifuge wurden die Vpn herumgeschleudert, bis sie ohnmächtig wurden. Die abhängige Variable war die Gravitationskraft, die sie bis zur Ohnmacht aushalten konnten. Urinuntersuchungen, die vor und nach diesem Streß durchgeführt wurden, zeigten: Je höher der Noradrenalinblutspiegel war, desto höhere Gravitationsstärken konnten die Vpn aushalten. Dies erklärt sich aus der blutdrucksteigernden Wirkung des Noradrenalin. Ein Psychiater befragte die Vpn und stufte sie sowohl bezüglich ihrer Aggressivität als auch ihrer Ängstlichkeit ein. COHEN und SILVERMAN fanden, daß die Vpn, bei denen die Aggressivität die Ängstlichkeit überdeckte, höhere Gravitationsstärken aushalten konnten als jene Vpn, bei denen ein umgekehrtes Verhältnis vorlag. Der nächste Schritt war, die Angst zu vermindern und den Zorn zu steigern. Unter dieser Bedingung stieg die Streßtoleranz in der Zentrifuge. Die ängstlichen Vpn hatten vor dem Experiment einen relativ höheren Adrenalin- und einen niedrigeren Noradrenalinblutspiegel als die aggressiven Vpn. Nach dem experimentell induzierten Ärger zeigten die aggressiven Vpn einen bedeutsamen Anstieg des Noradrenalins, während die Ängstlichen kaum einen Anstieg oder eher einen Abfall des Noradrenalinblutspiegels aufwiesen.

Faßt man die Resultate von COHEN und SILVERMAN, die hier nicht alle im einzelnen geschildert wurden, zusammen, so stellt man wiederum eine enge Beziehung zwischen Ärger und Noradrenalinausschüttung fest, ohne deshalb jedoch die erstrebte Eindeutigkeit erzielt zu haben.

5. Physiologie des Zustands der Frustriertheit

In den bisherigen Ausführungen blieb die Beziehung zwischen Wut und Aggression weitgehend außer Betracht. Eine Reihe von Untersuchungen legt die Vermutung nahe, daß Wut oft die Folge einer Frustration ist und daß sie durch Aggression abgebaut werden kann. Die Autoren dieser Untersuchungen beziehen sich mit ihren Hypothesen auf das Werk von Dollard et al. (1939) über »Frustration und Aggression«. Die Praxis des Experimentierens bringt es mit sich, daß auf alle feineren Differenzierungen verzichtet und hypothetisch als Folge der Frustration eine erhöhte Aktivation im allgemeinen Sinn angesehen wird. Mit dieser Aktivation soll ein Gefühl des Verärgertseins einhergehen; als Maß für die Höhe der Aktivation dient meistens nur eine Variable: der systolische Blutdruck. Diese Vereinfachung scheint sinnvoll zu sein, weil sich zumindest in einer Anzahl von Experimenten eine statistisch gesicherte Beziehung der Stärke der durch die Hypothesen vorausgesagten Verhaltensreaktionen und der Höhe des systolischen Blutdrucks ergab.

1961 fand Hokanson in einem Experiment, in dem er die Effekte von Frustration und Ängstlichkeit auf die offene Aggression überprüfte, eine negative Korrelation zwischen der Stärke der aggressiven Reaktion nach Frustration und der Erhöhung des systolischen Blutdrucks nach der Aggression. Er konnte damit Thesen von Worchel (1957) bestätigen, der durch die Gelegenheit zu verbaler Aggression die frustrationsbedingte Aktivation bei seinen Vpn reduziert hatte. Allerdings ging Worchel noch von einem Triebbegriff der Aggression aus und maß die Reduktion der Aktivation durch die Ergebnisse in einer intelligenztestähnlichen Aufgabe.

Noch 1961 variierte Hokanson den Ansatz zusammen mit Shetler, indem er einen Frustrierenden mit hohem und einen mit niedrigem Status einführte. Die Hypothese war wieder, daß der frustrationsbedingte Aktivationszustand durch Aggression abgebaut werden kann.

Durch die experimentelle Frustrations-Manipulation stieg der systolische Blutdruck bei fast allen Vpn merkbar an, während er bei der Kontrollgruppe, die nicht »geärgert« wurde, konstant blieb. Bei einer Gruppe wurde den Vpn nach der Frustration Gelegenheit gegeben, den Experimentator mittels elektrischer Schläge in einem fingierten Lernexperiment zu bestrafen. Die andere Gruppe hatte keine solche Gelegenheit. Die Vpn, die von einem Frustrierenden mit niedrigem Status (Psychologiestudent) frustriert worden waren, zeigten nach der Aggression gegen diesen Mitspieler des Experimentators ein Zurückgehen ihres Blutdrucks auf die Ausgangswerte. Bei den Vpn, die vom selben Frustrierenden geärgert worden waren und keine Gelegenheit zur Aggression hatten, blieb der erhöhte Blutdruck noch eine ganze Weile bestehen. Die Ergebnisse für die beiden Gruppen, die von einem Frustrierenden mit hohem Status (angeblich ein Gastprofessor) geärgert worden waren, zeigten in jedem Fall eine Abnahme des Blutdrucks.

BERKOWITZ (1962) interpretiert dieses Faktum in der Weise, daß er annimmt, daß die Vpn keinen Wunsch mehr hatten, den Experimentator anzugreifen, und so die Abfolge Frustration und Aggression unterbrochen war.
In einem nächsten Experiment versuchten HOKANSON und BURGESS (1962), den Einfluß der Art der Aggression systematischer zu untersuchen.

Als abhängige Variable dienten der systolische Blutdruck und die Pulsfrequenz. Beides wurde vor und nach der Frustration und nach jeder der vier Gelegenheiten zur Aggression gemessen. Die vier »Aggressionsbedingungen« waren: 1. Physische Aggression (Elektroschock in einem fingierten Lernexperiment). 2. Verbale Aggression (Ausfüllen eines Fragebogens mit Möglichkeit, den Experimentator in ein schlechtes Licht zu setzen). 3. Phantasieaggressivität (Gelegenheit, eine Geschichte zu einer Bildvorlage zu erzählen) und die Kontrollbedingung, in der keine Aggression gestattet war. Es ergab sich, daß frustrierte Vpn, denen Gelegenheit zu physischer oder verbaler Aggression gegen den Frustrierenden gegeben wurde, bezüglich beider physiologischer Maße auf die Ausgangsbasis zurückgingen. Unter den anderen Bedingungen hatten die Vpn auch nach Ende des Versuchs noch einen bedeutsam erhöhten systolischen Blutdruck und erhöhte Pulsfrequenz.

Das Experiment zeigte, daß die Art der Aggression eine wesentliche Bedeutung für die Verminderung der durch Frustration erhöhten Aktivation besitzt. Ein weiteres Ergebnis dieses Versuchs war, daß die Stärke der Aggression keinen Einfluß auf die Reduktion der frustrationsbedingten Aktivation hatte. Im Gegensatz zu den Ergebnissen von HOKANSON (1961) kam es nur darauf an, daß überhaupt eine Gelegenheit zur offenen Aggression bestand. Im gleichen Jahr variierten HAKANSON und BURGESS (1962) den Versuch noch einmal, indem sie einen Frustrierenden mit hohem Status auch bei dieser Anordnung einführten. Außerdem wurde auf zwei verschiedene Arten frustriert (»Angriff gegen das Ich« und »verhinderte Zielannäherung«). Wichtig ist, daß eine Aggression gegen einen Frustrierenden von hohem Status keine Verminderung des frustrationsbedingten Aktivationsniveaus brachte.
Durch Variation mehrerer Bedingungen und genaue Meßverfahren scheinen diese Experimente gültige Aussagen über die Reduktion der sympathikotonen Reaktion nach Frustration durch die Möglichkeit zur Aggression zu geben. Wir fragen uns aber, wo in den Experimenten von HOKANSON et al. jene aktivationssteigernden Wirkungen der Aggression an sich blieben, deren Möglichkeit man zumindest vermuten sollte. Hier erweist es sich, daß der Rekurs auf den »Ärger« in den Experimenten zur Psychophysiologie der Aggression bei dieser Fragestellung zu verwaschenen Ergebnissen führte. Wir erinnern uns: In keiner der bisher referierten Untersuchungen wurden physiologische Variablen in Beziehung zu einer gleichzeitig ablaufenden Ag-

gression gesetzt. Dennoch schienen die Zusammenhänge zwischen Frustration, physiologischer Aktivation und Aggression nach den Ergebnissen von HOKANSON et al. zumindest in groben Zügen geklärt zu sein. BERKOWITZ (1962) bezeichnet sie als wesentliche Beiträge zur Sozialpsychologie der Aggression und baut sie in seine Theorie ein.
1966 aber veröffentlicht HOLMES eine Untersuchung, die zu genau entgegengesetzten Ergebnissen kommt: Die Vpn, denen nach der Frustration *nicht* erlaubt wurde, gegen den Frustrierenden aggressiv zu sein, reduzierten ihren physiologischen Aktivationsgrad, die Gruppe »Aggression gegen den Frustrierenden« dagegen nicht. Abhängige Variablen waren der systolische Blutdruck und die Pulsfrequenz.
Taylor fand 1967, daß die Hautleitfähigkeit für elektrischen Strom, die auch durch Adrenalinzufuhr gesteigert wird, und die daher als ein Maß der allgemeinen Aktivation gelten kann, nach einer frustrationsbedingten Aggression anstieg, jedoch nicht nach einer Frustration, der keine Aggression folgen durfte. Die Differenzen der Resultate dieser Untersuchungen zu den Ergebnissen von HOKANSON et al. werden von den Autoren durch die Wirkung situativer Faktoren erklärt. Auch spielt das unterschiedliche Geschlecht der Vpn eine Rolle.
Der Bezug auf situationale Variablen verdeckt aber das Problem nur und zeigt die mangelnde Repräsentanz der experimentellen Anordnung für die Fragestellung. Beachten wir weiter, daß die individuellen Differenzen durch Mittelwertbildung in diesen Ergebnissen verwischt wurden, müssen uns doch einige Zweifel an der Brauchbarkeit von physiologischen Variablen für die Voraussage individuellen aggressiven Verhaltens in bestimmten Situationen, seien diese nun frustrierend oder nicht, kommen.
1969 bestätigten BAKER und SCHAIE im wesentlichen die Thesen von HOKANSON et al., und sie fanden, daß es gleichgültig ist, ob die Aggression nach Frustration durch den Frustrierten selbst oder einen »Stellvertreter« erfolgt; das physiologische Aktivationsniveau wird in jedem Fall vermindert. Dieses Experiment lockert weiter die einmal angenommene Verbindung zwischen Verhaltensaggressionen und physiologischen Variablen. GAMBARO und RABIN (1969) fügten diesen Experimentalanordnungen noch eine weitere Variable hinzu, nämlich hohe und niedrige »Schuld« der Vp. Nur bei der Bedingung »niedrige Schuld« wurde die Reduktion der physiologischen Aktivation durch Aggression reduziert. »Schuldbewußte« Vpn behielten ihren hohen Blutdruck bis zum Ende des Experiments bei.
Leider wurde in keinem der Experimente eine physiologische Variable gemessen, nachdem der Experimentator den Vpn alle »Lügen« des Experiments offenbart hatte. Sinkt der Blutdruck dann vielleicht signifikant ab, weil die Vpn zufrieden sind, der Wissenschaft einen großen Dienst geleistet zu haben, oder zeigt er vielleicht gar einen scharfen Anstieg, weil man sie in einem zwar kompliziert aufgebauten, aber

nicht sehr aussagekräftigen Experiment einige Stunden beschäftigt hat?

Die Frustration in den bisher geschilderten Experimenten bestand darin, daß die Vpn z. B. von 99 bis 0 rückwärts zählen mußten und der Versuchsleiter sie dabei viermal unterbrach und sagte: »So langsam wie Sie zählen, hat das überhaupt keinen Sinn, und Sie geben sich offensichtlich nicht die nötige Mühe.« Nach Abschluß des Zählens wurde ihnen gesagt, daß das Ergebnis so schlecht sei, daß man es für die Untersuchung nicht verwenden könne. Auch wenn z. B. unter der Bedingung »hohe Schuldgefühle« der Vp gesagt wurde, daß durch ihr Verschulden die ganze Untersuchung in Frage gestellt sei und man sie noch zur Verantwortung ziehen werde, blieb doch alles im akademischen Rahmen. Sicher, bei den Vpn handelte es sich um Psychologiestudenten der ersten Semester, die als Teil ihrer Ausbildung eine Anzahl von Experimentalstunden zu absolvieren hatten, und diese Mitarbeit wird an amerikanischen Universitäten im Semesterabschlußzeugnis mitbewertet. Die Vpn waren von der Frustration betroffen, dies zeigte sich ja schon durch die bedeutsame Erhöhung des systolischen Blutdrucks. Besteht aber zwischen der Frustration in einem solchen Experiment und den Frustrationen, die sich als Folge historisch-sozialer Prozesse ergeben und die nach DOLLARD et al., BERKOWITZ u. a. zu Kriminalität und Aggressivität führen sollen, wirklich nur ein quantitativer Unterschied? Wenn das Konzept der Frustration durch die Erfassung physiologischer Variablen bereichert werden soll, so sollten experimentelle Anordnungen gefunden werden, die auch dieser Fragestellung wenigstens in Umrissen gerecht werden. Die methodologische Schwierigkeit liegt allerdings dann in der Tatsache, daß wir annehmen müssen, daß sozial bedingte Frustrationen auch zu überdauernden physiologischen Veränderungen führen. Mit diesem Konzept ergeben sich aber gerade in bezug auf die Physiologie der Katecholamine, die ja minutenschnell wieder abgebaut werden, beträchtliche Schwierigkeiten. Wir müßten in diesem Fall Veränderungen im Zentralnervensystem annehmen, die zu einer andauernden Sympathikotonie führen. Wir wollen in diesem Zusammenhang psychosomatische Spekulationen über die Entstehung des essentiellen Bluthochdrucks ausklammern und uns auf ein Experiment beschränken, das in seinem methodischen Ansatz zwar noch manche Kritik verdient, das aber zukunftsweisend für eine physiologische Sozialpsychologie zu sein scheint.

FINE und SWEENEY (1967) stellten sich die Frage, ob die andauernden Frustrationen, denen die Angehörigen der soziologischen Unterschicht ausgesetzt sind, nicht auch zu Differenzen bezüglich des Katecholaminblutspiegels führen. Sie analysierten den Urin von 27 Rekruten der Armee an drei aufeinanderfolgenden Tagen. Die Vpn aus der sozialen Unterschicht (definiert durch mehrere Beurteiler nach Sichtung der Akten und Lebenslaufanalyse) schieden bedeutend höhere Mengen von Noradrenalin im Vergleich zum Adrenalin aus, als Individuen aus der Mittelschicht. Die Autoren interpretieren diese Differenz im Sinne der Hypothese von Ax (1953), daß aggressive Zustände, insbesondere Wut als Frustrationsfolge zu einem physiologischen Status führen, der durch Erscheinungen gekennzeichnet ist, wie sie durch eine Mischung von Adrenalin und Noradrenalin hervorgerufen werden, während andere Streß-Situationen hauptsächlich zu einem Anstieg des Blutspiegels von Adrenalin führen, das höhere Bewußtseinshelligkeit bewirkt. (Noradrenalin besitzt diese bewußtseinserhellende und reaktionszeitverkürzende Wirkung nicht). Man wird in diesem Zusammenhang an den Ausdruck »blind vor Wut« erinnert. Die Autoren schließen aus dem Ergebnis dieser Untersuchung, daß die Klassenunterschiede in bezug auf den Sozialisationsprozeß des Kindes zu unterschiedlichen Streßbewältigungstechniken führen. Während die Mittelklasse ihre Kinder zu abgewogenem Verhalten anhält und Aggressionen eher unterdrückt werden, bekräftigt die Unterklasse Wut und Aggressionszustände des Kindes. Diese beiden »Stile« bewirken unterschiedliche physiologische Adaptationsreaktionen, die für die Unterschiede in der Katecholaminausscheidung verantwortlich gemacht werden.

Es sei noch einmal betont: Angesichts unserer Kenntnisse über die psychischen Korrelate physiologischer Zustände, die durch Adrenalin bzw. Noradrenalinausschüttung gekennzeichnet sind, wissen wir eigentlich noch zu wenig, um solche Interpretationen zu rechtfertigen. Die physiologische Aggressionsforschung wird aber im Elfenbeinturm rein akademischer Fragestellungen befangen bleiben, wenn sie die Anregung von Buss (1961) nicht aufgreift, persönlichkeits- und entwicklungspsychologische Daten mit in ihre Untersuchungen aufzunehmen.

6. Der Einfluß von kognitiven Variablen auf physiologische Zustände

Die bisherigen Experimente gingen von der einfachen Überlegung aus, daß Zustände der Wut zu einem erhöhten Katecholaminblutspiegel führen und daß logischerweise auch die Umkehrung gilt, daß nämlich ein Mehr an Katecholaminen ein Mehr an Wut nach sich zieht. Diese Wirkstoffe wurden zu »Wuthormonen«; und wie Insulin den Blutzuckerspiegel sinken läßt, so steigern die Katecholamine die Wut oder die Furcht. Daß diese einfache Relation zumindest beim Menschen nicht den Tatsachen entspricht, konnten Schachter et al. (1962, 1964) in verschiedenen Experimenten belegen. Die bedeutendste dieser Untersuchungen sei hier referiert.

Schachter und Singer (1962) versetzten ihre Vpn in einen Zustand erhöhter physiologischer Aktivation, indem sie ihnen Adrenalin einspritzten. Den Vpn sollte aber verborgen bleiben, welche Manipulation mit ihnen vorgenommen wurde. Sie nannten das aktivitätssteigernde Adrenalin einfach Suproxin,

ein neues Vitamin, das einen Einfluß auf die visuelle Wahrnehmungsfähigkeit habe. Das ganze Experiment wurde dann als Wahrnehmungstest getarnt.
Insgesamt wurden sieben Bedingungen als unabhängige Variablen eingeführt. Bei vier Bedingungen wurde durch die noch zu schildernde Versuchsanordnung Euphorie induziert, bei dreien Wut. In der ersten Bedingung wurde den Vpn eine zutreffende Beschreibung der Adrenalinwirkung mit der Instruktion gegeben. Es wurde ihnen gesagt, daß sie z. B. ein Zittern der Hand verspüren würden, daß ihr Herz schneller schlagen würde usw. Bei der zweiten Bedingung wurde nichts von alldem gesagt, im Gegenteil, es wurde behauptet, daß »Suproxin« keine Nebenwirkungen habe. Bei dieser Bedingung hatten die Vpn also keine Erklärung für die eintretenden physiologischen Veränderungen. Bei der dritten Bedingung wurden die Vpn über die Wirkungen der Injektion getäuscht. Man sagte ihnen z. B., daß sie an verschiedenen Teilen des Körpers ein Gefühl der Taubheit bekommen würden und andere Körpersensationen, die ganz sicher nicht von Adrenalin ausgelöst werden. Bei dei vierten Bedingung bekamen die Vpn eine Placeboinjektion von physiologischer Kochsalzlösung, doch wurde ihnen nichts gesagt. Die zweite Gruppe von Bedingungen, bei denen Ärger induziert wurde, umfaßte: »informiert über Adrenalin«, »nicht informiert über Adrenalin« und »Placebo« (ein physiologisch unwirksamer Stoff, der aber unter der Vorspiegelung von Wirksamkeit verabreicht wird).
Nach Injektion des Adrenalins oder des Placebos wurden die Vpn gebeten, in einem besonderen Raum etwa 20 Minuten zu warten, angeblich bis zum Einsetzen der Wirkung des Medikaments. Nachher wurden zur Tarnung einige Wahrnehmungsexperimente durchgeführt. Während die Vp wartete, kam eine angeblich andere Vp — in Wirklichkeit ein Helfer des Versuchsleiters — hinzu und machte bei der Bedingung »Euphorie« allerlei Unfug, faltete z. B. den Testbogen, den die Vpn auszufüllen hatten zu einer Schwalbe und spielte damit, improvisierte mit Papierschnitzeln ein Baseballspiel usw. Falls die Vp nicht alsbald »anbiß«, sondern an dem Testbogen ruhig weiterarbeitete, zielte er mit der »Schwalbe« auf sie, machte einen Hula-Hoop-Tanz und versuchte auf jede Weise, »gute Stimmung« zu verbreiten.
Bei der Bedingung »Wut« begann der Helfer des Experimentators, die vorgelegten Testaufgaben heftig zu kritisieren, machte sie lächerlich und protestierte laut über die in diesem Fall absichtlich unverschämten Feststellungen, wie z. B. »badet und wäscht sich nicht regelmäßig«, flucht z. B. über die Frage »Wie oft haben Sie in der Woche Geschlechtsverkehr?« und geriet außer sich vor Wut bei »Mit wieviel Männern hatte Ihre Mutter außerehelichen Geschlechtsverkehr?« In keinem Fall wußte der Helfer des Experimentators, zu welcher Bedingung die Vp gehörte. Die abhängigen Variablen bildeten sorgfältig konstruierte Beobachtungsskalen (Beobachtung durch die Einwegscheibe, d. h. eine spiegelähnliche Scheibe, die dem Experimentator unbemerkte Beobachtungen der Vp von einem anderen Raum aus gestattet), der Selbstbericht der Vp und ein Fragebogen über physiologische Effekte des Adrenalins. Vpn waren männliche Psychologiestudenten. Die Ergebnisse zeigen, daß die physiologische Erregung zu ganz unterschiedlichem Verhalten führte. Die Versuchsgruppen, die über die Wirkung des Adrenalins sachlich richtig informiert waren, zeigten weder Euphorie noch Wut; im Gegenteil: sie wurden von den Aktivitäten des Helfers weniger angesteckt als die Placebogruppen. Nach SCHACHTER interpretierten sie die wahrgenommenen phy-

siologischen Änderungen als fremde, psychologisch irrelevante Reaktionen. In den Gruppen »nicht informiert über die Adrenalinwirkung« und »falsch informiert über die Adrenalinwirkung« fand sich — gegenüber den Placebogruppen — eine erhöhte Euphorie und eine erhöhte Wut und Aggressivität. Für das Auftreten der Aggression war also nicht das Adrenalin entscheidend, sondern die kognitive Interpretation der Adrenalinwirkung als Auslöser von Ärger und Wut.

7. Sexualhormone und Aggressivität

Bisher beschäftigten wir uns ausschließlich mit den Katecholaminen als aggressionsauslösenden Hormonen. Weit verbreitet ist aber auch die Hypothese, daß die Aggressivität vom Testosteronblutspiegel abhängt; z. B. werden seit Jahrtausenden Stiere kastriert, um ihre Wildheit zu dämpfen. Unzählige Experimente, (siehe TINBERGEN 1956 und LORENZ 1963) belegen, daß der Testosteronblutspiegel bei vielen Tieren für die Balzkämpfe verantwortlich ist. Der Verdacht ist aber nicht von der Hand zu weisen, daß diese eindeutige Korrelation nur für jene Aggressionen gilt, die als fester Bestandteil zu instinktiv festgelegten Sexualverhaltensweisen gehören. Löst man den Bezug zu den Sexualinstinkten, so werden die Ergebnisse äußerst widersprüchlich. So kastrierte KARLI (1958) sehr aggressive mäusetötende Ratten und fand keine Abnahme der Tötungstendenz. Ratten, die spontan keine Aggressionen zeigten, töteten Artgenossen oder Mäuse auch dann nicht, wenn man ihnen hohe Testosterondosen verabreichte.
EDWARDS (1969) dagegen kam zu ganz entgegengesetzten Resultaten. Er kastrierte männliche und weibliche Mäuse: Die Aggression nahm ab. Nach Testosterongaben wurden die Tiere wieder kämpferisch. Er ging noch einen Schritt weiter, indem er jungen Mäusen vom Tag der Geburt an Testosteron gab und sie später kastrierte. Selbst nach Entzug der regelmäßigen Testosterongaben waren sie aggressiver als die Kontrolltiere. EDWARDS schließt aus diesen Ergebnissen, daß durch die unphysiologisch frühe Überschwemmung des Organismus mit diesem Hormon neurale Strukturen in ihrer Entwicklung gefördert wurden, die für Auslösung aggressiven Verhaltens wichtig sind.
Bei Menschen ist man bezüglich dieser Fragestellungen bisher auf klinische Gelegenheitsbeobachtung angewiesen. So behauptet LANGELÜDDEKE (1959), daß die Kastration von Verbrechern zu einer Abnahme der Aggressionen führe. Dem widersprechen Befunde, die keine Korrelation zwischen Aggressivität und Testosteronblutspiegel bei Verbrechern ergaben (KERMANI 1969). Die methodologischen Schwierigkeiten treten auch hier — wie in anderen Fällen — nicht auf der physiologischen Seite auf, sondern auf der psychologischen. So wurden während des Dritten Reiches sehr viele Männer zwangsweise kastriert. Die Nachuntersuchungen sind aber wegen der unexakten Erfassung der Aggressivität für unser Thema wenig aussagekräftig.

8. Die zentralnervöse Steuerung der Aggressivität

Mehrfach schon hatten wir die Aggressivität in bezug zum Affekt der Wut und damit zum vegetativen Nervensystem gebracht. Eine Erweiterung dieses Ansatzes stellt der Versuch dar, die zentralnervöse Steuerung der Aggressivität zu beschreiben. Wir werden jene Strukturen im Gehirn analysieren, die an der zentralen Steuerung vegetativer Vorgänge beteiligt sind. Es geht uns also nicht darum zu untersuchen, wie motorische Handlungen vom Zentralnervensystem gesteuert werden; es kann auch nicht die Rede davon sein, jene Vorgänge in den Assoziationsfeldern des Großhirns zu untersuchen, als deren Folge es zu aggressivem Verhalten kommt. Auch in diesem Abschnitt werden wir eigentlich die Wut zum Gegenstand haben, nicht die Aggression. Die Wut ist ein psychologischer Vorgang, zu dessen Definition geradezu die Heftigkeit gehört, auch eine heftige physiologische Reaktion. Sie bietet daher meßtechnisch weniger Schwierigkeiten als die Aggression, die zwar nach BANDURA und WALTERS (1963) auch eine heftige Verhaltensweise darstellt, die aber weitaus vielgestaltiger auftreten kann. Zur Klärung der Relationen Wut-Aggression und Aggression-physiologische Wutcharakteristika fehlen bisher bis auf Ausnahmen (z. B. HOKANSON et al.) die empirischen Arbeiten.

Als wichtigstes vegetatives Steuerungszentrum dient der Hypothalamus. Er besteht aus Nervenzellenanhäufungen unterhalb und in der Wand des dritten Ventrikels. Er enthält Impulse von den Rezeptoren der Peripherie über Kollateralen zentripetaler Neuronen, die zum Thalamus verlaufen, ferner direkt von zahlreichen Rindengebieten, besonders des Frontalhirns, efferente Neurone des Hypothalamus laufen über den Seitenstrang des Rückenmarks zum Grenzstrang des Sympathikus, ferner zu den parasympathischen Kernen und zum Hinterlappen der Hypophyse. Über die Hypophyse greift der Hypothalamus durch neurale und humorale Impulse in Hormongleichgewichte ein. Zwischen Hypothalamus und Großhirnrinde sind mehrere Erregungskreise geschlossen. Der Hypothalamus empfängt Impulse vor allem auch aus dem limbischen Kortex über die Nuclei amygdalae. (Abb. 2)

Der limbische Kortex ist dasjenige phylogenetisch ältere Großhirngebiet, das den Übergang bildet zwischen Neokortex und Hirnstamm. Die Bedeutung des limbischen Kortex für die Steuerung vegetativer Vorgänge und für die Emotionen wurde relativ spät erkannt. Man wurde auf ihn aufmerksam, nachdem sich gezeigt hatte, daß Verletzungen in diesem Bereich beim Menschen vor allem zu Gedächtnisverlust und zu schweren Störungen der Affektivität führten. Wir können drei Gebiete unterscheiden. 1. Das Riechhirn mit den olfaktorischen Projektionsfeldern. 2. Der vordere oder fronto-temporale Anteil mit den bilateralsymmetrischen Nuclei amygdalae, der Area cingularis anterior und dem Pol der Temporalwindung. Die Gliederung dieses Anteils bereitet besondere Schwierigkeiten, da deutliche Unterschiede bei den verschiedenen Tierarten vorliegen. 3. Der hintere Teil oder das Hippocampussystem mit dem Gyrus cinguli. Von diesem Teil nimmt man an, daß er einen modulierenden Einfluß auf den fronto-temporalen Anteil des limbischen Cortex ausübt und zwar direkt über den Hypothalamus. Er scheint für den Orientierungsreflex wichtig zu sein. Nach Cingulotomie tritt eine weitgehende Schmerzfreiheit ein, die Tiere sind im Kampfverhalten »mutiger«.

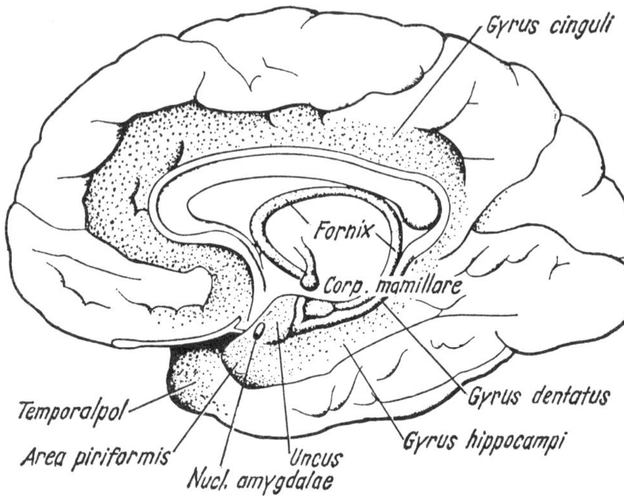

Abb. 2: Das limbische System

8.1. Methoden

Die älteste Methode zur Erforschung der zentralnervösen Steuerung der Aggressivität besteht in gezielten Ausschaltungsexperimenten. Man entfernt beim Tier Hirnstrukturen, die man für die Hemmung oder Förderung der Aggressivität verantwortlich macht, und prüft das Verhalten vor und nach der Operation. Kritisch ist zu bemerken, daß wir durch Narbenbildung, unexakte Schnittführung usw. mit Artefakten zu rechnen haben.
Auch ist aggressives Verhalten, das nach Abtragung z. B. des ganzen Großhirns beobachtet wird, kaum noch mit dem »natürlichen« zu vergleichen. Eine exaktere Methode des Ausschaltungsexperiments besteht in der Zerstörung engumschriebener Hirnbereiche durch elektrischen Strom. Noch genauere Ergebnisse erzielt man durch elektrische Reizungsmethoden.

Dünne, isolierte und an der Spitze freie Elektroden werden in das Gehirn versenkt, die Reizung erfolgt mit schwachem Gleichstrom oder Wechselstrom. Nach Ende des Reizungsexperiments koaguliert man die Reizstelle durch einen starken, hochfrequenten Wechselstrom, tötet das Tier und bestimmt den Reizungsort mit histologischen Methoden. Man kann von diesen Elektroden auch spontane elektrische Potentiale ableiten, die mit aggressivem Verhalten einhergehen.

Eine immer wichtigere Methode ist folgende:

Man reizt den einen Teil des Gehirns und beobachtet die induzierten elektrischen Aktivitäten in anderen Teilen durch Ableitung. Man erhält so Auskunft über das Zusammenwirken verschiedener Zentren.

In neuerer Zeit wurde vor allem die Methode der chemischen Reizung wichtig.

Man führte sog. Chemitroden in bestimmte Teile des Stammhirns ein. Die Chemitrode besteht aus einer Elektrode für elektrische Reizungsexperimente und einer dünnen Kanüle, durch die bestimmte Chemikalien eingeleitet werden können. Bei den Methoden der elektrischen und chemischen Reizung hat man darauf zu achten, daß man nicht efferente Bahnen ansticht, da dies zu Artefakten führt.

Die ganze Problematik physiologischer und histologischer Natur kann hier nicht abgehandelt werden, es sei auf die Werke von Hess (1954) und von Holst (1960) verwiesen.

8.2. Das Mittelhirn

Das aufsteigende aktivierende retikuläre System reicht bis ins Mittelhirn. Wir betonten schon, daß eine gewisse Aktivation Voraussetzung für jede Aggression ist. Neuere Untersuchungen zeigten, daß sich aggressive Akte durch elektrische Reizung dieser Regionen direkt auslösen lassen. Sheard und Flynn fanden, daß sich in den zentralen grauen Strukturen des Mittelhirns Punkte befinden, die bei Elektrostimulation Angriffshaltungen bei verschiedenen Tieren auslösen. Elektrische Zerstörung dieser Zentren läßt dieses Verhalten endgültig verschwinden (zit. nach Kermani 1969). Durch die relativ unspezifische Weckwirkung der Mittelhirnstrukturen kann es bedingt sein, daß Verletzungen in diesem Bereich dazu führten, daß Katzen keine aggressiven Reaktionen mehr zeigten (Sprague, Chambers und Stellar 1961).

Durch elektrische Reizung anderer Punkte im Mittelhirn erhielten Allikmets, Delgado und Richards (1968) bei Affen aggressives Verhalten. Injizierten sie in diese Reizorte mit der Chemitrode Imipramin (ein Neuroleptikum, d. h. ein stark »dämpfendes« Pharmakon), so stiegen die Schwellenwerte für die Auslösung aggressiver Reaktionen (hypothalamische Elektrostimulation) deutlich an. Chlorprotrixen und Promazin (stärkere Neuroleptika) waren noch effektiver in dieser Hinsicht. Daß es sich bei den Effekten der Neuroleptika nicht um lokale Anaesthesiewirkungen handelte, konnte dadurch bewiesen werden, daß Novocain kaum eine Wirkung hatte.

Aus diesen Experimenten wird deutlich, daß Mittelhirnstrukturen für die Ausbreitung von Affekten, die zur Aggression führen, eine notwendige Bedingung darstellen. Die elektrisch ausgelöste »hypothalamische Wut« kam sozusagen nicht über die Schwelle des Mittelhirns, wenn diese durch Psychopharmaka blockiert war. FLYNN (1967) sieht diese Beziehungen so: Der Hypothalamus aktiviert das Mittelhirn, das dadurch aufnahmefähig wird für Auslöser aus anderen Hirnregionen, speziell dem »limbischen Cortex«, und dann das aggressive Verhalten bewirkt.

Die angedeutete Beziehung zwischen Hypothalamus und Mittelhirn wurde von BERGQUIST (1970) am Opossum überprüft. Er konnte Aggressionsverhalten durch elektrische Reizung verschiedener Punkte im Hypothalamus auslösen. Dann schaltete er durch Elektrokoagulation systematisch verschiedene Teile des Hypothalamus aus, von denen aus neutrale Verbindungen zu anderen Hirnteilen führten und überprüfte jeweils die Reizschwellenerhöhung für die Elektrostimulation aggressiven Verhaltens.

Die komplizierten physiologischen und histologischen Befunde können hier so zusammengefaßt werden: der Hypothalamus produziert bei diesem phylogenetisch urtümlichen Tier motiviertes Verhalten, indem er auf die sensorischen und motorischen Integrationszentren im Mittelhirn und im Hirnstamm einwirkt. Die neuralen Verbindungen zum limbischen System, zum Thalamus und zur Hirnrinde sind hier, auf dieser phylogenetisch frühen Stufe, noch unwichtig.

8.3. Der Hypothalamus

Der Hypothalamus bildet jene Hirnstruktur, die historisch gesehen zuerst mit der Aggression in Verbindung gebracht wurde. Die CANNON-BARD'sche Gefühlstheorie wies ihm einen zentralen Platz zu. Dabei arbeiteten CANNON und BARD aber nur mit Ausschaltungsexperimenten. BARD entfernte z. B. bei der Katze das gesamte Großhirn. Daraufhin sträubten die Tiere die Haare, ihre Pupillen erweiterten sich, sie fauchten und kratzten. Dieser Zustand wurde »Scheinwut« genannt. Man kam zu der Auffassung, daß der Hypothalamus andauernd Wutverhalten aktiviert, würde er nicht vom Großhirn gehemmt. Die Scheinwut hörte sofort auf, wenn der Hypothalamus vom Hirnstamm getrennt wurde. Sie war von einer starken Adrenalinausschüttung begleitet. Man kann nicht erwarten, daß bei einem derart stark beeinträchtigten Tier die experimentell erzeugte Wut den natürlicherweise vorkommenden Wutzuständen in allen Einzelheiten glich. Sie war ihr aber doch ähnlicher als jene pseudoaffektiven Reflexe, die noch bei hirnlosen Rückenmarkspräparaten ausgelöst werden konnten. Eine genauere Erforschung der hypothalamischen Wut gelang erst

W. R. HESS (1954) mit seinen Reizversuchen. Bei bestimmten Reizpunkten, die oft weitverstreut lagen, sträubten die Katzen die Rükkenhaare, der Schwanz wurde buschig, die Pupillen erweiterten sich, die Ohren wurden zurückgelegt. Ein Fauchen, Schneuzen oder Knurren ergänzte das sich darbietende typische Bild eines Wutausbruchs. Daß damit wirklich ein Zentrum und nicht etwa eine efferente Bahn getroffen wurde, beweist die Tatsache, daß von einem Reizpunkt eine ganzheitliche, komplexe Reaktion ausgelöst wurde. Von der natürlichen Wut unterschied sich dieses Verhalten dadurch, daß es anderem Verhalten überlagert werden konnte. Setzte die Reizung z. B. ein, während das Tier seine Milch trank, so zeigten sich zwar alle oben genannten Reaktionen, der Trinkakt wurde aber nicht unterbrochen. Erst wenn sich ein geeignetes Objekt für die Aggression (z. B. die Hand des Versuchsleiters) bot, sprang die Katze dieses an. Die Wutreaktion hörte augenblicklich bei Ende der elektrischen Reizung auf.
Die Ergebnisse von HESS wurden durch VON HOLST (1960) am Huhn präzisiert. Auch er konnte nachweisen, daß es sich um gerichtete Attacken handelte, indem er z. B. einen ausgestopften Iltis angreifen ließ. Objekte, die den angeborenen auslösenden Signalen für aggressives Verhalten unähnlicher waren, wie z. B. ein runder Klotz, wurden erst bei höherer Reizspannung angegriffen. Noch höhere Spannungen führten zu Fluchtreaktionen. VON HOLST betont gemäß seiner Theorie vom Wirkungsgefüge der Triebe die Bedeutung der Stimmung des Tieres für die Einzelheiten des ausgelösten affektiven Verhaltens. Er untersuchte auch genau die Wirkungen wiederholter Reizungen auf die Adaptation.

Die Elektrostimulation kann keine Aufschlüsse über die biochemischen Verhältnisse in den Zentren bringen. Einen ersten Versuch einer Aufklärung stellt das Experiment von SMITH et al (1969) dar. Er versenkte Chemitroden in verschiedene Teile des Hypothalamus und konnte mit verschiedenen Chemikalien das mäusetötende Verhalten der Versuchsratten steuern. Drogen, die acetylcholinähnlich sind, führten dazu, daß Ratten, die sonst niemals Mäuse töteten, dieses Verhalten in großer Häufigkeit zeigten. Acetylcholinblocker unterdrückten das Tötungsverhalten von »killer rats«. Im lateralen Hypothalamus wirkt folglich Acetylcholin (und nicht nur Adrenalin, wie früher vermutet) als eine synaptische Überträgersubstanz in einem System, welches das Tötungsverhalten kontrolliert.

Jeder Organismus sucht von sich aus die Befriedigung seiner physiologischen Triebe. Der Hungernde ißt, der Müde schläft usw. Falls der Aggression ein Trieb zugrunde liegt, müßte der Organismus auch in diesem Fall von sich aus die Befriedigung, d. h. die Gelegenheit zu aggressivem Verhalten suchen. Anders und vereinfacht ausgedrückt: Macht Aggression Spaß? Erste Ansätze einer Beantwortung dieser Fragestellung finden wir im Experiment von WASMAN und FLYNN (1962).

Vierzehn von fünfzehn Katzen zeigten nach hypothalamischer Elektrostimulation gerichtete Attacken gegen Ratten, die bis ins einzelne den natürlichen glichen, wie sie LEYHAUSEN (1960) beschrieben hat. Die Angriffe setzten unmittelbar nach Beginn der elektrischen Reizung ein und hörten sofort auf, wenn diese aussetzte. Eine lebende Ratte wurde von den Katzen einer toten bei weitem vorgezogen. Einige Katzen zeigten sog. »affektive Attacken«, so wie sie HESS beschrieben hatte; einige aber auch das für dieses Tier typische stille Jagdverhalten, das mit vorsichtigem Anschleichen beginnt. Bei einer dritten Gruppe von Versuchstieren konnten beide Formen des Aggressionsverhaltens ausgelöst werden. Aufzeichnungen der Hirnströme bewiesen, daß andere Hirnstrukturen ruhig blieben, so z. B. die Nuclei Amygdalae, das Mittelhirn und der dem Reizpunkt gegenüberliegende Teil des Hypothalamus. (Nur im Hippocampus wurde eine erhöhte EEG-Aktivität gemessen.) Während HESS bei seinen zur Wut gereizten Katzen von einer Defensivreaktion sprach, vertreten die Autoren in diesem Fall die Ansicht, daß ganz eindeutig ein Aggressionszentrum »spontaner« Natur getroffen wurde. Die Katzen hatten keinen äußeren Anlaß zur Aggression. Sie hatten vorher nie Ratten getötet, auch bedrohte die Ratte sie in keinem Fall. Die Aktivierung des Hungertriebes ist auch ausgeschlossen, da die Ratten nicht gefressen wurden.

Die Ergebnisse dieses Experiments scheinen für die Annahme eines physiologischen Triebs zu sprechen. Weitere Befunde in dieser Richtung wurden von LEWINSON und FLYNN (1965) beigebracht, die zeigten, daß nur Objekte attackiert wurden, die auch unter natürlichen Bedingungen als Opfer oder Gegner infrage kommen (siehe auch MCDONNELL und FLYNN 1966).
Andererseits fand FLYNN (1967), daß die hypothalamisch ausgelöste Wut deutlich aversiven Charakter hat (d. h. sie macht den Tieren keinen Spaß). Katzen, die gelernt hatten, einem elektrischen Schlag durch einen Sprung auf einen Stuhl zu entgehen, zeigten diesen Sprung auch nach elektrischer Auslösung der hypothalamischen Wut. Es ist, als sei diese Wutreaktion die Folge einer hypothetischen zentralen Frustration. Für die Triebhypothese sprach in diesem Experiment, daß das »stille« Jagdverhalten nicht aversiv war. Die Katzen attackierten nur ausgestopfte oder lebende Ratten, keine anderen Gegenstände. Auch ein Hinweis auf einen spezifischen angeborenen Auslöser des Aggressionsverhaltens wurde gefunden: Blinde und geruchlose Katzen zeigten Aggressionshandlungen, nicht aber Katzen, denen die Mundsensibilität fehlte.
Auch im Experiment von PANKSEPP und TROWILL (1969) ergab sich, daß die Reizung aggressionsauslösender Punkte im Hypothalamus eindeutig aversiven Charakter hatte. In der Anordnung von OLDS (1969, d. h. im Käfig war eine Taste angebracht, mit der die Ratten den Strom in die Reizorte selbst freigeben konnten) konnten die Versuchsratten nicht dazu gebracht werden, sich selbst zu stimulieren.

Diese Nagetiere, die in der freien Natur nur selten andere Tiere töten, griffen aber in diesem Experiment Mäuse gezielt an und versetzten ihnen sofort einen tödlichen Biß ins Genick. Sie attackierten niemals tote Mäuse und fraßen ihre Opfer auch nicht. Je weiter das Opfer bei Beginn der Elektrostimulation von der Ratte entfernt war, desto seltener wurde es tatsächlich angegriffen. Diese bedeutungsvolle Relation beweist, daß das Opfer nicht aktiv gesucht, sondern nur in unmittelbarer Nähe angegriffen wurde. Auch war die Art des Tötens dem selten vorkommenden Mäusetöten bei normalen Ratten durchaus unähnlich. Wurden die Reizversuche mehrmals wiederholt, so hörte das Töten auf.

Die Autoren interpretieren diese Tatsache als einen Beleg für ihre These, daß die Elektrostimulation zu einem Gefühl der Bedrohung führte, bis die Ratten lernten, daß von den Mäusen keine realen Bedrohungen ausgingen.

Eigenartig und in bezug auf unsere Fragestellung vielleicht wichtig ist der Befund von ABZIANIDZE (1969; zit. nach Psychol. Abstr.), daß sich die hypothalamisch ausgelöste Wut in keinem Fall konditionieren ließ. Auch hunderte von Kombinationen der Elektrostimulation mit einem akustischen Signal führten nicht zur Entwicklung einer konditionierten Wutreaktion. Stimulierte man die gleichen Reizorte mit einer etwas höheren Stromstärke, so traten Furchtreaktionen auf, die sich sehr leicht auf ein akustisches Signal konditionieren ließen.

8.4. Nucleus Amygdalae

Dieses Gebiet des limbischen Systems ist von besonderer kontroverser Bedeutung für das Problem der zentralen Steuerung der Aggression. WOOD (1958) zeigte, daß bilaterale Läsionen das Aggressionsverhalten steigerten, unilaterale hingegen nicht. SCHREINER und KLINK (1956) fanden nach Amygdalektomie (operative Entfernung dieser Hirngebiete) bei verschiedensten Säugetieren nach der Operation zwar Zustände chronischer Hypersexualität, aber kein aggressives Verhalten. GALEF (1970) schrieb von seinen Ratten, daß sie nach Amygdalektomie weniger aggressiv, aber auch weniger scheu waren als vorher. FINCH et al. (1968) konnten keine bedeusamen Unterschiede im Aggressionsverhalten amygdalektomierter Ratten im Vergleich zu Ratten mit Verletzungen in der Hirnrinde und Kontrollgruppen feststellen. Die der Operationstechnik und den histologischen Nachuntersuchungen nach sehr genaue Studie von SUMMERS und KAELBER (1962) zeigte, daß die Amygdalektomie bei neun von 13 Katzen überhaupt keine Änderung des Verhaltens erbrachte, bei zwei Katzen waren die Ergebnisse unklar, und zwei waren nach der Operation wütender als vorher. Die Wutzustände aber waren bei weitem nicht so intensiv wie jene, die man bei Elektrostimulation des Hypothalamus sieht. Die histologische Nachuntersuchung ergab bei diesen beiden Tieren, daß die Nuclei amygdalae nicht vollständig entfernt worden waren. Die

Autoren vermuten, daß in anderen Experimenten, in denen Wut erzeugt wurde, vielleicht eine Verletzung gewisser Kerne des Hypothalamus erfolgt sein könnte.
Ergänzen wir diese widersprüchlichen Befunde noch durch zwei Ergebnisse, die am Menschen gewonnen wurden, und die wir nach KERMANI (1969) zitieren:

In einem ergab die Elektrostimulation der Nuclei amygdalae an der wachen Versuchsperson Gefühle von Angst und Furcht. Nachdem die beiden Kerne zerstört waren, wurden die Patienten still, verloren ihre Aggressivität und reagierten nicht mehr auf normalerweise störende Reize.
In einem anderen Experiment wurden 25 Epileptiker amygdalektomiert. Nach der Operation verschwand das heftige Aggressionsverhalten bei fast allen Patienten.

Diese widersprüchlichen Befunde rühren vielleicht auch von der Tatsache, daß diese Kerne Verbindungen zu fast allen Teilen des Gehirns haben. Je nachdem, ob sie bei Ausschaltungsexperimenten vollständig oder nur teilweise getroffen werden, können ganz verschiedene Wirkungen resultieren. Man kann sie nicht als eigentliche Aggressionszentren bezeichnen, obzwar ihre Elektrostimulation oft zu Wutzuständen führt.

GODDARD (1964) faßt die Ergebnisse von 43 Studien zum Problem »Aggressivität und Nuclei amygdalae« zusammen und kommt zu folgenden Ergebnissen: Die Amygdalektomie führt, wenn vollständig gelungen, zu einer ausgesprochenen Zahmheit und Aggressionslosigkeit der Versuchstiere, auch wenn die Aggressivität vorher durch experimentelle Läsionen im Septum oder durch Elektrostimulation im Hypothalamus provoziert wurde. Allerdings lassen sich auch bei amygdalektomierten Tieren noch Wutzustände provozieren, nur ist die Schwelle sehr viel höher. Die Unterschiede im Verhalten der Tiere nach Amygdalektomie führt er auf Ungenauigkeiten bei der Operation zurück. Eingriffe an diesen Kernen sind wegen ihrer Kleinheit und tiefen Lage technisch sehr schwierig.

Es scheint so, als ob die Nuclei amygdalae eine Kontrolle über motiviertes Verhalten ausüben würden und quasi die Emotionen an die Realität anpaßten. In diesem Sinne wird der Statusverlust in der Gruppe von amygdalektomierten Tieren interpretiert.

PRIBRAM (1967) schreibt, daß die Nuclei amygdalae eine Bewertungsstelle für die Ergebnisse des »Orientierungsreflexes« darstellen, ferner würden sie Prozesse steuern, die bei Konditionierungsprozessen zu einem belohnungsadäquaten Verhalten führen. Nach PRIBRAM zeigen amygdalektomierte Affen heftigere Reaktionen und stärkere Orientierungsreflexe und sind leichter zu konditionieren, wobei Größe, Menge und Anzahl der Belohnungen bei diesen Tieren unwichtiger sind. Die Nuclei amygdalae ermöglichen ein Handeln nach Plan.
Eigenartig ist, daß nach ANDREWS und LEAF (1969) diese Steuerung des Lernverhaltens wahrscheinlich durch Noradrenalin vermittelt wird, denn Ratten, denen mittels feiner Kanülen Noradrenalin in diese Kerne geleitet wird, zei-

gen ein signifikantes Ansteigen des »Lernverhaltens«. Nach Ergebnissen von Karli und Vergnes (1963) führt Elektrostimulation der Nuclei amygdala zu einer erhöhten Aggressivität der Ratten gegenüber Mäusen. Diese Kerne erleichtern offenbar anderen Zentren der Aggressivität den Zugang zur Motorik, während die Area piriformis diesen Zugang sperren kann.
Das Zusammenspiel zwischen den Nuclei amygdalae und dem Hypothalamus untersuchten Egger und Flynn (1963) und Flynn (1967). Sie fanden, daß bei Elektrostimulation der Nuclei amygdalae und des Hypothalamus die Zeit vom Beginn der Stimulation bis zum Angriff abnahm, zunahm oder unverändert blieb, je nachdem, wo die Elektroden in den Nuclei amygdala saßen.

Die widersprüchlichen Ergebnisse zeigen: Je mehr man sich mit dem direkten Zugriff stammesgeschichtlich jüngeren Hirnstrukturen nähert, desto unübersichtlicher und komplexer werden die Ergebnissse. Konnten im Hypothalamus wenigstens noch an einigen Punkten »Zentren« definiert werden, so ist das in dieser engen Fassung des Begriffs mit den heutigen Methoden im limbischen Kortex noch nicht möglich.

8.5. Andere Hirnstrukturen

Vereinzelt konnte auch aus anderen Hirnarealen aggressives Verhalten ausgelöst werden, so z. B. von McDonnel und Flynn durch Elektrostimulation bestimmter Thalamuskerne bei der Katze. Läsionen im Septum führen häufig zu höherer Aggressivität. (Experimente an der Baumwollratte von Bunnell und Smith 1966, und an der Wanderratte von Wetzel et al. 1967). Delgado u. a. (1967) konnten nachweisen, daß Injektionen von Lokalanaesthetika mittels der Chemitrode in den Hippocampus von Affen zu einer vorübergehenden Abnahme der Aggressivität der Tiere führten, ohne daß die Aktivität, der Appetit oder andere Verhaltensvariablen sich änderten.

8.6. Sozialpsychologische Aspekte zentralnervös gesteuerter Aggressivität

Daß Eingriffe am Zentralnervensystem durch Änderung des Aggressionsverhaltens zu Veränderungen im sozialen Gefüge von Tiergruppen führen, konnten in einem klassischen Experiment Rosvold, Mirsky und Pribram (1954) nach der Amygdalektomie von Mitgliedern eines Affenrudels zeigen. Bunnell (1966) kam bei der Ratte mit dem gleichen Verfahren zu ähnlichen Ergebnissen. Eine neue Methode, mittels eines Eingriffs ins Zentralnervensystem soziale Strukturen zu ändern, fand Delgado (1963)

Er benützte als Versuchstiere vier Affen (macaca mullatta), die eine festgefügte soziale Ordnung besaßen. Der Boß Ali war sehr aggressiv. Delgado implantierte Ali Reizelektroden in den Nucleus caudatus, über die sein Aggressionsverhalten gebremst werden konnte. Die anderen Mitglieder der Affengruppe konnten nun ihren Boß durch Drücken eines Knopfes auf drahtlosem Wege bei aggressiven Akten hemmen. Das Verfahren wurde später variiert, indem Reizpunkte im Thalamus, die die Aggressivität erhöhen, angezielt wurden. Die Reaktionen ließen sich auch auf einen Ton konditionieren.

Als Folge dieser gegenseitigen drahtlosen cerebralen Heterostimulation ergaben sich tiefgreifende Veränderungen in den sozialen Beziehungen. Die Methode verspricht ein nützliches Instrument zur Untersuchung aggressiver Interaktionen zu werden.

9. Genetische Aspekte der Aggressivität

Da dieses Thema den Rahmen des bisherigen Referates bezüglich Methodik und Forschungsgebiet sprengt, sei hier nur kurz auf die Literatur verwiesen. Sammelreferate zu diesem Thema finden sich bei Fuller und Thompson (1960) und bei Hall (1951). Auf die Untersuchung von Chromosomenaberrationen und ihre Beziehung zum Aggressionsverhalten des Menschen geht Kermani ein (1969). Die Befunde sind aber hauptsächlich auf Einzelfälle gestützt, außerdem äußerst widersprüchlich. Entgegen populären Ansichten läßt sich noch keine gesicherte Beziehung zwischen Chromosomensatzfehlern und Aggressivität herstellen. Auch ein zusätzliches Y-Chromosom beim Mann wurde nur in Einzelfällen bei Kriminellen gefunden, man weiß nicht, wie häufig eine solche Veränderung des Chromosomensatzes in der Normalbevölkerung vorkommt.

10. Abschließende Bemerkungen

Die referierten Untersuchungen erbrachten zwar eine Reihe von gut gesicherten Befunden; aber man muß festhalten, daß bezüglich der Fragen nach der Genese, Voraussage und Veränderbarkeit individuell menschlichen Aggressionsverhaltens so gut wie nichts gewonnen wurde. Es wurde mehr von Affekten als von aggressiven Handlungen gesprochen. Das Vorkommen einer völlig affektfreien, instrumentellen Aggression kann den Ansatz einer physiologischen Aggressionsforschung teilweise fragwürdig machen. Sicher wissen wir heute recht viel über die physiologischen Mechanismen der Wut. Wir können vielleicht bei bestimmten Geisteskrankheiten wie der Epilepsie durch neurochirurgische Methoden die Aggressivität eindämmen. Wir stehen jedoch vor einem Dilemma, das auch anderen Gebieten der physiologischen Psychologie eigen ist: Man geht von einer ursprünglich psychologischen

Fragestellung aus und findet eine steigende Fülle neuer Fakten, die sich immer weniger auf die ursprüngliche Fragestellung beziehen lassen. Die physiologische Psychologie wird sicher weiter an Bedeutung gewinnen, auch auf dem Gebiet der Aggressionsforschung. Sie wird aber eigene Theorien und Fragestellungen entwickeln müssen, wenn die Vielfalt der Ergebnisse, die wir den Methoden verdanken, in zentrale, erkenntnisfindende Konstruktionen eingebracht werden soll. Für das Gebiet der physiologischen Aggressionsforschung können wir mit Moyer (1969) festhalten, daß man auch bei Betrachtung der internen Impulse, die zur Aggression führen, darauf stößt, daß hier ein Triebkonzept eine unangemessene Interpretationsgrundlage abgibt. Und wir werden mit Vernon (1969) schließen, daß die Aggression ein komplexes Problem darstellt und ihr kein einheitlicher Faktor zugrunde zu liegen scheint.

Anmerkungen zur Vierten Auflage

Seit Erscheinen dieses Buches ist zum Thema »Psychophysiologie der Aggression« eine kaum noch zu überblickende Menge an neuer Literatur erschienen. Man kann aber das Urteil wagen, daß prinzipiell neue Erkenntnisse nicht gefunden wurden. Die Bedeutung des Fortschritts auf unserem Gebiet liegt in zwei Trends:
zum einen ermöglichen verfeinerte Techniken, wie z. B. die Radiostimulation präzisere Untersuchungsergebnisse,
zum anderen ist zu vermerken, daß die bereits vor einigen Jahren sichtbaren Möglichkeiten von Schlußfolgerungen viel präziser und breiter empirisch fundiert zu vollziehen sind.
Wir beschränken uns jetzt darauf, diese Präzisierungen, welche die neuere Literatur ermöglicht hat, kurz zu nennen (eine Neubearbeitung des Kapitels muß der nächsten Auflage vorbehalten bleiben):

1. Aggression und Aggressivität stellen kein einheitliches Phänomen dar.

Diese bereits 1968 angedeutete Erkenntnis steht jetzt auf einer breiten empirischen Grundlage. Nicht nur im Humanbereich, wo die Unterscheidung zwischen instrumentaler und affektiver Aggressivität schon längere Zeit sinnfällig war, sondern auch im Verhalten anderer Lebewesen zeigt sich, daß das sprachliche Konstrukt »Aggression« Verhalten aus völlig verschiedenen Funktionskreisen anspricht. Die Suche nach *der* Aggression ist sinnlos, es kann daher auch niemals im Sinne einer Instinkttheorie eine aggressive Endhandlung definiert werden.

Diese Behauptung stützt sich unter anderem auf Forschungen von Moyer (1971), sowie auf Eleftheriou und Scott (1971). Vor allem die beiden letztgenannten Autoren brandmarken ein voreiliges »Physiologisieren«. Es ist unwissenschaftlich, unterschiedlichsten Verhaltensweisen eine physiologische Basis zu unterschieben, wenn man diese nicht wirklich untersucht hat. Die konkrete Untersuchung ergibt dann nichts Einheitliches, sondern eine Vielheit von Phänomenen. Die Physiologie der Aggressivität wurde in den letzten Jahren vor allem um eine Physiologie des »Besiegtseins« (defeat) erweitert, wodurch auch dem Phänomen »Aggressivität« eine neue Vielfalt zuerkannt wurde.

2. Der Aggression liegt kein Trieb im Sinne eines physiologisch fundierten angeborenen Verhaltens zugrunde, das spontan und zyklisch auftaucht und das mit einer positiven Appetenz verbunden ist.

Worüber man diskutieren muß, ist die Frage,

3. inwiefern der Aggression überhaupt ein physiologisches Substrat zugrunde liegt.

Unbestritten ist, daß durch Eingriffe in den Hormonhaushalt oder ins Zentralnervensystem Aggression ausgelöst werden kann. Dabei handelt es sich aber nicht um die Aktivierung eines Triebes. Die physiologische Bedingtheit von Aggression läßt sich als psychologische Reaktion auf unspezifische, aber bedrohliche Repräsentanzen physiologischer Vorgänge begreifen. Der Organismus interpretiert derartige Zustände im Sinn einer bedrohlichen Situation von außen und reagiert aggressiv.

Eine derartige Aggression ist als Strukturierung eines Wahrnehmungsfeldes zu interpretieren. Den Anreiz zu einer solchen Strukturbildung im Sinne einer Wut- und Kampfsituation braucht allerdings nicht unbedingt der Schmerz zu bilden, wie es Plack (1973) annimmt. Experimente am Menschen von Delgado und anderen (1971 b) zeigen, daß die Elektrostimulation auch als »Gefühl des Unheimlichen« charakterisiert werden kann.

Unsere obige Aussage gilt nicht nur für den Bereich der Elektrostimulation, nicht einmal nur für Eingriffe am ZNS. Murken (1971) konnte zeigen, daß auch Aberrationen des Chromosomensatzes (XYY, aber eben auch XXY!) oder hormonelle Veränderungen zu Situationsstrukturierungen im Sinne von Angriff und Verteidigung führen. Die von uns geschilderten Selbststimulationsexperimente von Panksepp und Trowill wurden in den letzten Jahren auf viel breiterer Basis weitergeführt. Bereits 1967 ging Delgado soweit, den aversiven Charakter der Selbststimulation als definitorisches Unterscheidungsmerkmal zur »Scheinwut« im Sinne von Cannon und Bard heranzuziehen. Verfeinerungen der Methode verdanken wir vor allem auch Scott und seinen Mitarbeitern. Es ergab sich durchgängig, daß Selbstreizung von Punkten im Zentralnervensystem, die zu Aggressionshandlungen führten, aversiv ist. Diese für die Triebtheoretiker niederschmetternden Ergebnisse führten zu einer eifrigen Suche nach Punkten im ZNS, von denen aus »lustvolle Aggression« ausgelöst werden könnte (pleasure aggressiveness). Mit einigen Ausnahmen in bezug auf das Beuteverhalten ist dies bis heute noch nicht gelungen. Nach SCOTT (1971) sind aber auch diese im Sinne der Triebtheorie positiven Ergebnisse für die Humanpsychologie irrelevant, da der Mensch über keine angeborenen Beuteverhaltensweisen verfügt. Die Bedeutung der Interpretation einer Situation für das offene Kampfverhalten, wird auch von einer ganz anderen Seite bestätigt. BOURNE (1971) wies nach, daß, sozusagen im umgekehrten Verhältnis zu den bisher geschilderten Befunden, eine objektiv vorhandene höchst gefährliche Kampfsituation von Soldaten im Vietnamkrieg so erfolgreich »weginterpretiert« wurde, daß bei ihnen trotz der dauernd lebensgefährlichen Lebenssituation und auch trotz des in der einen Gruppe (green barretts) manifest auftretenden Tötungsverhaltens, die Physiologie sozusagen stillblieb.

1975 können wir auf der Basis der wissenschaftlichen Befunde ohne weiteres den Schluß ziehen, daß es keinerlei Beleg für sogenannte Aggressionszentren im Gehirn gibt, von denen aus spontan und rhythmisch lustbetontes Aggressionsverhalten ausgelöst würde.

4. Neuere Untersuchungen auf dem Gebiet der Psychophysiologie der Aggression haben ergeben, daß die Interpretation der Aggression sinnvoll nur unter Einbeziehung des sozialen Kontextes erfolgen kann. DELGADO (1971, 1971 b) konnte Aggressionsverhalten zentralnervös stets nur bei ranghöheren Rhesusaffen oder Schimpansen auslösen. Die Elektrostimulation ganz ähnlicher Punkte im Zentralnervensystem sozial niedrigstehender Tiere führte nur zu Angst- und Fluchtverhalten. Mit der Methode der Telestimulation, die von den sozial lebenden Affen gegenseitig angewendet werden konnte, zeigte DELGADO in sehr vielen Versuchen die Bedeutung sozialen Lernens für die Modulation aggressiven Verhaltens.

Wir möchten diesen knappen Überblick mit einem Befund am Menschen aus der Vietnamstudie von BOURNE (1971) schließen, welche die Bedeutung der sozialen Situation für die manifeste Aggression unterstreicht. Wie schon betont, wurde selbst die äußerst gefährliche Situation und die tägliche Praxis des Tötens physiologisch für die einfachen Soldaten in keiner Weise relevant. Im Gegenteil, am »Tag des Angriffs« waren sie besonders ruhig und ausgeglichen. Sie fühlten sich fest verankert im sozialen Verband »Armee«. »Aggressiv« wurden nur die Offiziere. Sie standen im Konflikt zwischen den Befehlen ihrer Vorgesetzten und den Bedürfnissen ihrer Untergebenen. Sie zeigten Anzeichen einer physiologischen Erregung.

Das genannte Beispiel belegt auch die These von der Multidimensionalität der Aggressivität. Nicht nur Bomberpiloten, auch im Angesicht des Feindes kämpfende Soldaten können ohne Gefühlsregung und ohne Veränderung physiologischer Werte töten. Doch ein milder Konflikt innerhalb einer sozialen Organisation führt hingegen zu Gereiztheit und Veränderung sog. aggressionsspezifischer physiologischer Parameter, wie das Verhalten der untersuchten Offiziere zeigte.

Was ist Aggression?

(Ein Beitrag zum Problem der begrifflichen Eingrenzung und Anwendung psychologischer Konzepte)

Von Franz Schott

1. Einleitung

Was ist »Aggression«, unter deren Auftreten und Auswirkungen Individuen, einzeln oder in Gruppen, tagtäglich zu leiden haben? Den Psychologen, die sich dieser Frage angenommen haben, ist es bisher noch nicht gelungen, eine Antwort zu finden, die von allen Fachkollegen geteilt wird (die verschiedenen Definitionsversuche wurden zuletzt ausführlich von SELG 1968, 1974 besprochen).
Die Absicht dieses Beitrages besteht nicht darin, die Liste der Definitionsversuche von Aggression um neue Bestimmungen zu verlängern. Vielmehr soll hier ein Terminus »Aggression« schrittweise konstruiert werden, um dabei exemplarisch einige Probleme zu verdeutlichen, die sich bei der begrifflichen Eingrenzung psychologischer Konzepte, wie das der Aggression, stellen. Ist solch ein Terminus einmal festgelegt, entstehen weitere Probleme bei seiner Anwendung in der Forschung und bei der Übertragung ihrer Ergebnisse auf das Alltagsleben. Wir werden versuchen, einige dieser Probleme zu besprechen.

2. Ein Versuch der Konstruktion des psychologischen Konzeptes »Aggression«

Wir bemühen uns zunächst einzugrenzen, was wir unter »Aggression« verstehen wollen. Dann versuchen wir, diese Bezeichnung anzuwenden und Möglichkeiten der Quantifizierung zu erkunden.
Mittels dieser Überlegungen und der in der Forschung gesammelten Erfahrungen sollte es möglich sein zu überprüfen, ob das jeweils erarbeitete Konzept zweckmäßig war, ob z. B. unser konstruierter Begriff der »Aggression« es einerseits erlaubt, die uns hierbei interessierenden Sachverhalte unserer Alltagswelt zu beschreiben, und andererseits, ob unser Begriff sich in eine mit den methodischen Mitteln der Psychologie erforschbaren Theorie einordnen läßt.

2.1. Entwicklung einer begrifflichen Eingrenzung

Wir gehen bei unserer begrifflichen Entwicklung der »Aggression« von der Alltagssprache aus. Da in ihr Wörter nicht immer in der gleichen Bedeutung gebraucht werden und auch viele Vorurteile ihren Niederschlag finden, können wir aus der Umgangssprache nicht einfach herausdestillieren, was man genau unter »Aggression« zu verstehen hat (vgl. ROTH 1963). Deshalb wollen wir versuchen, den angezielten Begriff kritisch reflektierend schrittweise zu entwickeln (zum Problem des Aufbaues einer Wissenschaftssprache vgl. KAMLAH/LORENZEN 1967).

2.1.1. Eine alltägliche Begebenheit

Stellen wir uns vor, A gibt B eine Ohrfeige.

2.1.2. Das Über-den-Alltag-hinaus-Fragen des Wissenschaftlers

Nehmen wir an, Aggression sei noch nicht Gegenstand der Forschung. Ein Sozialwissenschaftler wird zufälligerweise Zeuge des Vorfalles, wie A dem B eine Ohrfeige gibt. Da er und die beiden Beobachteten unserem Kulturkreis angehören, versteht er unmittelbar, was geschehen ist. Er weiß auch wie jeder andere, daß Menschen sich gegenseitig häufig Schmerz zufügen, und hat vielleicht schon selbst Ohrfeigen ausgeteilt oder empfangen. Er könnte nun, wie es im Alltag üblich ist, für A oder B Partei ergreifen, sich bemühen, den Streit zu schlichten, oder die ganze Angelegenheit nicht weiter beachten: vielleicht tut er auch das eine oder andere. Für den Fortgang der Wissenschaft wäre dies alles völlig ohne Belang, würde sich unser Wissenschaftler nicht – und es sei dahingestellt warum – über den Vorfall wundern und sich fragen, was denn hier, vom Aspekt der Psychologie aus betrachtet, geschehen sei. Nun könnte er verschiedene Fragen stellen, z. B. welche Technik zu einer besonders gelungenen Ohrfeige führt, oder ihn könnte ganz allgemein der Umstand interessieren, daß jemand jemandem Schmerz zufügt.
Wenn wir an unser alltägliches Geschehen wissenschaftliche Fragen herantragen (vgl. HOLZKAMP 1968, S. 23 f.), so beachten wir nur einen unter vielen anderen Ausschnitten unseres täglichen Lebens. Diesen Abschnitt wiederum können wir von verschiedenen Aspekten, z. B. aus der Sicht der Physik, Ästhetik, Physiologie oder Psychologie betrachten. Haben wir die Betrachtungsweise der Psychologie eingenommen, so sind zu demselben Geschehen wiederum verschiedene Fragen möglich.

Die Aufteilung in eine Welt des Alltags und in eine Welt der Wissenschaft ist freilich etwas künstlich. Sie erfüllt ihren Zweck, wenn sie uns die Aspekthaftigkeit des Wissenschafttreibens bewußt werden läßt. So gibt es nicht von vornherein *die* Aggression als genau bestimmtes Phänomen, an dem sich das Vorgehen der Forschung orientieren kann.

2.1.3. Handlung und Handlungsschema

Ein historisch einmaliges Ereignis interessiert den Psychologen als empirisch arbeitenden Forscher selten. So wird das Geschehen, daß A dem B eine Ohrfeige gibt, in seiner Einmaligkeit kaum sein Interesse finden. Vielmehr ist zu fragen, was das Gemeinsame an folgenden Handlungen ist: Der A ohrfeigt den B, der C den D, der E den F usf. Damit vollzieht man die Abstraktion von individuellen Handlungen (vgl. KAMLAH/LORENZEN, S. 94 f.) zum Handlungsschema »jemand gibt jemandem eine Ohrfeige«.

Wenn ein Psychologe einem Fachkollegen klarmachen möchte, was er mit dem Handlungsschema »Ohrfeigen« meint, so kann er dies seinem Kollegen anhand von konkreten oder fiktiven Beispielen und Gegenbeispielen demonstrieren, bis zwischen beiden Konsensus besteht. Schwieriger wird es, wenn der Kollege den Psychologen bittet, das betreffende Handlungsschema zu analysieren. Wir wollen nun versuchen, einigen Problemen einer solchen Analyse nachzugehen und deren Bedeutung für die Psychologie am Beispiel der Aggressionsforschung zu demonstrieren. Wie wir sehen werden, haben diese Aspekte wesentlichen Einfluß auf die Bestimmung, was »Aggression« ist.

2.1.4. Die Aufgliederung einer Handlung in »Verhalten« und dessen Interpretation

Diese Aufgliederung ist in der Psychologie üblich. Ist sie nötig? Ist sie nicht künstlich, lebensfern? Was bleibt von einer Handlung, wenn man von der Interpretation der betreffenden Aktion absieht? Bedenken wir aber, daß verschiedenes »Verhalten« dieselbe Interpretation erfahren kann. Zum Beispiel mag die Ohrfeige von A ebenso wie das Aussprechen eines Schimpfwortes als »feindselig« interpretiert werden. Andererseits können unterschiedliche Interpretationen ein und demselben »Verhalten« zukommen. So kann die Aktion von A als »feindselig« oder als »erzieherisch« betrachtet werden. Deshalb erscheint es zunächst als zweckmäßig, eine Handlung nach zwei Aspekten aufzugliedern, dem »Verhalten« und der Interpretation des »Verhaltens«.

2.1.4.1. Das Verhalten

Unter Verhalten sind Aktivitäten eines Organismus zu verstehen, die »beobachtbar« sind, wobei hier oft gemeint ist, daß Verhalten »objektiv«[1] und möglichst mit physikalischen Maßen beschreibbar sein soll. So könnten wir uns in unserem Beispiel ein dreidimensionales Koordinatensystem aufgespannt denken, in dem die Bewegungen einzelner Körperpunkte von A und B mit Zeitangaben eingetragen sind, wir könnten die Stärke des Aufpralls der Hand auf der Backe bestimmen, dabei die Masse des Kopfes und den Elastizitätsmodul der Haut usf. einkalkulieren ...

Es ist fraglich, ob die psychologische Forschung aus einem solchen Vorgehen häufig Nutzen ziehen könnte. Selbst eine so einfache wie notwendige Abstraktion vom Verhalten zur Verhaltensweise (analog der Abstraktion von der Handlung zum Handlungsschema) wäre schwierig. Die Verhaltensweise »Ohrfeige geben« wäre dann etwa durch Kurvenscharen bestimmter Körperpunkte gekennzeichnet, die jeweils untereinander eine bestimmte Ähnlichkeit hätten, wobei es fraglich wäre, ob selbst der Kundige eine solche Verhaltensaufzeichnung identifizieren könnte.

Mit Verhalten, allein durch die Sprache der Physik beschrieben, ist der Psychologie selten gedient.[2] Die Aktionen von Individuen, mit denen sich die Psychologie beschäftigt, sind immer schon Handlungen, die entsprechend ihrem meist sozialen Umweltzusammenhang eine bestimmte Bedeutung haben. (Eine physikalische Beschreibung von Aktivitäten bedeutet natürlich auch eine Interpretation, allerdings nicht unbedingt aus dem Umweltzusammenhang.)

»Eine Psychologie, die sich als Verhaltenslehre versteht, untersucht nicht jegliches Verhalten und nicht einmal das Verhalten als solches. Vielmehr erforscht sie Verhalten tatsächlich nur so weit, als man es als ein Handeln oder als Teil eines Handelns bezeichnen kann.« (Traxel 1968, S. 42.)

Bemühen wir uns nun, ein Verhalten mit der Sprache der Physik zu beschreiben, etwa so wie oben die Verhaltensweise »Ohrfeige geben«, so könnte man zunächst trotz der schon angeführten Bedenken meinen, daß wir auf diese Weise das betreffende Verhalten relativ interpretationsfrei gekennzeichnet hätten. Physikalische Maße scheinen unabhängig von subjektiven Beurteilungseinflüssen zu sein. Wir müssen uns aber bei einer Beschreibung eines Verhaltens mittels physikalischer Maße darüber im klaren bleiben, daß es sich hierbei um eine Übersetzung eines schon definierten Verhaltens in die Sprache der Physik handelt. Eine Übersetzung kann hinsichtlich ihres Bedeutungsgehaltes nicht besser werden als das Original: Die Beschreibung psychologisch bedeutsamer Sachverhalte in der Sprache der Psychologie durch eine andere fachwissenschaftliche Sprache nicht völlig zu ersetzen.

Dazu ein Beispiel: Man hat in einem psychologischen Experiment Versuchspersonen veranlaßt, Mitmenschen durch verschieden starke Elektroschocks zu bestrafen (MILGRAM 1966). Die Angabe der Voltzahlen dieser Schocks ist psychologisch uninteressant. Wichtig ist zu wissen: Welche Schmerzen glaubt eine Versuchsperson einer anderen zuzufügen, wenn sie etwa die Taste »100 Volt« drückt. Darüber können bei verschiedenen Versuchspersonen verschiedene Ansichten herrschen. (Entsprechende Überlegungen gelten für die Schläge, die der Clown Bobo [siehe S. 63] erhält.)

Wir nennen daher Verhalten als Forschungsgegenstand der Psychologie eine Aktion eines Organismus, die mit der Sprache der Psychologie beschrieben wird. Da der Begriffsapparat der Psychologie in vielen Bereichen noch uneinheitlich und unscharf ist, muß man sich häufiger als in diesbezüglich weiterentwickelten Wissenschaften umgangssprachlich behelfen. Es fehlt wohl weitgehend noch eine verbindliche Fachsprache, mit der die Psychologie die von ihr zu erforschenden Phänomene präzise beschreiben kann. Deshalb kann es wohl nur teilweise gelingen, WITTGENSTEIN zu widersprechen, der bereits vor einigen Jahrzehnten in seinen Philosophischen Untersuchungen behauptete: »Die Verwirrung und Öde der Psychologie ist nicht damit zu erklären, daß sie eine junge Wissenschaft sei, . . . es bestehen nämlich in der Psychologie experimentelle Methoden und Begriffsverwirrung«. (WITTGENSTEIN 1967, S. 267)
Wir fragten, was es heißt, ein Verhalten zu interpretieren. Ist das Abgrenzen und Beschreiben einer Verhaltenseinheit nicht selbst schon eine Interpretation?

2.1.4.2. Die Interpretation des Verhaltens

Wir wollen im folgenden entsprechend der unterschiedlichen Komplexität der zu beurteilenden Gegenstände drei Arten der Interpretation unterscheiden, ohne auf deren wechselseitige Beziehungen hier eingehen zu können:
— Interpretation I heiße die Zuweisung einer bestimmten Bedeutung an eine zu bildende Verhaltenseinheit, indem wir sie aus dem Strom des Geschehens herauslösen und betrachten. Hier entstehen für die Aggressionsforschung Probleme, die wir im folgenden behandeln werden.
— Interpretation II sei die Zuweisung einer bestimmten Bedeutung an ein bereits umgrenztes Verhalten, wobei wir dieses hinsichtlich des (meist sozialen) Bezugsrahmens, in den wir es bringen, betrachten. Diese Art der Interpretation wird angewendet, wenn wir versuchen zu beurteilen, ob ein bestimmtes Verhalten eine Aggression war (siehe Abschnitt 2.2.). In diesem Zusammenhang sei auf die interessante Arbeit von LEVY (1963) hingewiesen, der sich eingehend mit dem Problem der Interpretation in der klinischen Psychologie beschäftigt.

— Interpretation III heiße der Versuch, empirische Befunde hinsichtlich einer bestimmten Hypothese oder Theorie zu erklären. Dies ist die geläufigste Verwendung von »Interpretation«. So spricht man von der Interpretation eines experimentellen Untersuchungsergebnisses, wenn versucht wird, dieses in Hinblick auf eine bestimmte Hypothese oder Theorie zu erklären. Eine Interpretation in diesem Sinne liegt auch dann vor, wenn man von den Forschungsbefunden ausgehend Ausschnitte des Alltagslebens erklärt. Man benutzt dazu die Theorie, deren Zutreffen auf Grund der Forschungsergebnisse als gegeben erscheint. Ob die Brücke, d. h. die betreffende Theorie, Forschungsergebnisse und Alltagsleben tragfähig verbindet, hängt davon ab, wie repräsentativ diese Forschungsergebnisse und die in Frage stehenden Ausschnitte des Alltagslebens jeweils für die Theorie sind. Diese Probleme skizzieren wir im Abschnitt 3.2.

Da auf Aspekte der Interpretationen II. und III. Art, welche für die Bestimmung und Erforschung der Aggression bedeutsam sind, in anderen Abschnitten eingegangen wird, verbleibt uns nun die Betrachtung der Interpretation I. Art.

Wenn wir aus dem Strom des Geschehens Aktionen als eine Verhaltenseinheit herauslösen und diese dann isoliert betrachten, so ist es zunächst der Willkür überlassen, welche Aktionen wir auswählen und was dann zu diesen Aktionen als wesentlich gehören soll. So hätte etwa ein Wortwechsel zwischen A und B, weniger aber die Ohrfeige unsere Beachtung finden können. Interessieren wir uns jedoch für die Ohrfeige, so bleibt vorerst unbestimmt, was zu dieser Verhaltenseinheit gehören soll, etwa nur das Aufklatschen der Hand auf die Backe oder sowohl das Ausholen mit dem Arm als auch die körperliche Reaktion des Geschlagenen. Bereits beim Herauslösen bestimmter Verhaltenseinheiten erfolgt eine Interpretation in dem Sinne, daß wir isolierten Aktionen entsprechend unserer Fragestellung oder Absicht eine Bedeutung verleihen, die uns vielleicht unter anderen Umständen bei dieser Verhaltenseinheit nicht als »bedeutsam« erschienen wäre. Wir beleuchten also gleichsam schlaglichtartig einen Punkt des Geschehens unserer Umwelt, wobei die Größe und Farbe dieses »spotlight« von unserer Absicht und zum gewissen Teil auch von mehr oder weniger zufälligen Nebenumständen abhängt.

Haben wir eine Verhaltenseinheit isoliert, so stehen wir vor der Aufgabe, diese sprachlich zu umschreiben, damit wir und andere später wissen, was wir meinten. Damit werden wir unabhängig von der beobachtbaren Verhaltenseinheit, die hier und jetzt geschieht und auf die wir erläuternd zeigen können. Eine bloße Tonfilmaufnahme genügt dazu nicht, so objektiv sie uns auch erscheinen mag. Es muß die sprachliche Erläuterung, worauf man zu achten habe, hinzutreten.

Wir stoßen hier auf ein Problem der heute weltweiten psychologischen

(und nicht nur dieser) Forschung: Will etwa ein Psychologe neue Experimente zur Aggression planen oder auch nur alte Untersuchungen durch Wiederholung überprüfen, so ist er zumeist auf die einschlägigen Artikel der Fachzeitschriften angewiesen, in denen die ihn interessierende Verhaltungsweise aus Platzmangel oft recht knapp dargestellt ist. Noch schwieriger wird es, wenn ein mit der Erforschung der Aggression nicht befaßter Psychologe sich anhand eines Sammelreferates über den aktuellen Stand der wissenschaftlichen Erkenntnisse zur Aggression informieren will. Er wird häufig nur noch Untersuchungen aufgezählt bekommen, die für bzw. gegen eine bestimmte Hypothese sprechen, ohne daß klargelegt wird, ob es sich bei allen Experimenten um dieselbe Verhaltensweise handelte. Er muß dem Referenten vertrauen, will er nicht jede der vielen aufgeführten Einzelarbeiten mühsam beschaffen und lesen.
Ein völlig schiefes Bild kann der Laie über die Ergebnisse der Aggressionsforschung bekommen, wenn er populärwissenschaftliche Darstellungen liest, in denen die besonderen Bedingungen des geschilderten Experiments zugunsten der journalistischen Wirkung unterschlagen werden oder stark zurücktreten.

So konnte beim Lesen eines Berichtes über physiologische Untersuchungen an einer ganz bestimmten Art von kleinen Säugetieren der Eindruck entstehen, man hätte den »Aggressionsstoff« gefunden, d. h. eine chemische Substanz, die das Auftreten von Aggressionen bewirkt (Nachrichtenmagazin DER SPIEGEL, 1970, Heft 13). Tatsächlich sind die Probleme der psycho-physiologischen Aggressionsforschung viel differenzierter (vgl. dazu Kapitel 4).

Die Gefahr ungerechtfertigter Verallgemeinerungen ist bei Themen aus der Psychologie besonders groß, da viele ihrer Konzepte Namen tragen, die auch in der Umgangssprache geläufig sind. Wenn z. B. in einem Experiment festgestellt wird, daß bestimmte Aggressionen bestimmten Frustrationen folgen (vgl. Kapitel 1), so ist damit noch lange nicht gesagt, daß dieser Befund für alle Handlungen gilt, die man umgangssprachlich mit Aggression benennt.
Kehren wir zur Forschungspraxis zurück. Das Herauslösen bestimmter Verhaltensweisen, die wir als »Aggression« etikettieren, läßt andere Aspekte des Verhaltens, die vielleicht für die Beantwortung unserer jeweiligen Fragestellung wichtig sind, zurücktreten.

So nennt LOVAAS (1961) das Drücken auf einen Hebel, welches bewirkt, daß eine Puppe eine zweite Puppe schlägt, »aggressives Verhalten«. Der Titel dieser Arbeit lautet übersetzt: »Die Wirkung des Darbietens symbolischer Aggression auf aggressives Verhalten«.

Das Darbieten symbolischer Aggression bestand im Vorführen eines Filmes, in dem soziale Aggressionen gezeigt wurden. Die Filmvorführung wurde häufig unterbrochen. Die Versuchspersonen (Kinder) konnten mit einem Druck auf einen Hebel, der die gleiche Gestalt hatte wie der Hebel des oben erwähnten Puppenmechanismus, bewirken, daß der Film weiterlief. Es wurde geprüft, ob Kinder, die den aggressiven Film gesehen hatten, häufiger den Hebel des Puppenmechanismus als den Hebel eines Spielzeuges, das einen Ball bewegte, drückten. Dieses Ergebnis verglich man mit der Häufigkeit der jeweiligen Hebelbetätigung von Kindern, die zuvor einen Film nichtaggressiven Inhaltes gesehen hatten.

LOVAAS wählte unter vielen möglichen Verhaltensweisen, die man »aggressiv« nennen kann, eine ganz bestimmte heraus, nämlich das Drücken auf den Hebel des Puppenmechanismus. Andere Aspekte des Verhaltens der Kinder, die vielleicht für die Beantwortung der Frage: »Wie wirkt sich das Zeigen symbolischer Aggression auf das aggressive Verhalten der Zuschauer aus?« wichtig wären, mußten zurücktreten, so etwa ob bei den Kindern durch das Darbieten der Filme die Bereitschaft zu zwischenmenschlichen (sozialen) Aggressionen geändert werden kann.

Ein Experimentator kann jeweils nur wenige, eng umschriebene, aggressive Verhaltensweisen untersuchen – Verhaltensweisen, die viel mehr eingegrenzt sind, als es der Titel der Arbeit vermuten läßt.

Weiterhin hat das Auswählen und erfolgreiche Behandeln einer bestimmten Verhaltensweise in Experimenten eine starke konstitutive Wirkung, d. h. eine solche Verhaltenseinheit kann für lange Zeit Forschungsobjekt einer Gruppe von Wissenschaftlern werden und damit ein Forschungsgebiet in ausgeprägter Weise beeinflussen. So stellt die Verhaltensweise, durch körperliche Aktivität den Bauch eines Clowns einzudrücken (vgl. Kapitel 3) ein Forschungsobjekt dar, das der Psychologie weithin beachtete Experimente über das Lernen von Aggressionen bei Kindern brachte (vergleiche hierzu BANDURA/WALTERS 1963, BANDURA 1968).

Es besteht also bei der Betrachtung von Experimenten die Gefahr, daß man ihre Befunde in unzulässiger Weise verallgemeinert, indem man vergißt, wie speziell und eingegrenzt die mit »Aggression« etikettierte Verhaltensweise im Experiment war, und indem man die Untersuchungsergebnisse für Aggression überhaupt gelten läßt. Wir müssen hierbei allerdings bedenken, daß wir in der Psychologie nur eine begrenzte Anzahl von Verhaltensweisen systematisch erforschen können, so daß wir das Wagnis einer Verallgemeinerung experimenteller Befunde auf uns nehmen müssen, wenn wir alltägliches Handeln erklären wollen. Um dabei ein möglichst geringes Risiko einzugehen, müssen wir Gesichtspunkte angeben können, die eine solche Verallgemeinerung als gerechtfertigt erscheinen läßt. Hilfreich sind hierbei die noch zu behandelnden Repräsentanzkriterien (s. S. 138).

Dieses Wagnis der Verallgemeinerung von Forschungsbefunden muß jede Naturwissenschaft auf sich nehmen: Physiker konnten z. B. noch nicht nachprüfen, ob Kupfer in jeder Gestalt und an jedem Ort der Erde Strom leitet.

Das Herauslösen und Betrachten einer Verhaltenseinheit aus dem

Strom des Geschehens bedeutet also schon eine Interpretation (I. Art), die, wie wir sahen, weitreichende Konsequenzen haben kann.

Wenn wir eine Handlung in Verhalten und in die Interpretation des Verhaltens aufgliedern, so ist hierbei Interpretation II. Art gemeint. Eine Handlung besteht also aus einem (in II. Art) interpretierten Verhalten. Die Beurteilung eines Verhaltens als ziel- oder zweckgerichtet wird oft als kennzeichnendes Kriterium für eine Handlung angesehen. Eine solche Beurteilung einer Handlungsintension stellt eine Interpretation II. Art dar.

2.1.4.3. Dürfen wir die Intention einer Handlung erfassen?

Es leuchtet unmittelbar ein, daß eine sachgerechte Interpretation eines Verhaltens die Situation (besonders den sozialen Bezugsrahmen), in die es eingebettet ist, in Betracht ziehen muß. So kann in unserem Beispiel die Beurteilung der Ohrfeige verschieden ausfallen, je nachdem ob jeweils A oder B ein Kind oder ein Erwachsener, männlich oder weiblich ist, ob ein Dritter zusieht, der zu einem der beiden persönliche Beziehungen hat usf.

Welche Perspektive soll nun Beachtung finden – die, wie sie der Täter, die, wie sie das Opfer oder die, wie sie der Beobachter sieht (dieses Problem wird von einigen Aggressionsforschern berührt, z. B. KAUFMANN 1966, KAHN/KIRK 1968, WERBIK 1971)? Ist doch die Beurteilung unserer Umwelt abhängig von unseren persönlichen Eigenarten, unserer individuellen Lerngeschichte und unserem aktuellen Standpunkt. Da die Handlung, eine Ohrfeige auszuteilen, von A, dem Täter ausgeht, liegt es nahe, nach Möglichkeit in Erfahrung zu bringen, wie er die Situation sieht, und insbesondere, welche Absicht er verfolgte. Wollte er z. B. nichts anderes als B weh tun oder verfolgte er damit ein übergeordnetes Ziel, etwa B zu erziehen, oder entstand der Schlag gar nicht aus Absicht, sondern durch eine unbeabsichtigte Bewegung?

Die Intention, von der eine Handlung geleitet ist, spielt bei der Interpretation (II. Art) dieser Handlung eine wesentliche Rolle. Darf ein Wissenschaftler, der in seiner Eigenschaft als Wissenschaftler darauf bedacht sein sollte, vertrauenswürdige Ergebnisse zu berichten, dem A eine bestimmte Intention bei seiner Tat zuschreiben? Kann er sich hierin nicht allzu leicht täuschen? Diese Erwägungen führen uns zu der schon oft diskutierten Frage: »Was ist für einen wissenschaftlich arbeitenden Psychologen wahrnehmbar?« Stark vergröbernd lassen sich zwei Standpunkte aufzeigen: der behavioristische und ein nichtbehavioristischer (eine unglückliche Bezeichnung, die aber für unsere Zwecke genügt).

Der Behaviorismus (von »behavior«, amerikanisch »Verhalten«) ist eine der Erkenntnistheorie des Empirismus bzw. Sensualismus nahestehende weitverbreitete Richtung der Psychologie, auf die sich viele Forscher berufen, an die sich aber wenige strikt halten. Bekannte Verfechter des Behaviorismus sind WATSON 1919, der als sein Begründer gilt, sowie STEVENS 1939 und SKINNER 1945; unter den Behaviorismus-Kritikern seien STRAUSS 1935, SMEDSLUND 1955, HOLZKAMP 1964 und TRAXEL 1968 genannt. Für den Behaviorismus ist das in der wissenschaftlichen Psychologie Wahrnehmbare eingeschränkt auf das, was jeder, sofern er normalsinnig ist, unmittelbar mit seinen Sinnen registrieren kann. Interpretationen (II. Art) oder gar Gefühlsregungen sollen dabei ausgesperrt bleiben, denn sie seien nicht zuverlässig in Erfahrung zu bringen und nicht jedermann zugänglich, während es die Wissenschaft doch mit Gegenständen zu tun habe, die für jedermann und unmißverständlich erfahrbar sind. Die Intention, die A zum Austeilen der Ohrfeige veranlaßt haben mag, sei kaum eindeutig festzustellen, wohingegen doch jedermann hätte sehen können, wie sich A's Hand auf B's Backe zubewegte, ein Vorgang, der vielleicht doch eine vergleichsweise interpretationsfreie Erfassung nahelegte. Gegen diese, auf den ersten Blick sehr einleuchtende Argumentation können wir einwenden, daß es eine uninterpretierte (I. und II. Art) Wahrnehmung kaum gibt. Wie schwer fiele es uns doch, das Sehding »Haus« oder das Handlungsschema »Ohrfeige geben« zu beschreiben, wenn wir uns der Interpretation (I. und II. Art), daß wir ein Haus vor uns haben bzw. eine Ohrfeige ausgeteilt wurde, enthielten. Weiter könnten wir fragen, wie es denn trotz der behavioristischen Bedenken im Alltag nicht laufend zu Mißverständnissen kommt, wo wir uns doch der Interpretation kaum enthalten. Zugegeben, es gibt viele Mißverständnisse, aber im allgemeinen können wir uns auf unsere interpretierende Wahrnehmung, auch hinsichtlich sozialer Aspekte verlassen, und zwar u. a. deshalb, weil sie nicht in einer Momentaufnahme unserer Umwelt besteht, sondern in einer aktiven Verarbeitung von Eindrücken, die gekennzeichnet ist durch das Bilden von Vermutungen, deren Überprüfung und Korrektur (vgl. Hypothesenkonzept bei der »social perception«, GRAUMANN 1956). So wird wahrscheinlich ein Psychologe, wenn er nur etwas die Vorgeschichte und evtl. die Folgen der beobachteten Ohrfeige kennt, zu einer Interpretation dieser Verhaltensweise kommen können, die von den meisten seiner Kollegen geteilt werden kann. Außerdem könnte er A interviewen. Nun mag A seine Ansichten verfälscht wiedergeben, aber auch dies läßt sich innerhalb bestimmter Grenzen feststellen. Die Psychologie ist auf weiten Strecken der Forschung auf die Gutwilligkeit ihrer Versuchspersonen angewiesen. Ein Behaviorist würde jetzt wohl mit Nachdruck auf die möglichen Mißverständnisse hinweisen, die man vielleicht manchmal

im Alltag, nie aber in der Wissenschaft hinnehmen könne. Immerhin begründet er seine problematischen Einschränkungen letztlich nur mit dem angestrebten Ziel einer hohen Beobachterübereinstimmung. Es sollte aber der Versuch möglich sein, diese Übereinstimmung mit anderen, von den behavioristischen Einschränkungen freien Methoden zu erreichen. Ein alternativer Standpunkt zu der behavioristischen Auffassung: »Nur über unmittelbar, d. h. ohne Interpretation (II.„ wenn nicht sogar I. Art) sinnlich Wahrnehmbares ist hinreichende Übereinstimmung zu erzielen« lautet dann: alles, was wir der Umwelt entnehmen können, ist wahrnehmbar und wissenschaftlich verwertbar, sofern darüber ein genügend großer Konsensus erzielt werden kann. Man könnte nun die Äußerung einer Intention als verbales Verhalten betrachten und so versuchen, innerhalb des Behaviorismus zu bleiben. Tatsächlich sind wir ja auf sinnlich wahrnehmbare Äußerungen angewiesen, wenn wir wissen wollen, was eine andere Person meint. Aber gerade darin, daß es uns darauf ankommt, zu erkunden, was gemeint ist, zeigt sich, daß es mit den geäußerten Worten, d. h. dem losgelösten Beobachten von Lautgestalten nicht getan ist.
Es mag sich nun gegen uns der Vorwurf erheben, wir hätten die Position des Behaviorismus nicht nur, wie schon bemerkt, vergröbert, sondern auch stark extremisiert dargestellt und uns dadurch seine Kritik zu leicht gemacht. Wir wollen hier aber weder verschiedene Spielformen des Behaviorismus abhandeln noch die Bedeutung dieser Richtung der heutigen Psychologie in Frage stellen. Vielmehr versuchen wir einigen Problemen nachzugehen, die bei der Behandlung eines Konzeptes wie das der Aggression im Zusammenhang mit dem Behaviorismus entstehen.

Die Frage, ob der behavioristische Standpunkt zu überschreiten sei, ist nicht unwesentlich gerade auch für die Erfassung von aggressiven Aktionen. So läßt sich etwa die Absicht anzugreifen (die aggressive Intention) mit Hilfe einer bloßen behavioristischen Verhaltensbeschreibung nicht registrieren. Eine allgemein anerkannte Bestimmung der Aggression unter Auslassung der Intention, wie sie Buss 1961 versucht hat, ist bisher nicht gelungen (vgl. Kritik an Buss von Berkowitz 1962).

2.2. Aggression als eine Klasse von Handlungsschemata

Unter welchen Bedingungen soll nun das Prädikat »Aggression« dem Handlungsschema »eine Ohrfeige austeilen« zukommen? Wollen wir etwa als Kriterium heranziehen, ob die Handlung böse ist? Dann müßten wir die Ethik zu Rate ziehen. Nun könnten sich aber A und B darin einig sein, daß die Ohrfeige böse war, ohne daß wir dies vom ethischen Standpunkt aus behaupten können. Ethische Erwägungen bieten also keine Gewähr dafür, daß wir situationsgerecht vom Standpunkt der jeweils handelnden Personen aus beurteilen können, ob eine Aggression vorliegt. Also gehen wir auf die relativierende Position zurück, daß die Moral, d. h. die jeweilige Gruppennorm, nämlich hier der Gruppe, der A und B angehören, ausschlaggebend sei. So gehen Behavioristen vor, denn sie würden vermutlich das Zufügen schädlicher Reize als Aggression definieren (vgl. Buss 1961), obwohl dies verwundert, denn das Schädlichsein eines Reizes ist unmittelbar nicht beobachtbar, sondern hängt von unserer Beurteilung dieses Reizes ab. Was aber heißt »schädlich«? Dies ist nur unter Bezug auf die jeweilige Gruppennorm zu klären. Nun kann ein Individuum Mitglied mehrerer Gruppen verschiedener Normen sein. So können A und B etwa Angehörige eines Aufsichtsrates und einer Gruppe, die Selbstverteidigung übt, sein, und es kann der Fall eintreten, daß B sich schon in einer geschäftlichen Besprechung wähnt, während A noch meint, Selbstverteidigung zu üben.

Da bietet sich noch eine dritte, von Gruppennormen unabhängige Möglichkeit der Bestimmung des Kriteriums an, wann eine Aggression vorliegt, nämlich die Frage: Wollte der Täter, in unserem Fall A, dem B wehtun?; d. h. wir machen das Zusprechen des Prädikates »Aggression« zu einer Handlung von der Intention des Täters, zu schädigen oder wehzutun, abhängig (»schädigen« und »wehtun«, so wie es der Täter versteht). Ob man die Intention des Täters bei der Bestimmung der Aggression heranziehen muß, ist oft diskutiert (vgl. Buss 1961, Bandura/Walters 1964, Merz 1965, Selg 1968) und von vielen ausdrücklich bejaht worden (Berkowitz 1962, Feshbach 1964, Kaufmann 1964, Merz 1965, Kahn/Kirk 1968). Wie wir noch sehen werden, ergeben sich auch mit der Berücksichtigung der Intention ernste Schwierigkeiten bei der Bestimmung, wann eine Aggression vorliegt.

Ein Definitionsversuch könnte lauten: Aggression ist eine Handlung, bei der der Ausführende die Absicht hatte, jemanden zu schädigen oder wehzutun (im weitesten Sinne des Wortes). Suchen wir nun neben der Ohrfeige weitere Handlungsschemata, die unter diese Festlegung fallen. Wir erhalten damit eine Klasse von Handlungsschemata, der insgesamt die Bezeichnung »Aggression« zukommt. Ihre Einteilung wollen wir nun versuchen, wobei gilt, daß alle Aggressionsformen der Definition der Aggression genügen müssen; ansonsten sollen sie zusätzliche Bestimmungskriterien enthalten. Die nun aufgeführte Einteilung ist sicher verbesserungsbedürftig. Sie ist weder vollständig, noch schließen sich ihre Kategorien immer gegenseitig aus. Diese Einteilung soll lediglich als Beispiel dienen, wie man Aggression als eine Klasse von Handlungsschemata in Unterklassen von Handlungsschemata aufgliedern kann.

a) *Aggression als Selbstzweck oder als Mittel zum Zweck.* Besteht das Endziel der Handlung nur darin, dem Opfer der Aggression zu schaden (Aggression als Selbstzweck), z. B. jemanden körperlich oder verbal zu quälen, oder darin, mit Hilfe der Aggression ein übergeordnetes Vorhaben zu erreichen? Diese sog. instrumentelle Aggression liegt z. B. dann vor, wenn ein Kind einen Spielkameraden schlägt und wegstößt, um zu einem Spielzeug zu gelangen.

Ein übergeordnetes Ziel liegt auch vor, wenn eine Ohrfeige als Erziehungsmittel ausgeteilt wird. Ist diese Handlung eine Aggression? Nun müssen wir auf der Hut sein, daß wir nicht der oben erwähnten Gefahr erliegen, uns von irgendwelchen nicht in unseren Bestimmungen liegenden Gebräuchen des Wortes »Aggression« — etwa die Bezugnahme auf »gut« und »böse« — beeinflussen zu lassen. Sofern wir mit der Ohrfeige wehtun wollen, um ein bestimmtes Erziehungsziel zu erreichen, handelt es sich nach unserer Definition um (instrumentelle) Aggression. Das Endziel, ein erwünschtes Verhalten des Kindes herbeizuführen, wird über das untergeordnete Ziel, weh zu tun, angestrebt.

b) *Aggression direkt oder indirekt.* Wird dem Opfer direkt durch Angriff auf seine Person, z. B. schlagen, verspotten, oder indirekt, z. B. durch Wegnehmen geliebter Gegenstände Ungemach zugefügt?

c) *Aggressionsmittel.* Mit welchen Mitteln wird die Aggression vorgetragen, verbal, körperlich, durch Gesten und Mimik oder mit Hilfe von (etwa Kriegs-) Werkzeugen?

d) *Aggression real oder phantasiert.* Wird die Aggression real ausgeführt oder nur erdacht (phantasierte Aggression)?

e) *Selbst - versus Fremdaggression.* Richtet der Täter seine Aggression gegen sich selbst (Selbstaggression) oder gegen andere? Bei der Frage, ob masochistisches Sich-weh-tun eine Aggression ist, ergeben sich Schwierigkeiten, da hierbei Lustempfinden erstrebt wird. Als Lösungsversuch bietet sich an, daß hier eine instrumentelle Aggression vorliegt: Ein Masochist will sich wehtun, um damit Befriedigung zu finden.

f) *Aggression geplant oder im Affekt.* War die Aggression mit eingehender Überlegung geplant oder geschah sie im Affekt? (Vgl. dazu die frühere Unterscheidung zwischen Mord und Totschlag).

g) *Zahl der Täter.* Sind einige oder viele an der Ausführung der Aggression beteiligt (z. B. Krieg)? Analog der erzieherischen Ohrfeige und des verteidigenden Zurückschlagens fragen wir uns hier, ob denn ein Krieg im Dienste der Verteidigung (etwa des »christlichen Abendlandes«, der Freiheit oder des Kommunismus) eine Aggression sei. So fraglich es ist, pauschal von einer Kollektivschuld zu sprechen, so unbefriedigend wäre es, pauschal eine Kollektivintention zu schädigen, anzunehmen. Sofern aber Individuen absichtlich andere töten, quälen oder propagandistisch schädigen, sofern Soldaten etwa des Vaterlandes oder des Befehls wegen auf andere schießen, liegt für uns eine Aggression vor.

h) Weitere Aspekte bei der Aufstellung eines Kataloges von Aggressionsformen könnten sein, ob die jeweilige Aggression von Feindseligkeit (hostility) und/oder emotionaler Erregung (anger) z. B. Ärger, Wut, Zorn begleitet wird. Buss (1961) versteht unter Feindseligkeit eine negative Einstellung eines Individuums gegenüber anderen Personen, die Aggressionen begünstigen kann.

Will man zum Zwecke der Forschung oder der psychologischen Diagnostik und Therapie Unterklassen von aggressiven Verhaltensweisen übersichtlich und systematisch darstellen, so kann sich die Verwendung einer Matrix als nützlich erweisen (vgl. SCHOTT 1972, 1973a). Dabei werden die Situationen (bzw. Stimuli), in denen bestimmte aggressive Verhaltensweisen (bzw. Reaktionen) bestimmter Personen auftreten, in die Zeilen der Matrix eingetragen. In den Spalten dieser Matrix führt man die betreffenden aggressiven Verhaltensweisen auf. Auf diese Weise erhält man einen Überblick darüber, in welchen Situationen bei bestimmten Personen welche aggressiven Verhaltensweisen auftreten können. Dies kann z. B. bei der Kontrolle des Therapieverlaufes nützlich sein. Will man aggressive Verhaltensweisen genauer und zuverlässiger kennzeichnen, als dies die Umgangssprache erlaubt, so kann man mit Hilfe einer normierten Sprache Anfangs-, Zwischen- und Endzustände bestimmen, und zwar in ähnlicher Weise, wie man gefilmte Bewegungen in Einzelbilder auflösen kann (vgl. SCHOTT 1973 b, 1975).

Vergegenwärtigen wir uns nun ein weiteres Beispiel für die Schwierigkeit bei der Erfassung der aggressiven Intention:

Anläßlich einer drohenden Flutkatastrophe wird eine Zwangsevakuierung verfügt. Hier wird doch geplant zunächst Ungemach zugefügt! Sofern der Planer einer Zwangsevakuierung erwartet, daß diese Aktion von den Betroffenen in erster Linie als nützlich angesehen wird und er damit niemanden schaden will, können wir nicht von Aggression sprechen — im Gegensatz zur erzieherischen Ohrfeige, die ja als Handlung geplant wehtun soll, um so ein bestimmtes pädagogisches Ziel zu erreichen. Liegt nun eine Aggression vor, wenn die zu Evakuierenden uneinsichtig sind? In deren Sicht wohl, denn sie werden sich geplanten Schikanen ausgesetzt sehen. Aber der Verantwortliche hatte nicht die Absicht, in erster Linie Ärger zu bereiten: der unmittelbare Zweck der Aktion war es nicht zu schädigen.

Es scheint also zweckmäßig, den oben aufgeführten Definitionsversuch der Aggression zu präzisieren: Das Prädikat »Aggression« kommt einer Handlung zu, wenn von der Sichtweise des Handelnden aus der unmittelbare Zweck dieser Handlung im Schädigen oder Schmerz zufügen (dies im weitesten Sinne) besteht. »Unmittelbarer Zweck« einer Handlung soll hier bedeuten, daß von allen evtl. übergeordneten Absichten abgesehen und nur das zunächst intendierte Ziel der betreffenden Handlung betrachtet wird. Sieht man z. B. bei der erzieherischen Ohrfeige von der übergeordneten Absicht zu erziehen ab, so bleibt es das unmittelbare Ziel der Ohrfeige, weh zu tun. Es liegt also eine Aggression vor.

Auch dieser Definitionsversuch bleibt problematisch. So kann es schwierig sein, die Absicht des Handelnden, zu schädigen, möglichst zweifelsfrei festzustellen, besonders dann, wenn diese Intention anderen Intentionen zu- oder untergeordnet ist, wie wir es etwa am Beispiel der Flutkatastrophe sahen. Weiterhin ist folgendes zu bedenken: das Bewußtsein, von einer bestimmten Intention geleitet zu sein, kann je nach Art der Handlung, der Rahmenumstände und der betreffenden Person verschieden stark ausgeprägt sein. Als sehr problematisch erweist es sich, eine Grenze, ab wann eine vermeintlich aggressive Intention so stark ist, daß wir von einer Aggression sprechen können, festzusetzen und vor allem deren Einhaltung zu überprüfen.

Ließe man zu, daß die aggressive Intention dem Handelnden unbewußt bleiben kann, so wäre es möglich, jeden zum Aggressor zu erklären, indem man ihm eine, wenn schon nicht auffindbare, dann eben unbewußte, aggressive Intention zuschreibt. Bedenkt man aber, daß im Alltag laufend Menschen einander schädigen, ohne sich dessen bewußt zu sein, z. B. Verunreinigen von Luft und Wasser, durch bestimmte gesellschaftliche Normen gedeckte Ausbeutung anderer, die unkritische Weitergabe falscher oder entstellter Sachverhalte, so könnte man uns vorwerfen, wir würden mit dem gegebenen Definitionsversuch der Aggression wichtige Bereiche des Themas »Wie und warum schädigen sich die Menschen gegenseitig?« ausklammern. Bei diesem sicher sehr ernst zu nehmenden Vorwurf müssen wir uns aber darüber im klaren sein, daß auch ein Definitionsversuch der Aggression, der vom angerichteten Schaden ausgeht – wie anläßlich der Bussschen Definition schon ausgeführt — ebenfalls problematisch ist. Es ist zu erwägen, ob die Psychologie, sofern sie das Verhalten und Handeln von Individuen erklären will, nicht besser beraten ist, wenn sie von Tatbeständen ausgeht, die einem Individuum zugeschrieben werden können, wie es die aggressive Intention eine ist, als wenn sie sich auf gruppenspezifische Urteile bezöge, was beim angerichteten Schaden der Fall wäre.

Eine Definition der Aggression, die die Intention des Handelnden einbezieht, ist natürlich nur für solche Individuen sinnvoll, bei denen man die Absicht, von der eine Aktion getragen ist, erfragen kann. Somit gilt eine solche Definition weder für Tiere noch für Kleinkinder, die ihre Handlungsmotive noch nicht verbalisieren können; man könnte hier dann nur von »aggressionsähnlichem« Verhalten sprechen. Die schon erwähnte Bussche Definition (Aggression besteht im Zufügen schädlicher Reize) hingegen hat den Vorzug, daß man allen Organismen Aggressionen zuschreiben kann, zumal viele Experimente, die im allgemeinen zur Aggressionsforschung gezählt werden, mit Tieren und Kleinkindern durchgeführt wurden. Hierbei ergeben sich allerdings neben der schon besprochenen Frage: »Was ist schädlich?« noch weitere Schwierigkeiten bzw. Gefahren. Allzuleicht kann man der Versuchung erliegen, das Verhalten von Tieren und Kleinkindern zu anthropomorphisieren, d. h. in den Kategorien zu betrachten, in denen erwachsene Menschen ihresgleichen sehen. Man ist dann erstaunt, welche Erkenntnisse man z. B. aus tierischem Verhalten gewinnen kann, welche scheinbar die Ursachen menschlichen Handelns erhellen, bis man bemerkt, daß man einem Zirkelschluß zum Opfer gefallen ist, daß nämlich unsere Stereotypien über menschliches Verhalten, die auf Tiere angewandt wurden, nun wieder auf Menschen übertragen werden (Zur Illustration dazu lese man LORENZ 1963 und die diesbezüglichen Kritiken von BARNETT 1967 oder von RATTNER 1970). Ob ein Aggressionsexperiment mit einer Tierart für andere Tiere bzw. für Menschen aussagekräftig ist, hängt davon ab, wie stark man die Ähnlichkeit der jeweils verglichenen Organismen veranschlagt.

Eine Erweiterung der BUSSschen Definition stellt SELGS Definitionsversuch dar: »Eine Aggression besteht in einem gegen einen Organismus oder ein Organismussurrogat gerichteten Austeilen schädigender Reize ...« (SELG 1968, S. 22). SELG schlägt somit vor, statt einer Intention nur eine – von außen beobachtbare – »Gerichtetheit auf Seiten des Aggressors vorauszusetzen« (a. a. O., S. 22), gibt aber keine Kriterien an, mittels derer ein Beobachter diese Gerichtetheit feststellt. Es ist fraglich, ob dieser Beobachter jede Aktion eines Menschen, die er als »gerichtet« interpretiert hat, als gerichtet interpretieren kann, ohne die Intention dieses Menschen in Rechnung zu stellen.[3]

»Wie schön Du doch meinen Schreibtisch aufgeräumt hast!« hört der Beobachter im Verlaufe eines ehelichen Gespräches. Lag eine Aggression vor? Und wenn der Ehepartner darauf nicht antwortet – ist, pointiert gesagt, das Ausbleiben einer Reaktion hier ein gerichteter schädlicher Reiz?

Für die Praxis der Forschung ist zu fragen, ob die Annahme einer Gerichtetheit, die ähnlich der Annahme der Kausalität in jedem Einzelfall eine unbeweisbare Hypothese ist, zuverlässigere Beurteilungen des interessierenden Verhaltens zuläßt als der ebenfalls problematische Versuch, die Intention des Handelnden zu erkunden.

Vielleicht ist es erwägenswert, für Lebewesen, deren Intention man nicht in Erfahrung bringen kann, »Aggression I. Art« als ein gerichtetes Verhalten im Sinne SELGS, ansonsten bei Menschen ab einem bestimmten Grad der Entwicklung der kognitiven Funktionen »Aggression II. Art « als eine intendierte Handlung zu konzipieren.

Eine solche »Aggression II. Art« will WERBIK (1971) dadurch zuverlässig feststellen, daß er vorher einen gemeinsamen Sprachgebrauch bestimmter, von WERBIK in ihrer Verwendung normierter Begriffe wie »Erwartung«, »Zweck«, »unangenehmer innerer Zustand« zwischen Beobachter und der (gegebenfalls aggressiv) handelnden Person herbeigeführt. Diese Begriffsnormierungen sind grundsätzlich für die Erkundung der aggressiven Intention sehr wichtig. Für die Forschungspraxis ist hier jedoch zu fragen, ob das Lernen von Bezeichnungen, die das Mitteilen eventuell aggressiver Handlungsintentionen präzisieren, das weitere aggressive Verhalten der fraglichen, handelnden Personen unbeeinflußt läßt.

Von einer wissenschaftstheoretischen Position, die das Theoriegeleitetsein wissenschaftlichen Handelns betont (z. B. HOLZKAMP 1968), aus betrachtet, kann man sich keinesfalls damit begnügen, zur Definition eines psychologischen Konzepts, wie das der Aggression und ihrer Formen, ohne hinreichende theoretische Vorüberlegungen Umfragen zu halten, psychologische Experimente zu veranstalten oder statistische Analysen (z. B. Faktorenanalysen) vorzunehmen. Einer Untersuchung müssen immer schon, wenn nicht zeitlich, so zumindest methodisch, definitorische Bemühungen und theoretische Überlegungen vorausgehen. Empirische Ergebnisse ohne einen vorgegebenen, theoretischen Bezugsrahmen sind beliebig interpretierbar und daher nichtssagend. Auch kann man über die Richtigkeit einer Definition nicht abstimmen – ganz abgesehen davon, daß Definitionen wie auch Theorien weder wahr oder richtig noch falsch, sondern nur mehr oder weniger brauchbar sind.
Forscher, die dem Neopositivismus nahestehen (oft auch logischer Empirismus genannt, vgl. hierzu KRAFT 1950, STEGMÜLLER 1965), neigen jedoch, entgegen der oben aufgeführten wissenschaftstheoretischen Position eher dazu, zu betonen, daß die Forschung erfahrungsgeleitet sei und man beispielsweise theoriefreie Erkundungsexperimente zur Sondierung eines neuen Forschungsgebietes durchführen könne.
Unseres Erachtens muß jede Forschung einen Bezug zu einer Fragestellung haben, die zeitlich nicht vorgeordnet sein braucht. So kann es vorkommen, daß man im Nachhinein erkennt, daß bestimmte Forschungsergebnisse stillschweigend eine bestimmte Fragestellung oder Theorie – mag sie noch so unausgegoren sein – zur Voraussetzung hatten. Für eine kritische Würdigung der Ergebnisse eines Forschungsgebietes ist es u. a. nötig, auch jene Überzeugungen, Meinungen und Fragen zu erkunden, die eine Forschergruppe bei ihrem Tun leitet, ohne daß dies bei jedem Untersuchungsbericht dargelegt wird und auch nicht dargelegt werden kann (vgl. hierzu KUHN 1967). So scheint u. a. aus psychologiehistorischen Gründen ein großer Teil der zeitgenössischen experimentellen Aggressionsforschung von dem Konzept des Lernens von Verhaltensweisen getragen zu sein, und entsprechend werden dann auch viele Experimente gestaltet. Dies mag uns eine Erklärung über Art, Häufigkeit und Tendenz von Experimenten zur Aggression geben, ein Urteil über die Bedeutung der einzelnen Untersuchungsbefunde kann so natürlich nicht ausgesprochen werden.
Wie bei vielen Definitionen stehen wir auch bei der Bestimmung der Aggression vor der Frage, wie umfassend der angepeilte Begriff sein soll. Ein zu eng gefaßter Begriff (der vorgelegen hätte, wenn wir etwa die instrumentelle Aggression von vornherein ausgeklammert hätten) birgt die Gefahr in sich, in seiner Anwendung unerlaubte Verallgemeinerungen vorzunehmen, d. h., auf die getroffenen begriffli-

chen Einschränkungen nicht mehr zu achten. Das Gewahrwerden mancher Einschränkungen, zu denen man sich bei einer Definition genötigt sah, trägt dazu bei, das Problem schärfer zu sehen und bessere Fragen stellen zu können. Ein zu weit gefaßter Begriff (z. B. KELLYS Definition, wonach als Aggression jede aktive Strukturierung des Wahrnehmungsfeldes gesehen wird, s. WEPMAN/HEINE, 1963, S. 227) kann dazu führen, daß wir zur fast nichtssagenden Anwendung unseres Begriffes auf nahezu alles verleitet werden.

Zusammenfassend kommen wir zu dem Schluß, daß es derzeit keine Definition der Aggression gibt, die in jeder Hinsicht befriedigend wäre. Eine solche Definition wird es auch kaum jemals geben, zumindest dann nicht, wenn man als Kriterium einer sachgerechten Definition den unscharfen und mehrdeutigen Sprachgebrauch der Lautgestalt »Aggression« benützt. Die Umgangssprache kann beim Abstekken des Begriffsumfanges helfen, eine präzise Definition muß eine Setzung der Wissenschaft bleiben. Diese Setzung ist, wie schon ausgeführt, relativ willkürlich, sie beweist ihre Daseinsberechtigung, indem sie sich als zweckmäßig (im weiter oben gebrauchten Sinne) zeigt. Eine solche zweckmäßige Definition der Aggression kann auch nicht als eine ewig gültige im Lehnstuhl ausgedacht werden. Vielmehr bedarf die Zweckmäßigkeit eines Konzeptes der Aggression einer fortlaufenden Überprüfung in der Forschung und in der Anwendung ihrer Ergebnisse. Für die Beurteilung einzelner Untersuchungen aus der Aggressionsforschung ist wichtig, sich jeweils klarzumachen, von welcher Definition der Aggression der betreffende Forscher ausging. Dies gilt besonders, wenn man von Forschungsergebnissen auf das Alltagsleben schließen will.

2.3. Aggressivität als psychische Disposition zur Aggression

Bringt ein Individuum verschiedene Handlungen hervor, die unter eine bestimmte Klasse von Handlungsschemata fallen, so ist es naheliegend, diesem Individuum eine Eigenschaft zuzuschreiben, aufgrund derer es diese Handlungen unter bestimmten Bedingungen zeigt, z. B. ihm im Falle aggressiver Handlungsweisen die Aggressivität als psychische Disposition zur Aggression zuzusprechen. Je nach theoretischer Ausrichtung wird man diese Eigenschaft Trieb, Anlage, Motiv, Fähigkeit, psychische Disposition oder Konstrukt nennen (dazu vgl. etwa GRAUMANN 1960, ROTH 1963, ROTH 1969). Letztere Bezeichnung erfreut sich zur Zeit größter Beliebtheit. (Zum Begriff »Konstrukt« vgl. etwa CRONBACH/MEEHL 1955, HÖRMANN 1964, HERRMANN 1969, SCHNEEWIND 1969). Wissenschaftler gebrauchen die Bezeichnung »Konstrukt« etwa gleichbedeutend mit »theoretischer Annahme, die beobachtete Daten erklärt oder in einen bestimmten

Zusammenhang bringt«. Diese Wissenschaftler wollen zu Recht die Suche nach dem »wahren Wesen« des Menschen aus der Psychologie verbannen (z. B. HERRMANN 1969), sich aber verständlicherweise mit einem bloßen, atheoretischen Inbeziehungsetzen unmittelbar feststellbarer Verhaltensdaten nicht zufrieden geben (z. B. CRONBACH/MEEHL 1955). Allen Verwendungen von »Konstrukt« ist gemeinsam, daß darunter eine nicht unmittelbar beobachtbare, sondern vielmehr eine gedachte theoretische Konstruktion verstanden wird, deren Bestimmung vorläufig ist, die aber wahrscheinlich mit dem Fortgang der Wissenschaft genauer, kaum aber endgültig sein wird. Diese theoretische Konstruktion soll bei der Beschreibung und/oder Erklärung empirischer Sachverhalte nützlich sein.
Ab wann man nicht mehr vom Beobachtbaren, sondern von einem Konstrukt spricht, hängt davon ab, was man für wahrnehmbar hält (vgl. SEIFFERT 1969). Ein Behaviorist zum Beispiel würde wohl »Aggression«, wie sie in unserem Definitionsversuch verstanden wird, sofern er diese Bestimmung überhaupt akzeptiert, unter die Konstrukte rechnen. Die meisten Psychologen werden »Aggressivität« als ein Konstrukt ansehen. Manche, oft im Bestreben zu veranschaulichen, erliegen jedoch der Verführung, ein Konstrukt als etwas tatsächlich, gleichsam materiell Existierendes zu betrachten (bisweilen Reifikation genannt, vgl. hierzu etwa HOLZKAMP 1964, SELG 1966).
Um uns dies zu verdeutlichen, fragen wir uns: »Gibt es Aggressivität?« »Natürlich, man braucht sich doch bloß in der Welt umzusehen«, wird vielleicht die Antwort sein. Nun fragen wir uns: »Gibt es die Achdumeinegüteität?« So heiße die psychische Disposition, »Ach du meine Güte« zu sagen. Ohne Zweifel könnte man das Vorhandensein einer solchen Eigenschaft nachweisen. Wir können die Neigung, irgendeine Verhaltensweise auszuführen, immer zur psychischen Disposition erheben. Daran sehen wir, daß es zunächst willkürlich ist, wenn wir bestimmte Verhaltenseinheiten, die dann Aggressionen heißen sollen, herausgreifen, und ihnen die psychische Disposition »Aggressivität« zuschreiben. Meist aber veranlassen Sprachgebrauch und alltägliche Bedeutsamkeit die Psychologie, bestimmte Forschungseinheiten zu bilden. So entstand wohl auch die Aggressionsforschung. Für die Psychologie, die u. a. danach trachtet, über das Verhalten der Organismen Theorien zu bilden, bleibt aber die Frage: Ist es zweckmäßig, vielen Klassen von Handlungsschemata jeweils eine psychische Disposition zuzuschreiben (wie es etwa bei der Erstellung sogenannter Trieblisten geschehen ist: z. B. MCDOUGALL 1947)? Dieses Vorgehen brächte der Psychologie nichts als viele neue Worte. Um eine solche nutzlose Begriffsanhäufung zu vermeiden, ist man gut beraten, »Aggressivität« nur dann in die Fachsprache einzubringen, wenn es dafür gewichtige Gründe gibt (etwa die psychologiehistorische Bedeutung dieses Konzeptes oder die Menge der Arbeiten, die unter

diesem Thema in der zeitgenössischen Forschung eingeordnet werden können). Ansonsten wäre es vielleicht ökonomischer, zu versuchen, das Auftreten von Aggression aus dem Zusammenwirken sonstiger in der Forschung bedeutsamer Konzepte, etwa Intelligenz und Bewegungsdrang (motorische Aktivität), zu erklären. So ist z. B. für PATTERSON et al. (1967) aggressives Verhalten eine Unterklasse des für diese Autoren umfassenderen Begriffes »Selbstbehauptungsverhalten« (assertive behavior).

3. Probleme der Anwendung eines psychologischen Konzeptes in der Forschung

Wir haben versucht, Möglichkeiten der Bestimmung, was Aggression sei, zu erarbeiten und diese gedanklich an verschiedenen Beispielen erprobt. Nun wollen wir Probleme betrachten, die bei der Anwendung eines psychologischen Konzepts (wie das der Aggression) in der psychologischen Forschung auftreten können. Greifen wir zwei davon heraus.

3.1. Die operationale Definition

Um der Wissenschaft unklare Definitionen zu ersparen, fordern die dem Operationalismus[4] nahestehenden Forscher, ein Konzept dadurch zu definieren, daß man die Operation angibt, mittels derer es realisiert und meist auch gemessen wird, z. B. »Aggressivität ist, was der Aggressivitätstest XYZ mißt«. Streng genommen ist eine operationale Definition gar keine Definition, sondern eine Handlungsanweisung für den Experimentator, der ein bestimmtes Konzept realisieren will, das seinerseits schon definiert ist. Sonst könnte ja z. B. irgendeiner nach Bedarf seinen Test als Aggressivitätstest deklarieren. Tut er dies, so muß er sein Vorgehen auf Anfrage rechtfertigen können. Das ist aber nur möglich, wenn er sich auf ein schon vorhandenes theoretisches Konzept beziehen kann. Es genügt also nicht, Aggression oder Aggressivität operational zu definieren.

3.2. Die Repräsentanz

Wie können wir nun, wenn wir einer bestimmten Fragestellung nachgehen, unser theoretisches Konzept in einer Versuchsanordnung (s. HOLZKAMP 1964) realisieren? Gehen wir von der Definition der Aggression aus, welche die Intention als wesentlichen Bestandteil einschließt, und nehmen wir an, daß (nach einer bestimmten Theorie) der Mensch seine Aggressivität im Alltag von Kindesbeinen an erlernt, und zwar von Vorbildern, die mit ihren Aggressionen Erfolg haben. Um dieser Annahme Geltung zu verleihen, können wir uns folgendes Experiment ausdenken:

Kindergartenkinder werden durch Zufall in zwei Gruppen geteilt. Eine Gruppe sieht einen Super-Mouse-Film. Diese Maus hält mittels ihrer übermäuslichen Kräfte handgreiflich mit Erfolg die böse Katzenwelt in Schach. Die andere Gruppe sieht im Film Micky-Maus ohne jede Aggression mit einem komischen Gefährt durch ein Land glücklicher Kühe fahren. Nach dem Film kehren die Kinder in ihre gewohnte Spielsituation zurück. Die aggressiven Handlungen während der nächsten Stunde werden bei allen Kindern beobachtet und gezählt. Es wird verglichen, welche der beiden Kindergruppen mehr Aggressionen zeigt.

Nun müssen wir uns unabhängig von den Untersuchungsergebnissen fragen, ob und inwiefern mit diesem Experiment unsere theoretische Annahme geprüft werden kann. Erwägen wir dies nicht, so laufen wir Gefahr, das Experiment nur dann als bedeutsam heranzuziehen, wenn es im Sinne unserer Annahme ausfällt.
Wir werden also prüfen, ob die Anlage und Eigenart unseres Experimentes so ist, daß damit tatsächlich die Behauptungen unserer theoretischen Annahmen realisiert wurden oder kurz: Wir prüfen die Repräsentanz (HOLZKAMP 1964) der experimentellen Sätze (das sind die Handlungsanweisungen für den Experimentator) für die theoretischen Sätze (unserer theoretischen Annahme). Dazu müssen wir geeignete Beurteilungskategorien anlegen. Versuchen wir dies exemplarisch und unvollständig an unserem Experiment.

a) *Umweltaspekte.* Eine bestimmte Umwelt wird von unserer Theorie nicht gefordert. Wir müssen daraus schließen, daß der Umweltaspekt keine Rolle spielt. Dies bedeutet etwa, daß der fragliche Effekt in jeder Kultur bei geeignetem experimentellen Arrangement vorzufinden sein muß und kein Ergebnis einer bestimmten Umwelt sein darf, einer Umwelt etwa, die Nachahmungen erwartet und belohnt.
b) *Tierart.* Da die gezeigten Filme ihrem Inhalt nach für Menschenkinder bestimmt waren, können wir nicht ohne weiteres unser Experiment auf die Tierwelt übertragen. Umgekehrt, wenn wir von Tierexperimenten auf die menschliche Aggressivität schließen wollen, können wir zunächst nur von aggressionsähnlichem Verhalten der Tiere sprechen.
c) *Zeitliche Erstreckung.* Da unsere Theorie keine zeitlichen Einschränkungen

angibt, wann aggressives Verhalten gelernt wird, müssen wir annehmen, daß dies während der gesamten menschlichen Entwicklung geschieht oder daß der Zeitpunkt unerheblich ist. Wir fragen uns also, ob die einmalige Darbietung des Films repräsentativ für diese Annahme ist. Weiterhin wäre zu erwägen, ob die Erstreckung des Zeitintervalls zwischen Filmdarbietung und Aggressionsbeobachtung sowie die Zeitdauer dieser Beobachtung repräsentativ sind für die zeitliche Erstreckung des Lebens als Erwachsener.

In einer Arbeit, die über die Fachwelt hinaus weite Beachtung gefunden hat, führen die Autoren DOLLARD et al. (1939) die Entstehung des deutschen Faschismus auf die Hypothese zurück, daß auf Frustration Aggression folge (vgl. dazu Kapitel 1). Während sich dieser politische Prozeß über Jahre erstreckte, dauerten Experimente, welche die Frustrations-Aggressions-Hypothese stützen sollten, allenfalls Stunden. Schließt man nun von diesen Experimenten auf die Entstehung Nazi-Deutschlands, so ist die so vorgenommene Verallgemeinerung hinsichtlich des Repräsentanzkriteriums der zeitlichen Erstreckung empirisch nicht belegt.

d) *Intention.* Gemäß unserer Definition der Aggression müssen wir uns vergewissern, ob die nachgeahmten vermeintlichen Aggressionen der Kinder von der Intention, weh zu tun bzw. zu schädigen, getragen sind.

e) *Betroffenheitsgrad.* Entspricht dem Ausmaß, inwieweit sich die Kinder beim Anschauen der Handlungen von Fabelmäusen in Trickfilmen persönlich betroffen fühlen, dem, was man beim Lernen von Aggressivität im Alltag (auf den sich unsere Theorie bezieht) voraussetzen muß? Abgesehen von unserem Beispiel scheint der Betroffenheitsgrad ein wichtiger Aspekt der Aggressions- wie auch der Friedensforschung zu sein. Vielleicht sollte man ihn bei der Aufstellung von Aggressionsformen berücksichtigen. So wäre etwa das vermeintliche Austeilen von Stromstößen über ein Schaltpult an Personen, die man selbst nicht beobachten kann, als Experiment in gewisser Hinsicht repräsentativ für das Drücken auf den Knopf, der die Atomraketen auslöst. Denn auch hier besudelt der Verantwortliche seine Hand nicht mit Blut und sein Gemüt kaum mit abgrundtiefem Entsetzen. Interessant wäre es wohl, die Waffen im weitesten Sinne, also auch die verbalen etc., danach einzuteilen, inwieweit die Menschen in ihrem Gebrauch des Unheils gewahr werden, das sie mit dem Einsatz dieser Waffen anrichten. Der oben erwähnte Verantwortliche würde vermutlich nicht eines der Kinder, das durch seinen Knopfdruck starb, eigenhändig verstümmeln. Häufig ist es recht schwierig, im Experiment einen ausreichenden Betroffenheitsgrad der Versuchspersonen zu erreichen. Werden bei einer Untersuchung der Frustration-Aggressions-Hypothese Personen bewußt enttäuscht und verärgert, so geschieht es häufig in einer künstlich arrangierten Experimentalsituation, bei der die Gefahr besteht, daß die sich meist freiwillig meldenden Versuchspersonen das Geschehen nicht ganz ernst nehmen. So muß sich ein Versuchsleiter immer geschicktere Täuschungsmanöver überlegen. Durch Publikationen solcher Experimente in Massenmedien (z. B. das Experiment von MILGRAM, 1966) können die Versuchspersonen argwöhnisch werden. Eine ausführliche Bewertung von Möglichkeiten, die Versuchspersonen eines psychologischen Experimentes zu täuschen, geben STRICKER et. al. (1969).

Manchmal wird die Repräsentanz eines Experimentes in recht naiver Weise nicht diskutiert.

So scheint es für ELMADJIAN (s. Kap. 4) selbstverständlich zu sein, daß beim Eishockey Feldspieler aggressiver sind als Torwarte. Auch wenn er eine Bestätigung seiner Hypothese in der vorhergesagten Unterschiedlichkeit der Körpersäfte fand, so ist dieses Experiment für die Aggressionsforschung solange wertlos, bis die Annahme über den Zusammenhang zwischen der Funktion des Eishockeyspielers im Spiel und seiner Aggressivität begründet ist.

4. Bestimmung von Ausprägungsgraden (Messen)

Das Problem der Bestimmung von Ausprägungsgraden ist bei der Anwendung eines psychologischen Konzeptes in der Forschung von besonderer Bedeutung. Wir wollen es deshalb gesondert behandeln.

4.1. Bestimmung von Ausprägungsgraden bei Aggressionen

Wenn wir die Frage beantworten wollen, ob sich die Heftigkeit von Aggressionen mit dem Lebensalter ändert, müssen wir die vielfältigen aggressiven Äußerungen miteinander vergleichen können. Um derartige Vergleiche zu ermöglichen, können wir Zahlen als Ordnungselemente verwenden; wir versuchen dann, bestimmte Ausprägungsgrade bei Aggression zu »messen«. Nach CAMPBELL 1938 (zitiert nach SIXTL 1967, S. 2) besteht Messen »im Zuordnen von Zahlen zu Objekten, so daß bestimmte Relationen zwischen den Zahlen analoge Relationen zwischen den Objekten reflektieren«.
In unserem Fall sind die »Objekte« die Aggressionen. Zwischen ihnen können im Prinzip beliebig viele Arten von Relationen bestehen. Als Beispiel greifen wir den durch Aggression verursachten Schaden heraus. Mittels dieses Kriteriums können wir je zwei Aggressionen miteinander vergleichen und feststellen, welche die größere hinsichtlich der angerichteten Schäden war, sofern diese in ihrer Größe unterscheidbar sind. Als Relationsart verwenden wir hier die »Größer-Kleiner«-Relation, bezogen auf den jeweils angerichteten Schaden. Die Menge der Aggressionen und die auf diese Menge definierten Relationen bilden das »empirische Relativ« (zur Theorie des Messens vgl. SUPPES/ZINNES 1963 und FRICKE 1972, S. 17 ff).
Einige Probleme, die bei einer derartigen Konstituierung eines empirischen Relativs von Aggressionen entstehen, lassen sich anhand unseres Beispiels aufzeigen:

1. Das Beurteilungskriterium muß klar definiert sein. Es wäre z. B. zu klären, welche Schäden wir messend erfassen wollen, nur materielle oder auch andersartige. Wir müssen uns ferner darüber einigen, wie wir feststellen, welcher von zwei Schäden der größere ist.
2. Das Beurteilungskriterium muß zuverlässige Urteile erlauben; in unserem

Beispiel sollte möglichst jeder Beurteiler den gleichen Schaden von zwei Schäden zum größeren erklären.
3. Das Beurteilungskriterium braucht nicht für sämtliche Aggressionen anwendbar zu sein. Bezieht es sich z. B. auf Schäden, die sich materiell auswirken, so kann es für physische Aggressionen besonders angemessen, für die Beurteilung von verbalen Aggressionen aber kaum anwendbar zu sein.

Ein Versuch, ein zuverlässiges und angemessenes Beurteilungskriterium zu finden, das auf alle Aggressionsformen anwendbar ist, zeigt die Schwierigkeit, auf der Ebene eines empirischen Relativs möglichst alle Aggressionsformen miteinander zu vergleichen. Will man zwei nach unterschiedlichen Kriterien aufgewiesene Aggressionsformen miteinander vergleichen, ist man gezwungen, ein diesen Kriterien übergeordnetes Kriterium zu suchen. Ein solches übergeordnetes Kriterium wird z. B. durch die klassische Testtheorie (vgl. FISCHER 1968) zur Verfügung gestellt. So wie man mit Hilfe dieser Theorie den jeweiligen Ausprägungsgrad zweier qualitativ verschiedener Fähigkeiten wie Intelligenz und Neurotizismus quantitativ miteinander vergleichen kann, indem man die Abweichung beider Ausprägungsgrade von ihrem jeweiligen Mittelwert (bei vorgegebener Verteilung der Werte) vergleicht, ebenso kann man die Ausprägungen zweier verschiedener Aggressionsformen vergleichen. Zuvor ist zu diesem Zweck für jede der verglichenen Aggressionsformen je eine Skala zu konstruieren, welche die jeweiligen Ausprägungsgrade messend abbildet. Erinnern wir uns an die Definition CAMPBELLS: Wir sind nun bei unseren Erwägungen nicht mehr bei den »Relationen zwischen den Objekten« (dem empirischen Relativ), sondern bereits bei den »Relationen zwischen den Zahlen«, dem sogenannten »numerischen Relativ«. Bisher konnten wir mittels eines Beurteilungskriteriums nur zwei Aggressionen vergleichen. Wollen wir alle zu beurteilenden Aggressionen in Beziehung setzen, so stehen wir vor der Aufgabe, eine Meßskala im Sinne der CAMPBELLschen Definition zu konstruieren. Solch eine einfache Skala wäre z. B. eine aus Zahlen bestehende Rangreihe der Heftigkeit der Aggressionen. Hierbei wird jeder Aggression eine Zahl derart zugeordnet, daß die Relationen der Zahlen die Relationen der Heftigkeiten der Aggressionen widerspiegeln. So kann die drittheftigste Aggression die Zahl drei bekommen. Grundsätzlich muß beim Messen von Aggressionen angebbar sein, worin das empirische Relativ und das numerische Relativ besteht, wie die Regeln der Zuordnung beider Relative lauten (die sog. Abbildungsfunktion) und festgelegt werden, ob diese homomorph sind, d. h. daß derselben Aggression, wenn das empirische Relativ und die Abbildungsfunktion festliegen, immer dieselbe Zahl zugeordnet wird.

Ausdrücke wie »Aggression messen« oder »Aggressionsmaße« können das Mißverständnis aufkommen lassen, als sei die Aggression selbst die Variable, die gemessen wird. Dies ist aber nicht der Fall.

So wie »Menschen messen« bedeutet, daß wir *an* ihnen bestimmte Ausprägungsgrade bestimmter Kriterien wie Länge, Gewicht oder Intelligenz feststellen, nicht aber der Mensch selbst die Variable ist, so ist auch die Wendung »Aggression messen« zu verstehen: An Aggressionen erheben wir z. B. das Ausmaß der Intention, zu schädigen, oder nur deren Anzahl. Wie unbegrenzt viele »Menschenmaße«, so sind ebensoviele »Aggressionsmaße« angebbar. Ob man für die jeweilige Problemstellung das richtige Maß verwendet hat, ist eine Frage der schon erörterten Repräsentanz. Wir sehen hier noch einmal aus anderer Sicht, daß operationale Definitionen nicht die Aggression selbst bestimmen – ebensowenig wie eine operationale Definition der Bestimmung der menschlichen Körperlänge den Menschen selbst definiert. Eine Reihe von Aggressionsmaßen sind bei LEVIN und WARDWELL (1962) tabellarisch aufgeführt. Um die Erhebung dieser Maße möglichst objektiv zu gestalten, haben manche Aggressionsforscher apparative, experimentelle Anordnungen konstruiert, bei denen z. B. die Versuchsperson glaubt, anderen verschieden große elektrische Schläge austeilen zu können (vgl. BUSS 1961, S. 46). Auch eine Clown-Attrappe, bei der die Stärke der Schläge, die der Clown »Bobo« auf seinen Bauch bekommt, registriert wird (BANDURA/WALTERS 1964), ist bekannt geworden. Die beispielhafte Objektivität dieser Messungen ist kein Garant dafür, daß gute Aggressionsmaße vorliegen. So kann eine Versuchsperson durchschaut haben, daß das Austeilen der Stromstöße nur fingiert ist, oder es kann der Fall sein, daß ein Kind dem Clown einen starken, nichtsdestoweniger aber liebevoll gemeinten Schubs gibt.

4.2. Bestimmung von Ausprägungsgraden der Aggressivität

Bei der Bestimmung von Ausprägungsgraden der Aggressivität sind die zu messenden Objekte Personen. Die Aufgabe besteht nun darin, mittels geeigneter Kriterien diese Personen zu vergleichen, d. h. zwischen ihnen bestimmte Relationen im empirischen Relativ zu stiften, mit dem Ziel, unterschiedliche Ausprägungsgrade der Eigenschaft »Aggressivität« von Personen auf einer numerischen Skala abzubilden. Wir versuchen also an Personen, die Aggressivität zu messen, d. h. im Gegensatz zur Aggression ist Aggressivität selbst die zu bestimmende Variable.
Wenn Aggressivität die psychische Disposition zur Aggression sein soll, ist es wünschenswert, daß das Kriterium mittels dessen man hier Personen vergleicht, sich auf Aggressionen dieser Personen oder zumindest auf deren Stellungnahmen zu fingierten Aggressionen bezieht. Diese Aggressionen sollten am besten im Sinne des vorangehenden Abschnitts klassifiziert und gemessen sein, damit ein Vergleich zweier Personen hinsichtlich ihrer Aggressivität gelingen kann. Die durch

solche Vergleiche gewonnenen Urteile stellen mit den Personen zusammen gleichsam ein empirisches Relativ 2. Ordnung dar. Das dazugehörende numerische Relativ bildet zusammen mit dem empirischen Relativ und der Abbildungsfunktion eine Aggressivitätsskala (vgl. SUPPES/ZINNES 1963, TACK 1970). Wir können hier nicht auf die Beziehungen zwischen empirischen Relativ 1. Ordnung (dem Aggressionen angehören) und dem empirischen Relativ 2. Ordnung (dem Personen angehören) eingehen, wollen aber noch einige Probleme betrachten, die bei den vorfindlichen Methoden, Aggressivität zu messen, auftreten (Methoden, welche die Beziehung der beiden empirischen Relative explizit nicht behandeln).
In der Psychologie versucht man häufig, zur Bestimmung psychischer Dispositionen Testverfahren zu konstruieren, d. h. eine Reihe von Aufgaben zusammenzustellen, deren Lösungen nach bestimmten statistischen Regeln Hinweise über den Ausprägungsgrad einer bestimmten Disposition eines Individuums geben sollen. Im Falle der Aggressivität könnte dies so verlaufen: Nach Studium der Fachliteratur und Konsultationen von Kollegen stellt ein Psychologe eine Liste von Feststellungen (sog. Items) zusammen, von deren Beantwortung er Aufschluß über die Aggressivität der beantwortenden Person erwartet (z. B.: »Es macht mir offengestanden manchmal Spaß, andere zu quälen«; Item 6 im F-Aggressionsfragebogen, vgl. SELG 1968, S. 166). Dann läßt er diesen Fragebogen von einer größeren Anzahl Individuen eines bestimmten Personenkreises, bei dem später der Test Anwendung finden soll (z. B. Mittelschüler) beantworten. Danach werden die Items statistisch analysiert und einige, nämlich die, welche den Regeln des jeweiligen Testmodells nicht genügen, eliminiert. Meist werden Versuchspersonen mehr als einmal getestet und ihre Antworten zu den gestellten Items solange analysiert, bis die verbleibenden Items den Anforderungen des Testmodells in dem vom betreffenden Psychologen bestimmten Maße genügen – oder bis dieser die Geduld verliert, denn eine solche Prozedur ist langwierig und kostspielig. Wenn man bei diesem Vorgehen versäumt zu prüfen, ob jedes Item hinreichende Repräsentanz hinsichtlich des jeweiligen übergeordneten theoretischen Konzepts Aggressivität hat, und unterläßt zu untersuchen, was ein durch die statische Analyse bewirkter Herausfall bestimmter Items für das übergeordnete Konzept der zu messenden Aggressivität bedeutet, weiß man am Ende nicht mehr, was der Test mißt (zur kritischen Betrachtung über Itemselektion vgl. LOEVINGER 1957, HOLZKAMP 1964). Dies gilt auch, wenn die Items den teststatistischen Anforderungen noch so gut genügen oder man aufgrund der Testergebnisse etwa die Häufigkeit von aggressiven Handlungen bestimmter Personen relativ gut vorhersagen kann (sog. empirische Gültigkeit des Tests). Weiß man z. B., daß man mit einem Intelligenztest mit gewisser Sicherheit den Berufserfolg vorhersagen kann und geschieht

diese Vorhersage mit der gleichen Sicherheit aus dem sozialen Status, so kann man noch nicht behaupten, daß der soziale Status ein Intelligenzmaß sei. Unser Testkonstrukteur mag nun einwenden, es gehe doch aus den Items hervor, daß sie Aggressivität messen. Dies kann er nur mit einem gewissen Recht behaupten, wenn er die Repräsentanz der Items geprüft hat. Ansonsten hätte er ja genauso gut andere Items auswählen können. Je nach Auswahl der Items wird eine bestimmte Art von Aggressivität gemessen. Bisher hat sich keine bestimmte Art der Itemauswahl als »die« Aggressivität etablieren können. Insofern ist es besser, von verschiedenen Aggressivitäten zu sprechen.

Wenn der Aggressivitätstest Items über sozial nicht erwünschtes Verhalten enthält (das oben zitierte Item wäre wohl ein Beispiel dafür), empfiehlt es sich, den Effekt, einen guten Eindruck machen zu wollen, seitens der getesteten Person zu kontrollieren.[5] Diese Kontrolle ist möglich und schon in verschiedenen Fragebogentests verwirklicht (z. B. im MMPI, vgl. HATHAWAY et al. 1951). Auch andere, das Testergebnis verfälschende »Antwortstile« (response-styles, vgl. BERG 1967) können kontrolliert werden.

Die Nützlichkeit des Bestrebens der Psychologie, ihre Konzepte meßbar zu gestalten, wird heute kaum noch bestritten. Wer zuverlässig (und das heißt u. a.: kontrollierbar) Menschen in ihrem Handeln vergleichen will, muß diese bzw. an ihnen mittels eines präzise angebbaren Maßstabes messen. Dieses Bestreben zu messen bringt für die psychologischen Konzepte (wie etwa Aggressivität) gewisse Einschränkungen mit sich, die sich u. a. in den besprochenen Verfahrensweisen des Bestimmens von Ausprägungsgraden zeigen. Eine Gefahr besteht deshalb darin, mit Zahlen zu arbeiten, ohne sich an die betreffenden Verfahrensweisen gehalten zu haben, und somit eine methodisch unkorrekte Pseudomessung vorzunehmen.

5. Die Wechselwirkung des theoretischen Konzeptes und der Erfahrungen aus seiner Anwendung in Forschung und Alltag

Unser Konzept der Aggression ist eine Erfindung, nicht etwa eine Entdeckung. Die Frage, wie Aggression und Aggressivität »wirklich« sind, ist unbeantwortbar. Wichtig ist, ob sich das Konzept in Forschung und Praxis als zweckmäßig (im von uns angegebenen Sinn) erweist. So erfährt unser Konzept laufend aus der Anwendung eine Kontrolle und u. U. Impulse zur Abänderung. Dabei ist beim jeweiligen Stand der Forschung die Trennung zwischen den empirischen Aussagen über Aggression (bzw. Aggressivität), die durch Forschung immer präziser werden und dem jeweils theoretisch vorgeordneten Konzept (wozu auch die Definitionen gehören) wichtig. Letzteres ist zur Sicherung der Repräsentanz nötig. Ohne übergeordnete Theorie würden die Interpretationen beliebig sein, da eine übergeordnete Fragestellung fehlt. Auch das theoretisch vorgeordnete Konzept, in unserem Falle unsere Bestimmung der Aggression, kann abgewandelt werden, wenn wir die Erfahrung gemacht haben, daß es unzweckmäßig war. Beides, das Konzept und die in der Forschung erarbeiteten Aussagen über Aggression, stehen miteinander im Zusammenhang. Ändert man das Konzept, müssen alle damit in Beziehung stehenden Aussagen entsprechend abgewandelt werden. Mit jeder Änderung aber wandelt sich der besondere Gegenstand der Forschung.

6. Notwendigkeit und Grenzen der empirischen Erforschung der Aggression

Wenn wir Theorien formulieren über Ausschnitte unserer Welt, so wie wir sie vorfinden, dann müssen wir diese Theorien auch an ihr prüfen, d. h. unser Konzept der Aggression, und die Theorie, die damit verknüpft werden kann, muß sich in der empirischen Forschung bewähren.

Unter anderem sind der empirischen Erforschung der Aggression und ihrer Aussagekraft durch folgende Umstände Grenzen gesetzt:

a) Der Forscher kann nur stichprobenhaft bestimmte Aspekte (und auch die oft nur idealisierend) behandeln. Dies trifft zwar für jede Wissenschaft, z. B. auch für die Physik, zu, erschwert aber ein Übertragen experimenteller Befunde der Aggressionsforschung auf die Alltagswelt mehr, als das Zitieren von Arbeiten aus diesem Gebiet zur Erhärtung bestimmter Erziehungsmethoden ahnen läßt. Denn gerade in der Psychologie muß die an und für sich große Anzahl von Variablen, die für ein bestimmtes Problem in Betracht gezogen werden müssen, der experimentiellen Strenge zuliebe drastisch verkleinert werden.

b) Der experimentellen Realisation bei Untersuchungen zur Aggression sind moralische Grenzen gesetzt.

c) Die Ergebnisse der Aggressionsforschung sind nur im Zusammenhang mit bestimmten Rahmenbedingungen gültig (vgl. dazu etwa Bandura/Walters 1963, S. 114, Merz 1965, S. 588). Sie spiegeln zu einem gewissen Teil die kulturellen, sozialen und gesellschaftlichen Verhältnisse (vgl. Holzkamp 1970) wieder. Es ist z. B. denkbar, daß in einem Staat, der Wert darauf legt, daß seine Mitglieder Aggressivität gegenüber bestimmten Volksgruppen zeigen, die Aggressionsforschung durch u. U. recht komplizierte Umstände zu anderen Ergebnissen gelangt, als in einem Gemeinwesen, in dem der Gedanke der Nächstenliebe eine hervorragende Rolle spielt.

7. Schlußbemerkung

Die Probleme, die bei dem Versuch, Aggression zu definieren, entstehen, können zu verschiedenen gut begründbaren Konsequenzen führen. Eine mögliche Folgerung besteht darin, in der psychologischen Forschung auf die Bezeichnungen »Aggression« und »Aggressivität« zu verzichten. In diesem Sinne trug der Autor während der Tagung für experimentelle Psychologie in Regensburg (1972) auf einem Symposium Thesen vor, die zur Diskussion etwas überspitzt formuliert waren:

Zwei Thesen zum Symposion »Probleme der Explikation und experimentellen Realisation von Theorien aggressiven Verhaltens«.

1. These:

In der psychologischen Forschung sollte das Etikett »Aggression« bzw. »aggressiv« möglichst vermieden werden.

Unterthesen:

1.1 Es gibt in der Psychologie keine allgemein anerkannte Definition der Aggression.

1.2 Die Bestimmung, was Aggression sei, ist kulturabhängig. Der Rekurs auf die Schädigung verschiebt nur das Problem. Wenn ein Individuum einer fremden Kultur einen anderen schädigt (und zwar in seinem Sinne), so ist dies nicht ohne weiteres zu vergleichen mit dem Schädigen in unserer Kultur.

1.3 »Aggression« wie »Schädigung« sind keine Begriffe der Psychologie, sondern der (gehobenen) Umgangssprache. Psychologische Begriffe stehen in einem sinnvollen Zusammenhang mit einer psychologischen Theorie.

1.4 Die Verwendung von »Aggression« stiftet mehr Verwirrung (z. B. durch unzulässige Verallgemeinerungen von experimentellen Untersuchungsergebnissen) als sie wissenschaftsorganisatorischen Nutzen hat.

2. These:

Die »Aggressionsforschung« sollte sich darauf konzentrieren, durch experimentelle Bedingungsanalysen Grundlagen zu schaffen, die zu Erkenntnissen führen, wie man Individuen anleitet, Konflikte zu regeln.

Unterthesen:

2.1 Korrelationsanalysen und Untersuchungen an großen Stichproben tragen bei der »Aggressionsforschung« wenig zur Erstellung und Überprüfung von »Aggressionstheorien« bei (vgl. entsprechende Intelligenzforschungen oder Persönlichkeitstheorien).

2.2. Eine »Aggressionsforschung« im Sinne der Konstruktion und Überprüfung allgemeiner »Aggressionstheorien« verspricht derzeit wenig Erfolg.

2.3 Quantifizierte Verlaufsanalysen am Einzelfall als experimentelle Bedingungsanalyse (wie z. B. in der Verhaltenstherapie) helfen, eine Theorie der *Änderung* verschiedener aggressiver Verhaltensweisen zu erstellen.

2.4 Die Problemstellung, Grundlagen zu schaffen, die dazu beitragen, Individuen anzuleiten, Konflikte zu regeln, hilft, aus der Unzahl möglicher experimenteller Fragestellungen »relevante« auszuwählen und aus der Vielzahl möglicher Theorien praktisch verwendbare zu bilden.

Entsprechend der zweiten These sollten sich nicht nur Psychologen, sondern auch Pädagogen stärker bemühen, dem Individuum zu helfen, Konflikte zu regeln (vgl. Schott 1971). Ansätze dazu finden sich z. B. bei ULLMANN (1974).

Eine andere Konsequenz aus der Diskussion um die Aggressionsdefinitionen zog kürzlich SELG (1974, S. 18):

»Ich möchte die sicherlich etwas vereinfachte Zusammenfassung wagen, daß alle Psychologen von DOLLARD et al. bis LISCHKE, die sich intensiv um den Aggressionsbegriff bemühten und sich während der Definitionsdiskussion gelegentlich haarspalterisch verhielten, letztlich nur solche Phänomene als Aggressionen vorgestellt haben, über die es keinen nennenswerten Dissens gibt.«

Eine weitere mögliche Folgerung der Definitionsproblematik besteht darin, ein ausgefeiltes Klassifikationssystem aggressiver Verhaltensweisen zu entwickeln. Für die Bewertung einzelner Forschungsergebnisse ist es verhältnismäßig unerheblich, welche der drei vorgestellten Konsequenzen man zieht. Hierbei ist es zunächst wichtig, darauf zu achten, welche einzelne Verhaltensweise unter welchen situativen Bedingungen untersucht wurde. Dies gilt auch für den praktisch tätigen Psychologen, der sich mit Aggressionen konfrontiert sieht. Er sollte sich immer wieder selbstkritisch zwei Fragen stellen:

1. Was tue ich, wenn ich eine Handlung als Aggression bezeichne?
2. Was tue ich, wenn ich eine Person aggressiv nenne?

Wenn man diesen beiden Fragen nachgeht, wird man immer wieder bemerken, daß man oft allzuschnell geneigt ist, die eigenen Urteilsprozesse in ihrer Bedingtheit zu verkennen, indem man Verhaltensweisen als Aggressionen und Personen als aggressiv nur deshalb einstuft, weil sie einen selbst stören. Dies gilt insbesondere im Erziehungsbereich.

Wir haben versucht, einigen Problemen der begrifflichen Eingrenzung und Anwendung psychologischer Konzepte wie »Aggression« und »Aggressivität« nachzugehen und haben uns dabei absichtlich jeglicher »Patentlösung« enthalten. Dabei wurde den methodischen Erwägungen Vorrang gegeben, weil die Methoden den zu erforschenden Gegenstand entscheidend mitbestimmen. Wenn wir bewußt im Rahmen empirischer Forschung geblieben sind, so bestreiten wir nicht, daß es im Zusammenhang mit dem Thema Aggression wichtige Fragen gibt, die zu Recht an die Sozialwissenschaft gestellt, aber von einer empirisch forschenden Disziplin wie der Psychologie allein nicht beantwortet werden können. Eine solche Frage wäre etwa: Sollen wir etwas gegen Aggressionen tun und wenn ja, was? Daß es hier meist noch an einer fruchtbaren Zusammenarbeit zwischen sog. empirisch-experimentell und sog. geisteswissenschaftlich arbeitenden Forschern fehlt, liegt wohl zum großen Teil an dem mangelnden allgemeinverbindlichen Selbstverständnis der Sozialwissenschaften. Auch die in der

Entwicklung von Methoden fortgeschrittene empirische Psychologie ist erst auf dem Weg, eine »normale Wissenschaft« (im Sinne KUHNS, 1967), wie z. B. die Physik, zu werden – falls dies jemals möglich sein sollte – d. h. eine Wissenschaft, die »Paradigmata« ausgebildet hat. KUHN meint damit die Gesamtheit von Fragestellungen, Methoden, Theorien und Forschungsgewohnheiten einer Wissenschaft, die von praktisch allen mit dieser Wissenschaft befaßten Forschern ohne Richtungs- und Methodenstreit als selbstverständlich akzeptiert wird. Solange sich in der Aggressionsforschung ein solches Paradigma nicht herausgebildet hat, wird es neben interessanten Einzelbefunden immer wieder Grundlagendiskussionen geben (vgl. etwa KAUFMANN 1966 oder FESHBACH 1969). Eine allgemein anerkannte Theorie der Aggression aber wird weiterhin auf sich warten lassen. Diese Feststellung entbindet uns aber nicht von der Notwendigkeit, die Ergebnisse der bisherigen empirischen Aggressionsforschung kritisch zur Kenntnis zu nehmen, wenn wir etwas dafür tun wollen, daß Menschen weniger als bisher sich gegenseitig Leid durch Aggressionen zufügen.

Nachwort des Herausgebers

Die Autoren des vorliegenden Buches haben keinen Hehl daraus gemacht, daß sie als Psychologen einen Angriff gegen die in Deutschland populären Lehrmeinungen von FREUD[1], LORENZ und ihren Epigonen führen wollen, deren Bekanntheit mehr auf schriftstellerische Originalität als auf wissenschaftliches Niveau zurückgeht.

In unserer weniger geschliffenen Diktion fordern wir vor allem die orthodoxen Psychoanalytiker auf, die nächsten Jahrzehnte zur Forschungsarbeit zu nutzen und im übrigen – zu schweigen. Wer ihre Schriften liest, stößt immer wieder auf die gleichen, alten Hypothesen (vom Oedipus-, vom Kastrationskomplex, vom Todestrieb etc.), die in einer Art ignoranter »Inzucht« tradiert werden, ohne daß ihnen ein überzeugender empirischer Beleg zugeordnet werden kann. Für diese Forschungsarbeit ist allerdings die Übernahme wissenschaftlicher Methoden Voraussetzung; mit Hilfe der in der orthodoxen Psychoanalyse gebräuchlichen Methoden kann man alles und nichts »beweisen«.

Auf Grund dieser Tatsache verzeichnet die Psychoanalyse einen Rückgang ihrer Bedeutung in der Psychologie. In der Therapie psychischer Störungen nehmen neuere Systeme (s. TAUSCH 1968, BLÖSCHL 1969) auf Kosten der Psychoanalyse einen zunehmend größeren Raum ein. Als einfaches, aber sich umfassend gebärdendes Theoriengebäude verliert die Psychoanalyse gleichfalls immer mehr an Glaubwürdigkeit.

Die sozialistische studentische Jugend scheint uns Lügen zu strafen. Wir können jedoch die Verbindung von Psychoanalyse und Sozialismus nur als vorübergehende Mesalliance ansehen. FREUD flossen allzu leicht Sätze aus der Feder, die den Sozialisten kränken müssen, z. B.: »Man übersehe nicht über die Krankheit den sonstigen Wert einer Person und weise Kranke zurück, welche nicht einen gewissen Bildungsgrad und einen einigermaßen verläßlichen Charakter besitzen« (1905 a). Wem kam wohl in jener Zeit ein »gewisser Bildungsgrad« zu?

Wer »unten« war, der sollte auch ruhig unten bleiben. (Die »taschenspielerische« Versöhnung von Psychoanalyse und Marxismus kritisierte LUDWIG MARCUSE – nicht zu verwechseln mit Herbert MARCUSE – bereits 1956 ausgiebig. Es darf übrigens als sicher gelten, daß es einem theoretisch versierten Marxisten leicht fallen müßte, sofern er nicht vom blinden Vorurteil gegen die Lernpsychologie angekränkelt ist, in der Lernpsychologie zentrale Gedanken seiner Lehre wiederzufinden).

Wer einen Aggressionstrieb propagiert, fördert gewollt oder ungewollt den Fortbestand einer einseitig auf Wettbewerb ausgerichteten Gesellschaft. Er fördert den Wettbewerb, der ein enger Verwandter der Aggression ist, wie mit Längsschnittuntersuchungen und ersten Experimenten zu dieser These belegt werden kann (s. SHERIF & SHERIF 1956, KAGAN/MOSS 1962, NELSON et al. 1969).

Wir sollten aufhören, die Aggression als Trieb und damit als »Selbstverständlichkeit« (s. auch Kap. 3) hinzustellen. Es ist fatal genug, daß unsere Gesellschaft allenthalben aggressive Modelle anbietet. Sie haben seit der Ausbreitung der Massenkommunikationsmittel Film, Rundfunk und Fernsehen sogar einen sprungartigen Anstieg aufzuweisen. Erfolgreiche große Aggressionen finden in ihnen eine weltweite »Anerkennung« (lernpsychologisch wirkt sich auch der verurteilende Bericht als Bekräftigung, nicht als Strafe aus). Wir glauben zwar nicht, daß der steigenden Bedeutung der Massenkommunikationsmittel die Alleinschuld an der steigenden Kriminalität zukommt; aber wir glauben auch nicht, daß zwischen diesen Größen nur eine Scheinkorrelation besteht wie etwa zwischen der Zunahme des Apfelsinenverbrauchs und der Verkehrstoten.

Die Massenkommunikationsmittel, die große Reportagen über Verbrechen bringen, können sich auch nicht damit verteidigen, daß sie lediglich ein Bedürfnis der Konsumenten befriedigten. Denn indem sie es befriedigen, vergrößern sie es zugleich bei denen, die es noch nicht ausgeprägt besitzen. Sie machen vertraut mit den verschiedensten Gewaltdelikten und stumpfen dabei das Mitgefühl ab (s. MACCOBY 1968), so daß für weiteren Nervenkitzel immer härtere Schilderungen benötigt zu werden scheinen. Ob durch die Tatschilderungen wenigstens auch ansatzweise ein verhaltensrelevanter Abscheu vor Gewalttaten erzielt wird, ist noch unbekannt. Eher kommt es zu Angstgefühlen, die ebensowenig erwünscht sein können wie die Anregungen zu Aggressionen (s. S. 29 f.). Kann eigentlich ein Krimi nur spannend sein, wenn er die unwahrscheinlichsten Schlägereien und Mordtaten in allen Einzelheiten schildert?

In den USA sind unter dem Eindruck der modisch gewordenen politischen Morde (u. a. John F. Kennedy, M. L. King, R. Kennedy) erste Bestrebungen zur Entkriminalisierung des Bildschirms erkennbar. Trotzdem dürfte das US-Fernsehen immer noch das aggressionsreichste sein. Die damit heraufbeschworenen Gefahren vergrößern sich einmal durch die in der amerikanischen Geschichte ohnehin immer vorhandenen aggressiven Modelle (Lynchjustiz, Gangstertum, Wilder Westen, Ku-Klux-Klan; vom Krieg, den auch andere Völker kennen, sei hier einmal abgesehen). Zum andern ist in den USA der Zugang zu Waffen extrem erleichtert, so daß jedermann die Möglichkeit hat, gesehene Aggressionen auch bei Bedarf selbst auszuführen. Das Ausmaß der Nachahmungskriminalität kann zur Zeit noch nicht genau abgeschätzt werden. Häufungen bestimmter Delikte nach weltweiten Erfolgsmeldungen sind jedoch nicht zu übersehen (man denke außer an die – laut Spiegel 38/1970 – von 32 im Jahre 1968 auf 87 im Jahre 1969 sprunghaft angestiegenen Flugzeugentführungen und politischen Pistolenattentate auch an die Einbrüche á la Rififi, die E-605-Morde, die Halstuchmorde, die Verbarrikadierungen in Sydney im Sommer 1968 etc.).

Von den Massenkommunikationsmitteln ist der Verzicht auf jedwede Detailschilderung von Gewalttätigkeit in den (Unterhaltungs- und Nachrichten-) Sendungen zu fordern. Wenn die Verantwortlichen dazu nicht in der Lage sind, weil sie möglicherweise Handlanger einer Gesellschaftsführung sind, die den Aggressiven (etwa als blind gehorsamen Soldaten) braucht, muß eine Kontrolle von außen angestrebt werden. So unpopulär die Zensur auch ist, sie kann sich als letzter Ausweg aus einer immer mehr verfahrenen Situation erweisen – nicht gegen die unbedeckte weibliche Brustwarze und gegen die sogenannte Pornographie, sondern gegen die mehr oder weniger deutliche Verherrlichung von Aggressionen.

Ebenso gefährlich wie die Darbietung aggressiver Szenen und die lapidare Nachrichtenübermittlung (man denke an beiläufig vorgetragene Tagesschaufloskeln: »... dabei sollen 14 Vietcong getötet worden sein ...«) ist der Mangel an positiven Modellen. Ein phantasievolles Film- und Fernsehprogramm könnte die Nachteile zu kompensieren versuchen, die der moderne Alltag mit sich bringt, z. B. daß die Väter selten zu Hause sind und ihren Kindern zu wenig positive Leitbilder vermitteln, oder daß manches elternlos aufwachsende Kind völlig unklar über geschlechtsspezifische Rollen in unserer Kultur bleibt und als Jugendlicher und Erwachsener daran scheitert (man beachte den Anteil von vaterlos aufgewachsenen Kindern unter den männlichen Straftätern, s. Hellmer 1966). Sozialpositive Modelle sind genauso wirksam wie aggressive; nicht nur Aggressionen finden Nachahmung, sondern auch Verweigerungen von aggressiven Befehlen (s. Milgram 1966).

Im vorliegenden Buch soll nie der Eindruck entstehen, man könne die Aggressionen aus der Welt schaffen. Es soll auch nicht behauptet werden, alle Aggressionen seien »böse«. Aber es soll deutlich die Erwartung ausgesprochen werden, daß die in der Welt vorhandenen egoistischen Aggressivitäten reduziert werden können. Auch Kriege sind nicht unausweichlich. Neben anderen hat KLINEBERG die gegenteilige Position eindrucksvoll bekämpft. Wenn er die Eskimos und andere Völker als unkriegerisch schildert, kommen Spitzfindige daher und beweisen, daß diese Völker dennoch Aggressionen kennen. Als ob zwischen einem Krieg und den wechselseitigen Beschimpfungen unter den Eskimos kein Unterschied bestünde![2]

Durch ihre Ergebnisse hat sich die Aggressionsforschung als wirksame Friedensforschung erwiesen. Die Triebhypothese, der FREUD zu solcher Bekanntheit verhalf, daß sie nach dem Mechanismus der self-fulfilling-prophecy[3] wahrscheinlich mithilft, Kriege vorzubereiten, hat sich als schwach herausgestellt. Wir haben Völker kennengelernt, die frei sind von großen Aggressionen und das kriegerische Handwerk nicht lieben. Vor allem aber haben wir erfahren, wie man bei Kindern die Bereitschaft zu aggressivem Verhalten systematisch beeinflussen kann. Hier gilt es noch weiterzuforschen, zugleich aber auch bereits Aufklärungsarbeit zu leisten.

Der Mensch scheint weder gut noch böse zu sein; er lernt jedoch Aggressionen sehr früh im Leben kennen, noch bevor ihm die meisten anderen Verhaltensmöglichkeiten offenstehen, die er statt einer Aggression benutzen könnte. Es sei noch einmal an das Beispiel von S. 19 erinnert: ein Kind kann mit 15 Monaten viele Situationen schon aggressiv, kaum aber konstruktiv angehen. Es besteht Grund zu der Annahme, daß man solche Verhaltensweisen, die man früher als andere lernt, auch gründlicher lernt. Die Annahme, daß wir *früh* und *gründlich* Aggressionen lernen, möchten wir als Frühentwicklungs-Hypothese zur wissenschaftlichen Diskussion stellen (entwicklungspsychologischer Aspekt der Aggressivität).

Wir möchten ergänzend noch eine andere Hypothese erwähnen: es besteht Grund zu der Annahme, daß wir Aggressionen als Verhaltensweisen u. a. deshalb bevorzugt lernen, weil sie schnelle und relativ auffällige Situationsänderungen herbeiführen. Die Lernpsychologie ermittelte, daß neutral erscheinende Umweltänderungen als Bekräftiger wirken können, vor allem solche Änderungen, die man selbst herbeiführt und die uns unsere »Macht« über die Umwelt bewußt machen. Besonders Kinder lassen sich z. B. durch »Spielzeug« faszinieren, an dem sie mit ein paar gezielten Bewegungen hörbare, sichtbare und fühlbare Veränderungen hervorrufen können. So »arbeiten« sie gern an Schreibmaschinen; sie tippen sinnlosen Buchstabensalat, niemand lobt sie, und dennoch halten sie es bemerkenswert lange am Gerät aus.

Diese Hypothese ist dem Prinzip des Lernens am Erfolg unterzuordnen. Sie besagt, daß der Erfolg nicht nur als Gewinn von handfesten Vorteilen verstanden werden darf, sondern daß als Erfolg auch schon schlichte Umweltveränderungen genügen können. (Ähnlich geartete

Erfolgserlebnisse strebt z. B. auch der »Geistesarbeiter« an, der in seinem Beruf selten eine unmittelbare Umweltveränderung erwirkt und als Ausgleich eine »kindliche« Freude am Malen, Basteln und an Arbeiten im Garten zeigt.)

Wir möchten diese Annahme, die das Erleben der Umweltkontrolle betont, als Umweltkontroll-Hypothese des Aggressionslernens zur Diskussion stellen.

Trotz des Bemühens von fünf Autoren kann das vorliegende Buch nicht den Anspruch auf irgendwelche Vollständigkeit erheben. Es fehlen ausführlichere Stellungnahmen zur systemimmanenten Gewalt, zum aggressiven Inhalt von bestimmten gesellschaftlichen Rollen, zur Kriminalität, zum Krieg, zur genetischen Mitbedingtheit von bestimmten Aggressivitäten, zur Diagnostik aggressiver Persönlichkeiten, zur Bedeutung der Aggressionen auf Befehl usw. Vielleicht nehmen die Autoren dazu später noch einmal Stellung. Ihr erstes Anliegen war und ist: der deutschsprachigen Öffentlichkeit zu zeigen, daß es für Aggressionen bessere Erklärungsmodelle gibt als sie in der Frustrations-Aggressions-Theorie oder im Triebmodell vorliegen. Die Menschen sollten sich darauf einrichten, weniger ihre Triebausstattung und weniger »die andern« als vielmehr sich selbst für den Fortbestand starker Aggressivitäten in der Welt verantwortlich zu machen. Das ist nicht einschmeichelnd, aber die logische Konsequenz aus dem zur Zeit besten Erklärungsmodell, das wir für die Aggressionsentstehung haben: dem lernpsychologischen Modell.[4]

Anmerkungen

1. Kapitel

1 Vom Verf. nach Dollard et al. (1939, S. 1) übersetzt.

2 S. 6: Die Interferenz oder Störung wird »Frustration« genannt; S. 11: Der Zustand, der eintritt, wenn eine Zielreaktion eine Interferenz erleidet, gilt als Frustration.

3 »Relativ«, denn einerseits sind die Formulierungen — etwa im Vergleich zu Freud — klar (Freud hat in seinem vielbändigen Werk nirgendwo »Aggression« zu definieren versucht; er war kein Freund klarer begrifflicher Abgrenzungen), andererseits bleiben auch bei Dollard et al. viele Unklarheiten bestehen, die Buss (1961) zu überwinden suchte.

4 Man stelle sich vor, ein Kind habe im Volksschulalter (also ca. 9 Jahre lang) relativ freien Zugang zum Fernsehgerät. Bei etwa zwei Fernsehstunden pro Tag bekommt es (entsprechende Daten wurden von Fräulein Gebhardt und Frau Lange, Technische Universität Braunschweig, unter Anleitung des Verfassers erhoben) täglich mehr als vier größere Aggressionen zu sehen. Mit 15 Jahren ist es dann etwa 14 000 Mal Zeuge von Gewalttaten wie Körperverletzungen, Totschlag und Mord geworden. Ob jemand glaubt, das Weltbild der Kinder werde dadurch nicht geprägt?

5 Ähnlich Sears et al. 1957, Feshbach 1964, Loy und Turnbull 1964. Berkowitz schränkt jedoch seine Annahmen (1962, S. 43) selbst stark ein, wenn er auch einen Furcht/Angst-Affekt als gelegentliche emotionale Reaktion auf Frustrationen zubilligt.

6 Die Modelle sind Komplizen der Versuchsleiter; sie spielen den Versuchspersonen bestimmte Rollen vor.

7 Die bei Bandura und Walters genannte Formulierung »frustration-drive-hypothesis« ist schwer zu übersetzen. »Trieb« ist im Deutschen ein allzu vorbelasteter Begriff, und ganz gewiß meint »drive« nicht das, was in der deutschen Ethologie und in der Psychoanalyse unter Trieb verstanden wird (s. Kap. 2). »Drive« ist ein motivationaler Begriff, der eher die bloße Aktivierung (Erregung) als die inhaltliche Erfüllung und Ausrichtung der Aktivität meint: Erlebnisinhalt und Ausrichtung werden gelernt. Der von uns als Übersetzung gewählte Begriff »Antrieb« ist weniger vorbelastet; er soll die richtungslose Erhöhung der Motivation, wie sie als Frustrationsfolge beobachtet wird, bezeichnen. 1973 formuliert Bandura deutlicher eine komplexere mehr kognitiv beeinflußte Frustrations-Erregungs-Hypothese; das letztlich resultierende Verhalten wird durch die Erregung und die (gelernten) Erwartungen über Verhaltenskonsequenzen gesteuert.

8 Man muß sich fragen, ob es sinnvoll war, für die Klasse der Aggressionen speziell zugeschnittene Mechanismen zu postulieren. Ebensogut könnte man besondere Mechanismen für das Abhängigkeits-, das Sexualverhalten etc. annehmen. Man wäre dann nicht weiter als einige Psychologien der ersten Jahrzehnte dieses Jahrhunderts, die ihre Probleme durch Aufzählung von Trieb- oder Instinktlisten lösen wollten.

9 Der Handtest (Belschner, Lischke und Selg 1971) wird seit einigen Jahren als Diagnostikum der Aggressivität überprüft (s. Selg 1968). Die Probanden bekommen 34 kleine Fotos vorgelegt, auf denen eine Hand abgebildet ist, und werden gefragt, was die Hand gerade tun könnte. Der meistbenutzte Indikator für Aggressivität ist der AOS (acting-out-score),

der gebildet wird als Σ (agg + dir) — (aff + dep + com + Furcht). Hierbei bedeuten

agg = Aggression; Antworten wie »die Hand ohrfeigt jemanden«.
dir = direktive Antworten wie »jemanden zum Weitergehen auffordern«.
aff = Ausdruck positiver Gefühle wie »einem Freund zuwinken«.
dep = Dependenz; Antworten wie »Hilfe erbitten«.
com = Kommunikation; Antworten wie »jemandem etwas signalisieren«.
Furcht = Antworten wie »Hand eines Menschen, der Angst hat«.

10 s. KREGARMAN und WORCHEL 1961 etc., FISHMAN 1965, MALLICK und McCANDLESS 1966.

11 Mit dieser Hypothese hat man z. B. Schwierigkeiten zu erklären, warum ausgerechnet Henker so oft durch Selbstmord enden, »daß man geradezu von einer ›Berufskrankheit‹ sprechen kann« (K. ROSSA laut DER SPIEGEL 45/1966).

12 Es sei daran erinnert, daß z. B. auch der optimale Gebrauch des Gesichtssinnes in der Kindheit gelernt werden muß. HEBB (1967, S. 178) berichtet von einem Mädchen, das mit einem grauen Star geboren wurde, als Blinde die Hochschulreife erlangte und nach geglückter Augenoperation zwar schnell Farben unterscheiden konnte, aber nie lernte, mehr als drei Personen mit Hilfe des Gesichtssinns voneinander zu unterscheiden.

Tierexperimente bestätigten inzwischen die Bedeutung des Lernens in den ersten Lebensjahren für viele Verhaltensbereiche, die man früher für stärker genetisch fixiert ansah. Neben dem Sehen sind z. B. das Sexualverhalten und die Aufzucht des Nachwuchses zu nennen (s. HARLOW/HARLOW 1961).

13 In der Fachterminologie spricht man von verschiedenen »Faktoren« der Aggressivität.

14 Korrelations-Koeffizienten können Größen zwischen + 1.00 und — 1.00 annehmen.

Wenn die Annahme der F-A-Theorie stimmte, nach der sich Fremd- und Selbstaggressionen wechselseitig vertreten, müßten die Korrelationen eher negativ ausfallen. Da sie signifikant positiv ausgefallen sind, bleibt zu folgern, daß man in gleich hohem oder niedrigem Ausmaß Fremd- wie Selbstaggressionen zeigen kann.

15 Wahrscheinlich sind LORENZ die bei uns verbreiteten Kampfspiele (wie Fußball) recht fremd. Er hätte sonst diskutiert, wie er sich die gelegentlich bemerkenswerte Unfairneß auf dem Sportplatz erklärt und wie er über die Wirkung des Sports auf die Zuschauer denkt. Er hätte z. B. jene 1:3-Niederlage der deutschen Nationalelf erörtern müssen, die bei der Fußballweltmeisterschaft in Schweden 1958 eine feindselige Stimmung zwischen den deutschen und schwedischen Fußballanhängern schuf. Diese drückte sich u. a. darin aus, daß die Zuschauer bei einem späteren Entscheidungsspiel zur Teilnahme an der Weltmeisterschaft 1962 zwischen Schweden und der Schweiz in Berlin eindeutig Partei für die Schweizer ergriffen (die dann als Außenseiter auch gewannen). Daß ein Fußballspiel auch einmal einen Krieg herbeiführen würde (1970 vor der Weltmeisterschaft zwischen El Salvador und Honduras) konnte LOENZ 1963 noch nicht wissen.

16 Entsprechende Theoretiker wie der psychoanalytisch gebildete Philosoph PLACK erörtern empirische Gegenbelege (etwa ORLANS) nicht.

17 Unzureichende Versuche findet man bei BERKOWITZ 1962.

3. Kapitel

1 Meinem ehemaligen Patienten Hans S., dem ich viele Anregungen verdanke.
2 Dieser Satz ist als Gegenpostulat zum Triebkonzept zu verstehen. Über seine Realisierbarkeit hegen wir keine falschen Hoffnungen.
3 Die Normalverteilung beschreibt eine Beziehung zwischen der Häufigkeit des Vorkommens eines Merkmals und seiner Abweichung von der durchschnittlichen Ausprägung. Die Normalverteilung hat die Form einer Glokkenkurve: extreme Ausprägungen werden selten, mittlere Ausprägungen des Merkmals häufig angetroffen.
4 Ich muß mich hier von KUIPER distanzieren: ich habe keine Lust am Plündern, Morden usw....
5 Im Sommersemester 1970 legten wir den Teilnehmern eines Seminars über »Friedensforschung« an der Pädagogischen Hochschule Braunschweig einen Fragebogen vor, der u. a. die folgenden Fragen umfaßte (Die Antwortenskala war siebenstufig, mit den Polen 1 = sehr groß und 7 = sehr klein. Die Ergebnisse sind wegen des geringen Stichprobenumfangs [N = 24] und evtl. fehlender Repräsentativität der Stichprobe nur vorsichtig zu interpretieren. Die in Klammern gesetzte Zahl gibt jeweils den Mittelwert der Antworttendenzen an):
Welchen Beitrag leisten die Massenmedien zur Verbreitung friedlicher Konfliktlösungen? (5,29)
Für wie groß halten Sie die Wahrscheinlichkeit, daß in den kommenden zehn Jahren das Vorführen brutaler Szenen in Film und Fernsehen verboten wird? (6,00)
In welchem Ausmaß können Bürger von Politikern in der BRD heutzutage lernen, Konflikte (Meinungsverschiedenheiten) in angepaßter Weise zu lösen? (5,38)
Für wie groß halten Sie die Wahrscheinlichkeit, daß Politiker vor Ausbruch eines Krieges alle Möglichkeiten einer friedlichen Konfliktlösung ausgeschöpft haben? (5,71)

Die Studenten erwarten sowohl von dem Verhalten der Politiker als auch vom Programmangebot der Massenmedien keinen Modell-Effekt hinsichtlich des Aufbaus von gewaltfreien, nicht-aggressiven Verhaltenstendenzen und Verhaltensweisen. (Vergleichbare Werte ergaben sich bei weiteren Untersuchungen von Studenten (N=77) und Religionspädagogen (N=51) im Jahre 1971).

5. Kapitel

1 Bei den Psychologen besteht keine Einigkeit, was unter Objektivität zu verstehen ist (vgl. etwa BASS und BERG 1959); meistens wird ein Sachverhalt »objektiv« genannt, wenn verschiedene, voneinander unabhängige Beurteiler ihn gleich beschreiben.
2 Zur Kritik des Physikalismus in der Psychologie, vgl. etwa SMEDSLUND 1955, HOLZKAMP 1964.
3 Anmerkung des Herausgebers: Natürlich kann der Beobachter, der eine »Gerichtetheit« interpretieren will, auch offensichtliche Intentionen in Rechnung stellen...

4 Begründet vom Physiker BRIGDMAN 1927; aus den vielen Arbeiten zu seiner Bedeutung in der Psychologie, vgl. etwa STEVENS 1939, PATT 1945, SKINNER 1945, ELLIS 1956, HOLZKAMP 1964, S. 195 f.
5 Vgl. dazu EDWARDS (1957).

Nachwort

1 Wir meinen hier nur die Todestriebhypothese von FREUD und schätzen FREUD im übrigen als einen »Aufklärer« und Anreger.
2 Hier wirkt sich wieder die undifferenzierte Terminologie in der Aggressionsforschung nachteilig aus: Man zaubere Schimpfereien und Bombenkriege unter den gleichen Begriff »Aggression«, und schon erscheinen sie als Gleiches. Um dem vorzubeugen, müssen wir künftig zumindest von verschiedenen Aggressivitäten statt von einer einheitlichen Aggressivität sprechen (s. S. 29).
3 Wenn man etwas Unsinniges glaubt, trägt man dazu bei, daß es möglich wird. Es soll Leute geben, die genau an dem Tag sterben, der ihnen von »Hellsehern« als Todestag prophezeit worden ist.
4 Wir halten das lernpsychologische für das beste, aber nicht für ein allein hinreichendes Modell.

Literaturverzeichnis

Abzianidze, E. V.: Vyrabotka uslovnykh motivatsionnoemotsional 'nykh reaktsil na baze elektricheskogo razdrazheniya gipotalamusa. (Elaboration of conditioned motivational-emotional reactions on the basis of hypothalamic electrical stimulation. Sak' art 'velos SSR Mets 'nierebat 'a Akademiis Moambe, 1969, 53 (1), 197—200

Allen, E. K., B. M. Hart, J. S. Buell, F. R. Harris and M. M. Wolf. Effects of social reinforcement on the isolate behavior of a nursery school child, Child Developm. 1964, 35, 511—518

Allikmets, L., J. M. Delgado and R. Richards: Intramesencephalic injection of imipramine, promazine and chlorprothixène in awake monkeys. Int. Journal of Neuropharmacology 1968, 7, 185—193

Allport, G. W.: Persönlichkeit. Meisenheim, 1959

—Gestalt und Wachstum in der Persönlichkeit. Meisenheim 1970

Allyon, T. and N. H. Azrin: Reinforcer sampling: a technique for increasing the behavior of mental patient. JABA 1, 1968 13—20

Amsel, A.: The role of frustrative nonreward in noncontinuous reward situations. Psychol. Bull. 1958, 55, 102—119

Andrews, J. S. and R. C. Leaf: Effect of amygdaloid norepinephrine on active—passive avoidance conflict. Proceedings of the 77th Annual Convention of the APA 1969, 4, 899—900

Antons, K., Zur Frage des Abbaus der Persönlichkeit bei chronischem Alkoholabusus. Unveröff. Diss. Univ. Freiburg 1970

Arnold W., H. J. Eysenck, H. Meili: Lexikon der Psychologie. Freiburg 1970

Aronson, E.: The theory of cognitive dissonance: a current perspective. In: Berkowitz, L. (Ed.): Advances in experimental social psychology, Vol. 4, New York 1969

—and J. M. Carlsmith: Effekt of severity of threat on the devaluation of forbidden behavior, J. abn. soc. Ps. 1963 66, 584—588

Ax, A. F.: The physiological differentiation between fear and anger in humans. Psychosom. Med. 1953, 15, 433—442

Axline, V.: Play therapy. New York 1947

Azrin, N. H., D. F. Hake and R. R. Hutchinson: Elicitation of aggression by a physical blow. J. exp. anal. behav. 1965, 8, 55—57
—R. R. Hutchinson and D. F. Hake: Extinction—induced aggression. J. exp. anal. behav. 1966, 9, 191—204
—H. B. Rubin and R. R. Hutchinson: Biting attack by rats in response to aversive shock. J. exp. anal. behav. 1968, 11, 633—639
Bach, G. R.: Young children's play fantasies. Psych. Monogr. 1945, 59, No. 2
Baer, D. M. and F. R. Harris: Control of nursery school children's behavior by programming social reinforcement from their teachers. Americ. Psychologist, 1963, 18, 343
Baker, J. W. and K. W. Schaie: Effects of aggressing »alone« or »with another« on physiological and psychological arousal. J. Pers. Soc. Psychol. 1969, 12, 80—86
Bandura, A.: Psychotherapy as a learning process. Psychol. Bull. 1961, 58, 143—159
—Social learning through imitation. In: Jones, M. R. (Ed.): Nebrasca symposium on motivation. Lincoln 1962
—Vicarious processes: a case of no-trial learning. In: Berkowitz, L. (Ed.): Advances in experimental social psychology, Vol. 2. New York 1965
—Social-learning theory of identificatory processes. In: Goslin, D. A. and D. C. Glass (Eds.): Handbook of socialization theory and research. Chicago 1968
—Aggression, a social learning analysis. Englewood Cliffs, N. Y. 1973
—and A. C. Huston: Identification as a process of incidental learning. J. abn. soc. Psychol. 1961, 63, 311—318
—D. Ross and S. A. Ross: Imitation of film-mediated aggressive models. J. abn. soc. Psychol. 1963 66, 3—11
—D. Ross and S. A. Ross: Vicarious reinforcement and imitative learning. In: Staats, A. W. (Ed.): Human learning. New York 1964
—and R. H. Walters: Adolescent aggression. New York 1959
—and R. H. Walters: Aggression. In: Stevenson, H. W. (Ed.): Child Psychology. 62. Yearbook of the national study for the study of education. Chicago 1963
—and R. H. Walters: Social Learning and Personality Development. New York 1964
Bard, P.: A diencephalic mechanism for the expression of rage with special reference to the sympathetic nervous system. Amer. J. Physiol. 1928, 84, 480—515
—and V. B. Mountcastle: Some forebrain mechanisms involved in expression of rage with spacial reference to suppression of angry behavior, Proc. Assn. Res. Nerv. Ment. Disease. 1947, 27, 362—404
Barendregt, J. T. and F. S. Van Dam: Experimentelle Neurosen durch Beherrschung von Emotionen (Begleittext zum Film). Amsterdam 1969
Barker, R., T. Dembo and K. Lewin: Frustration and regression: an experiment with young children. Univ. of Iowa Studies. Studies in Child Welfare 1941, 18, No. 1
Barnett, S. A.: On the hazards of analogies. In: A. F. M. Montagu (Ed.): Man and aggression. New York 1968
Baron, R. A.: Attraction toward the model and model's competence as determinants of adult imitative behavior. J. pers. soc. Psychol. 1970, 14, 345—351
—and C. R. Kepner: Model's behavior and attraction toward the model as determinants of adult aggressive behavior. J. person. soc. Psychol. 1970, 14, 335—344

Barrett, Beatrice H.: Reduction of rate of multiple tics by free operant conditioning methods, J. nerv. ment. disease, 1962, 135, 187—195
Barrish, H. H., M. Saunders and M. M. Wolf: Good behavior game: effects of individual contingencies for group consequences on disruptive behavior in a classroom. Jaba 2, 1969, 119—124
Bass, B. M. and I. A. Berg (Eds.): Objective Approaches to Personality Assessment. Princeton, New York 1959
Bateson, G.: The frustration-aggression-hypothesis and culture. Psychol. Rev. 1941, 48, 350—355
Becker, W. C., C. H. Madsen, C. R. Arnold and D. R. Thomas: The contingent use of teacher attention and praise in reducing classroom behavior problems. J. spec. Educ. 1967, 1, 287—307
Belschner, W.: Ein empirischer Beitrag zur Konstruktion des Foto-Hand-Tests, Unveröff. Diss. Univ. Freiburg 1968
—und D. Hoffmann: Über den Zusammenhang von Lehrerverhalten und dem soziometrischen Status von Schulen. Schule und Psychologie 1972, 19, 277–285
—M. Hoffmann, F. Schott und Ch. Schulze: Verhaltenstherapie in Unterricht und Erziehung, Stuttgart 1975[3]
—G. Lischke und H. Selg: Foto-Hand-Test (FHT) zur Erfassung der Aggressivität, Freiburg 1971
—und F. Schott: Vermittlung sozialer Verhaltensmuster? Eine Analyse von Kindersendungen im Abendprogramm westdeutscher Rundfunkanstalten. Neue Praxis 1972, 2, 442–452
—Aggression oder wer hat die soziale Macht, Interaktionen zu beurteilen? 1975 (In Vorbereitung)
Berg, J. A.: Response set in personality assessment, Chicago 1967
Bergius, R.: Behavioristische Konzeptionen zur Persönlichkeitstheorie. In: Handbuch der Psychologie, Bd. 4. Göttingen 1960
—Friede als soziales Verhalten und Erleben. In: Vom Frieden, Niedersächs. Landeszentrale für polit. Bildung, 93—113, Hannover 1967
Bergquist, E. H.: Output pathways of hypothalamic mechanisms for sexual, aggressive, and other motivated behaviors in opossum. J. of Comp. Physiological Psychol. 1970, 70, 389—398
Berkowitz, L.: The expression and reduction of hostility, Psychol. Bull. 1958, 55, 257—283
—Aggression: A Social Psychological Analysis, New York/Toronto/London/San Francisco 1962
—and R. G. Geen: Film violence and the cue properties of available targets. J. pers. soc. psychol. 1966, 3, 525—530
—and D. A. Knurek: Label-mediated hostility generalization. J. pers. soc. psychol. 1969, 13, 200—206
—J. B. Lepinski and E. J. Angulo: Awareness of own anger level and subsequent aggression. J. Pers. Soc. Psychol. 1969, 11, 3, 293—300
—and E. R. Rawlings: Effects of film violence on imitation against subsequent aggression. J. abnorm. soc. Psychol. 1963, 66, 405—412
Biermann, G.: Kindeszüchtigung und Kindesmißhandlung. München 1969
Bindra, D.: Motivation, a systematic reinterpretation. New York 1959
Blöschl, L.: Belohnung und Bestrafung im Lernexperiment. Weinheim 1969
—Grundlagen und Methoden der Verhaltenstherapie. Bern/Stuttgart/Wien 1969
Boehlke, K. W. and B. E. Eleftheriou: Levels of monoamine oxidase in the brain of C S 7 B 1/6 J mice after exposure to defeat. Nature 1967, 213, 5077, 739—740

Bostow, D. E. and J. B. Bailey: Modification of severe disruptive and aggressive behavior using brief timeout and reinforcement procedures. Jaba, 1969, 31—37

Bourne, P. G., Altered Adrenal Function in Two Combat Situations in Viet Nam in: Eleftheriou / Sott s. o.

Brigdman, P. W.: The logic of modern physics. New York 1927

Broch, T. and J. Galtung: Belligerence among the primitives. J. Peace Res. 1966, 33–45

Broden, M., C. Bruce, M. A. Mitchell, V. Carter and R. V. Hall: Effects of teacher attention on study behavior of two boys at adjacent desks (Vorabdruck)

Brown, G. D. and V. O. Tyler: Time-out from reinforcement: a technique for dethroning the »duke« of an institutionalized delinquent group. J. Child Psychol. Psychiatry Allied Disc. 1968, 9, 203—211

Brown, J. S.: The motivation of behavior. New York/Toronto/London 1961

—and J. E. Farber: Emotions conceptualized as intervening variables — with suggestion toward a theory of frustration. Psychol. Bull. 1951, 48, 465—495

Brown, P. and R. Elliott: Control of aggression in a nursery school class. J. exp. Child Psychol. 1965. 2, 103—107

Bruner, J. and L. Postman: An approach to social perception. In: Dennis, W. (Ed.): Current trends in social psychology. Pittsburgh 1951

Buehler, R. E., G. R. Patterson and J. M. Furniss: The reinforcement of behavior in institutional settings. Beh. Res. Ther. 1966, 4, 157—167

Bunnell, B. N.: Amygdaloid lesions and social dominance in the hooded rat. Psychonomic science, 1966, 6, 93—94

—and M. H. Smith: Septal lesions and aggressiveness in the cotton rat. Psychonomic Science, 1966, 6, 443—444

Burchard, J. and V. O. Tyler: The modification of delinquent behavior through operant conditioning. Beh. Res. Ther. 1965, 2, 245—250

Burgess, M. M., R. S. Reivicl and J. J. Suverman: Effects of frustration and aggression on physiological arousal level in depressed subjects. Perc. Motor Skills, 1968, 27, 743—749

Buss, A. H.: The psychology of aggression. New York/London 1961

—Physical aggression in relation to different frustrations. J. abn. soc. Psychol. 1963, 67, 1—7

—Instrumentality of aggression, feedback, and frustration as determinants of physical aggression, J. pers. soc. Psychol. 1966, 3, 153—162

Candland, D. K. et al.: Squirrel monkey heart rate during formation of status orders. J. Comp. Physiolog. Psychol. 1970, 70, 417—423

Cannon, W. B.: Bodily changes in pain, hunger, fear and rage. New York 1929

Cappell, H. and B. Latané: Effects of alcohol and coffeine on the social and emotional behavior of the rat. Quarterly Journal of Studies in Alcohol, 1969, 30, 345—356

Carlson, C. S., C. R. Arnold, W. C. Becker and C. H. Madsen: The elimination of tantrum behavior of a child in an elementary classroom. Behav. Res Ther. 1968, 6, 117—119

Carpenter, L., Jr.: Relations of aggressions in the personality to outcome with electroconvulsive shock therapy. J. ger. Psychol. 1957, 57, 3—22

Chapman, W. P. et al.: Physiological evidence concerning the importance of amygdaloid nuclear region in the integration of articulatory function and emotion in man. Science 1954, 120, 949—950

Chittenden, G. E.: An experimental study in measuring and modifying assertive behavior in young children. Monogr. soc. res. child developm. 1942, 7, No. 1

Clausewitz, C. Vom Kriege, Bonn 1966[17]

Cowan, P. A. and R. H. Walters: Studies of reinforcement of aggression I. Effects of scheduling. Child Developm. 1963, 34, 543—551

Cronbach, L. J. and P. E. Meehl: Construct validity in psychological tests. Psychol. Bull. 1955, 52, 281—302

Dann, H.-D.: Genetische Aspekte aggressiven Verhaltens, Z. erzieh.-wiss. For. 1967, 1, 3—37

—Auswirkungen des Gewährens versus Unterbindung aggressiven Verhaltens auf kognitive Prozesse. Schw. Z. Ppych. Anw. 1970, 29, 257—272

Davitz, J. R.: The effects of previous training on postfrustration behavior. J. abn. soc. Ps. 1952, 47, 309—315

Delgado, J. M. R.: Cerebral heterostimulation in a monkey colony. Science 1963, 241, 161—163

Aggression and Defense under cerebral radio-control, in: Clemente/Lindzley Eds. Aggression and Defense: Neural mechanisms and social patterns. Los Angeles 1967

—Physical control of the mind. New York 1971

—and L. M. Kitahata: Reversible depression of hippocampus by local injections of anaesthetics in monkeys. Elektroencephalography and clinical Neurophysiology 1967, 22, 453—464

Detjen, E. W. and M. F. Detjen: Elementary school guidance. New York 1963

Dodsen, J. T. Relative value of reward and punishment in habit formation. Psychobiology 1917, 1, 231—276

Dollard, J., L. W. Doob, N. E. Miller, O. H. Mowrer and R. R. Sears: Frustration and aggression. New Haven 1939

Dorsch, F.: Psychologisches Wörterbuch, Hamburg/Bern 1959[6]

Drath, E.-M.: Über den Einfluß von Frustration auf Handtest-Ergebnisse bei Kindern. Unveröff. Diplomarbeit. Freiburg 1969

Edwards, A. L.: The social desirability variable in personality research. New York 1957

Edwards, D. A.: Early androgen stimulation and aggressive behavior in male and female mice. Physiology and Behavior, 1969, 4 (3), 333—338

Egger, M. D., J. P. Flynn: Effects of electrical stimulation of the amygdalae on hypothalamically elicited attack behavior in cats. J. Neurophysiol. 1963, 26, 705—720

Eleftheriou, B. E. and K. W. Boehlke: Brain monoamine oxidase in mice after exposure to aggression and defeat. Science, 1967, 155, 3770, 1963—1964

—and R. L. Church: Brain 5-hydroxytryptophan decarboxylase in mice after exposure to aggression and defeat. Physiology and Behavior, 1968, 3, 2, 323—325

—et al.: Effect of repeated exposure to aggression and defeat on plasma and pituitary levels of thyreotropin Physiology and Behavior 1963, 3, 3, 467—469

—and Scott, J. P.: An Introduction, in:

—Scott: The Physiology of Aggression and Defeat New York 1971

Ellis, A.: An operational reformulation of some of the basic principles of psychoanalysis. In: Feigl, H. and M. Scriven (Eds.): Minnesota Studies in the Philosophy of Science, Vol. I. Minneapolis 1956

Ellison, G. D. and J. B. Flynn: Organized aggressive behavior in cats after surgical isolation of the hypothalamus. Archives Italiennes de Biology 1968, 106, 1—20

Epstein, R. Aggression toward outgroups as a function of authoritarianism and imitation of aggressive models. J. Pers. soc. Psychol. 1966, 3, 574—579
Eron, L. D. Relationships of TV viewing habits and aggressive behavior in children. J. abn. soc. Psychol. 1963, 67, 193—196
—L. O. Walder, R. Toigo, and M. M. Lefkowitz: Sozial class, parental punishment for aggression, and child aggression. Child developm. 1963, 34, 849—867
Eyferth, K.: Das Lernen von Haltungen, Bedürfnissen und sozialen Verhaltensweisen. In: Bergius, R. (Hg.): Handbuch der Psychologie, Bd. I, 2. Göttingen 1964
Ferster, C. B.: Reinforcement and punishment in the control of human behavior by social agencies. Psychiat. res. reports 1958, 10, 101—118
—and J. B. Appel: Punishment of SΔ responding in match to sample by time-out from positive reinforcement. J. exp. anal. beh. 1961, 4, 45—56
Feshbach, S., The drive-reducing function of fantasy behavior. J. abn. soc. psychol. 1955. 50,3—11
—The catharsis hypothesis and some consequences of interaction with aggressive and neutral play objects. J. pers. 1956, 24, 449—462
—The stimulating versus cathartic effect of a vicarious aggressive activity. J. abn. soc. psychol. 1961, 63, 381—385
—The function of aggression and the regulation of aggressive drive. Psychol. Rev. 1964, 257—272
Finch, D. M. and R. S. Surwil: The effects of amygdalectomy on shock—induced fighting behavior in rats. Psychonomic Science, 1968, 10, 360—370
Fine, B. J. and D. R. Sweeney: Socio-economic background, aggression and catecholamine excretion. Psych. Reports 1967, 20, 11—18
Fine, B. J. and D. R. Sweeney: Personality traits, and situational factors, and catecholamine excretion. J. Exp. Res. Person. 1968, 3, 15—27
Fischer, G. H. (Hg.): Psychologische Testtheorie. Bern/Stuttgart 1968
Fishman, C. G.: Need for approval and the expression of aggression under varying conditions of frustration. J. pers. soc. Psychol. 1965, 2, 809—816
Flynn, J. B.: The neural basis of aggression in cats. In: Glass, D. C.: Neuropsychology and emotion. New York 1967
Foppa, K.: Lernen, Gedächtnis, Verhalten. Köln 1966[2]
Freedmann, J. L.: Long-term behavioral effects of cognitive dissonance. J. exp. soc. Ps. 1965, 1, 145—155
Freud, S.: Über Psychotherapie. Ges. W. Bd. V, 1905 a
—Drei Abhandlungen zur Sexualtheorie. Ges. W., Bd. V, 1905 b
—Analyse der Phobie eines fünfjährigen Knaben. Ges. W., Bd. VII, 1909
—Triebe und Triebschicksale. Ges. W., Bd. X, 1915 a
—Zeitgemäßes über Krieg und Tod. Ges. W., Bd. X, 1915 b
—Vorlesungen zur Einführung in die Psychoanalyse. Ges. W., Bd. XI, 1917
—Jenseits des Lustprinzips. Ges. W., Bd. XIII, 1920
—Das Ich und das Es. Ges. W., Bd. XIII, 1923
—Das ökonomische Problem des Masochismus. Ges. W., Bd. XIII, 1924
—Die Verneinung. Ges. W., Bd. XIV, 1925
—Das Unbehagen in der Kultur. Ges. W. Bd., XIV, 1930
—Neue Folge der Vorlesungen zur Einführung in die Psychoanalyse. Ges. W., Bd. XV, 1933 a
—Warum Krieg? Ges. W., Bd. XVI, 1933 b
—Abriß der Psychoanalyse. Ges. W., Bd. XVII, 1938
Fricke, R.: Über Meßmodelle in der Schulleistungsdiagnostik, Düsseldorf 1972
Fuller, J. L. and W. R. Thompson: Behavior Genetics. New York 1960

Funkenstein, D., S. H. King, M. Drolette: The direction of anger during a laboratory stress—induction situation. Psychosom. Med. 1954, 16, 404—413
Gagné, R. M.: Die Bedingungen des menschlichen Lernens. Hannover 1967
Galef, B. G., Jr.: Aggression and timidity: Responses to novelty in feral Norway rats. J. Compar. Physiol. Psychol. 1970, 70, 370—381
Gambaro, S. and A. J. Rabin: Diastolic blood pressure responses following direct and displaced aggression after anger arousal in high- and low-guilt subjects. J. pers. soc. Psychol. 1969, 12, 87—94
Geen, R. G. and E. C. O'Neal: Activation of cue-elicited aggression by general arousal. J. pers. soc. Psychol. 1969, 11, 289—292
Glueck, S. and E. Glueck: Unraveling juvenile delinquency. New York 1950
—Jugendliche Rechtsbrecher. Wege zur Vorbeugung. Stuttgart 1963
Goddard, G. V.: Function of the amygdalae. Psychol. Bull. 1964, 62, 89—109
Goffmann, E.: Verhalten in sozialen Situationen. Strukturen und Regeln der Interaktion im öffentlichen Raum. Gütersloh 1971
—Asyle. Über die soziale Situation psychiatrischer Patienten und anderer Insassen. Frankfurt 1973
Graumann, C. F.: Social Perception. Die Motivation der Wahrnehmung in neueren amerikanischen Untersuchungen. Z. exp. angew. Psychol. 1956, 3, 605—661
—Eigenschaften als Problem der Persönlichkeitsforschung. In: Lersch, Ph. und H. Thomae (Hg.): Handbuch der Psychologie, Bd. IV. Göttingen 1960
Grossmann, H. P.: Die Persönlichkeitserforschung des inhaftierten Rechtsbrechers. Stuttgart 1972
Guthrie, E. R.: The psychology of learning. New York 1952[2]
Hall, C. S.: The genetics of behavior. In: Stevens, S. S. (Ed.): Handbook of experimental psychology. New York 1951
Hall, V. R. et al.: Instructing beginning teachers in reinforcement procedures which improve classroom control. JABA 1968, 1, 315—322
Haner, C. F. and P. A. Brown: Clarification of the instigation to action concept in the frustration-aggression hypothesis. J. abn. soc. Psychol. 1955, 51, 204—206
Harlow, H. F. and M. K. Harlow: A study of animal affection. Nat. Hist. 1961, 70, 48—55
Hartmann, D. P.: Influence of symbolically modeled instrumental aggression and pain cues on aggressive behavior. J. pers. soc. Psychol. 1969, 11, 280—288
Hartmann, H., E. Kris and R. Loewenstein: Notes on the theory of aggression. In: The psychoanalytic study of the child. 1949, III/IV, 9—36
Hartrup, W. W. and Y. Himeno: Social isolation versus interaction with adults in relation to aggression in preschool children. J. abn. soc. Psychol. 1959, 59, 17—22
Haseloff, O. W. und E. Jorswieck: Psychologie des Lernens. Berlin 1970
Hathaway, S. R. and J. C. McKinley: Minnesota Multiphasic Personality Inventory. New York 1951[2]
Hävernick, W.: »Schläge« als Strafe — ein Bestandteil der Familiensitte in volkskundlicher Sicht. Hamburg 1964
Hawkins, R. P. et al.: Behavior therapy in the home: amelioration of problem parent-child relations with the patient in therapeutic role, J. exp. child Psychol. 1966, 4, 99—107
Heath, R. G., R. R. Monroe and W. A. Mechle: Stimulation of the amygdaloid nucleus in a schizophrenic patient. Amer. J. Psychiat. 1955, 11, 862—863

Hebb, D. O.: The organization of behavior. New York 1949
—Einführung in die moderne Psychologie. Weinheim und Berlin 1967
Hellmer, J.: Jugendkriminalität in unserer Zeit. Frankfurt/M. 1966
Herrmann, T.: Lehrbuch der empirischen Persönlichkeitsforschung. Göttingen 1969
Hess, W. R.: Das Zwischenhirn, Basel 1954[2]
—Hypothalamus und Thalamus. Stuttgart 1956
Hicks, D. J.: Imitation and retention of film-mediated aggressive peer and adult models. J. Pers. soc. Psychol. 1965, 2, 97—100
—Effects in co-observer's sanctions and adult presence on imitative aggression. Child Developm. 1968, 39, 303—309
Hill, W. F.: Learning theory and the acquisition of values. Psychol. Rev. 1960, 67, 317—331
Hörmann, H.: Aussagemöglichkeiten psychologischer Diagnostik. Göttingen 1964
Hofstätter, P. R.: Gruppendynamik. Hamburg 1957
—Psychologie. Frankfurt 1957
Hokanson, J. E.: The effects of frustration and anxiety on overt aggression. J. abnorm. soc. Psychol. 1961, 62, 346—351
—and M. Burgess: The effects of status, type of frustration, and aggression on vascular processes. J. abn. soc. Psychol. 1962, 65, 232—237
—and M. Burgess: The effects of three types of aggression in vascular processes. J. abn. soc. Psychol. 1962, 64, 446—449
—M. Burgess and M. F. Cohen: Effect of displaced aggression on systolic blood pressure. J. abn. soc. Psychol. 1963, 67, 214—218
—and S. Shetler: The effect of overt aggression on psychological arousal level. J. abn. soc. Psychol. 1961, 63, 446—448
—Willers, K. R. and E. Koropsak: The modification of autonomic responses during aggressive interchange. J. person. 1968, 36, 386—404
Holmes, D. S.: Effects of overt aggression on level of physiological arousal. J. pers. soc. Psychol. 1966, 4, 189—194
Holst, E. v. und U. v. Saint Paul: Vom Wirkungsgefüge der Triebe. Naturwiss. 1960, 47, 409—422
—and U. v. St. Paul: Electrically controlled behavior. Scient. Amer. 1962, 206, 50—59
Holzkamp, K.: Theorie und Experiment in der Psychologie. Berlin 1964
—Wissenschaft als Handlung. Versuch einer neuen Grundlegung der Wissenschaftslehre. Berlin 1968
—Reinforcement durch Blickkontakt: eine empirische Studie. Z. exp. angew. Psychol. 1969, 16, 538—560
—Zum Problem der Relevanz psychologischer Forschung für die Praxis. Psychol. Rundschau 1970, 21, 1—22
Horn, K.: Dressur oder Erziehung — Schlagrituale und ihre gesellschaftliche Funktion. Frankfurt 1967
Hovland, C. J.: Effects in the mass-media of communication. In: Lindzey, G. (Ed.): Handbook of Social Psychology, Vol. II. Cambridge 1954
Hull, C. L.: Principles of behavior. New York 1943
—A behavior system. New Haven 1952
Ilfeld, F. W.: Overview of the causes and preventions of violence. Archives of gen. Psychiatry 1969, 20, 675—689
Jackson, L.: Aggression and its interpretation. London 1954
James W. H., B. J. Rotter: Partial and 100 percent reinforcement under chance and skill conditions. J. exp. Psychol. 1958, 55, 397—403
Johnston, M. K. et al.: An application of reinforcement principles to development of motor skills in a young child. Child Developm. 1966, 37, 379—387

Jones, E.: Leben und Werk von Sigmund Freud. Bd. I—III. Bern/Stuttgart 1960/62
Kagan, J. and H. A. Moss: Birth to maturity. New York/London 1962
Kahn, M.: The physiology of catharsis. J. pers. soc. Psychol. 1966, 3, 278—286
Kahn, M. W. and W. E. Kirk: The concept of aggression: A review and reformulation. Psychol. Rec. 1968, 18, 559—573
Kaiser, K.: Das Drohsystem überwinden. In: Der Spiegel, Nr. 20, 220—225. Hamburg 1970
Kamlah, W. und P. Lorenzen: Logische Propädeutik oder Vorschule des vernünftigen Redens. Mannheim 1967
Karli, P.: Hormones steroides et comportement d'aggression interspécifique rat—souris. J. Physiol. Path Gen. 1958, 50, 346—347
—et M. Vergnes: Rôle du rhinéncephale dans le contrôle du comportement d'aggression interspécifique rat—souris. Journal de Physiologie 1963, 55, 272—273
Kaufmann, H.: Definitions and Methodology in the Study of Aggression. Psychol. Bull. 1965, 64, 351—364
Kellner, H. und I. Horn: Gewalt im Fernsehen. Schriftenreihe des ZDF, Heft 8, Mainz 1971
Kenny, D. T.: An experimental test of the catharsis theory of aggression, Ann Arbor 1953
Kermani, E. J.: »Aggression«. Biophysiological aspects. Deseases of the nervous System 1969, 30, 407—414
Keupp, H. (Hg.): Der Krankheitsmythos in der Psychopathologie. München 1972
Klauer, K. J.: Lernen und Intelligenz. Weinheim 1969
Klineberg, O.: Die menschliche Dimension in den internationalen Beziehungen. Bern/Stuttgart 1966
Klopper, A.: Physiological background to aggression. In: Carthy J. D. and F. J. Elbing. The natural history of aggression. London 1964
Kornadt, H.-J.: Einflüsse der Erziehung auf die Aggressivitätsgenese. In: Herrmann, Th. (Hg.): Psychologie der Erziehungsstile. Göttingen 1966
Kounin, J. S.: Discipline and group management in classrooms. New York 1970
Kraft, V.: Der Wiener Kreis. Der Ursprung des Neopositivismus. Wien 1950
Kregarman, J. J. and Ph. Worchel: Arbitrariness of frustration and aggression. J. abn. soc. Psychol. 1961, 63, 183—187
Kuhn, Th. S.: Die Struktur wissenschaftlicher Revolution. Frankfurt/M. 1967
Kuiper, P. C.: Aggression und das metapsychologische Modell. Vortrag 1. Frankf. Psychoanalyt. Kongreß 1964
Langelüddecke, A.: Gerichtliche Psychiatrie. Berlin 1959
Larder, D. L.: Effect of aggressive story content on nonverbal play behavior. Psychol. Rep. 1962, 11, 14
Latané, B. and A. J. Arrowood: Emotional arousal and task performance. J. appl. Psychol. 1963, 47, 234—327
Laties, V. G.: Modification of affect, social behavior and performance by sleep deprivation and drugs. J. psychiat. Res. 1961, 1, 12—24
Lawrence, D. H. and L. Festinger: Determinants and reinforcements: the psychology of insufficient rewards. Stanford 1962
Lawson, R.: Frustration. New York/London 1965
Lefkowitz, M. et al.: Status factors in pedestrian violation of traffic signals. J. abn. soc. Psychol. 1955, 51, 704—706

Leonhardt, R. L.: Auf der Sexwelle. In: Die Zeit, 1. 12. 1967. Hamburg 1967
Levin, H. and V. Turgeon: The influence of mother's presence on children's doll play aggression. J. abn. soc. Ps. 1957, 55, 304—308
—and E. Wardwell: The research uses of doll play. Psychol. Bull. 1962, 59, 27—56
Levinson, P. K. and J. P. Flynn: The objects attacked by cats during stimulation of the hypothalamus. Animal Behavior, 1965, 13, 217—220
Levy, L. H.: Psychological interpretation. New York/London 1963
Leyhausen, P.: Verhaltensstudien an Katzen. Berlin 1960[2]
Lischke, G.: Aggression und Aggressionsbewältigung. Freiburg 1972
Little, K. B. and D. K. Adams: The catharsis value of aggression fantasy. J. proj. Techn. 1965, 29, 336—340
Loevinger, J.: Objective tests as instruments of psychological theory. Psychol. Rep. 1957, Monogr. Suppl. 9
Lorenz, K.: Über die Bildung des Instinktbegriffes. Die Naturwissensch., 1937, 25 Heft 19
—Das sogenannte Böse. Wien 1963
Lovaas, I. O.: Interaction between verbal and nonverbal behavior. Child developm. 1961, 32, 329—336
—Effect of exposure to symbolic aggression on aggressive behavior. Child developm. 1961, 32, 37—44
Loy, D. L. and J. W. Turnbull: Indirect assessment of anger disposition. J. proj. techn. person. ass. 1964, 28, 314—321
Lumsden, M.: The instinct of aggression: science or ideology? Futurum 1970, 3, 408–419
Maccoby, E. E.: Die Wirkung des Fernsehens auf Kinder. In: W. Schramm (Hg.): Grundfragen der Kommunikationsforschung. München 1968[2]
Madsen, C. H., W. C. Becker, D. R. Thomas, L. Koser and E. Plager: An analysis of the reinforcing function of »sit down« commands. In: Parker, R. K. (Ed.): Readings in educational psychology. Boston 1968
—W. C. Becker and D. R. Thomas: Rules, praise and ignoring: elements of elementary classroom control. J. appl. behav. anal. 1968, 1, 139—150
Magoun, H. W.: The waking brain. Springfield III. 1958
Maier, N. R. F.: Frustration. New York 1949
Mallik, S. K. and B. R. McCandless: A study of catharsis of aggression. J. Pers. soc. Psychol. 1966, 4, 591—596
Mantell, D. M.: Familie und Aggression. Frankfurt 1972
Marcuse, L.: Sigmund Freud. Hamburg 1956
McCord, J. and W. McCord: The effects of parental role models on criminality. J. soc. Issues 1958, 14, 66—74
McDonnell, M. F. and J. B. Flynn: Attack elicited by stimulation of the thalamus in cats. Science 1964, 44, 1249—1250
—and J. B. Flynn: Sensory control of hypothalamic attack. Animal Behavior 1966, 14, 399—405
McDougall, W.: Aufbaukräfte der Seele, Stuttgart 1947[2]
McKenzie, H. S., M. Clark, M. M. Wolf, R. Kothera and C. Benson: Behavior modification of children with learning disabilities using grades as tokens and allowances as back up reinforcers. Except. Children 1968, 34, 745—752
Mees, U.: Modifikation »aggressiven« Verhaltens. In: Selg, H.: Menschliche Aggressivität. Göttingen 1974. S. 147—172
Megargee, E. I. and J. E. Hokanson: The dynamics of aggression. New York, Evanston, London 1970

Meichenbaum, D. M., K. S. Bowers and R. R. Ross: Modification of classroom behavior of institutionalized female adolescent offenders. Behav. res. ther. 1968, 6, 343—353
Menke-Glückert, P.: Friedensstrategien. Hamburg 1969
Menninger, W. C.: Recreation and mental health. Recreation 1948, 42, 340—346
Merz, F.: Aggression und Aggressionstrieb. In: Thomae, H. (Hg.): Handbuch der Psychologie, Bd. II. Göttingen 1965
Milgram, St.: Einige Bedingungen von Autoritätsgehorsam und seiner Verweigerung. Z. exp. angew. Psychol. 1966, 13, 433—463
Miller, N. E.: Thre frustration-aggression hypothesis. Psychol. Rev. 1941, 48, 337—342
—Studies of fear as a acquirable drive. J. exp. Psychol. 1948, 38, 89—101
—Learning resistance to pain and fear: effects of overlearning, exposure, and rewarded exposure in content. J. exp. Psychol. 1960, 60, 137—145
—and J. Dollard: Social learning and imitation. New Haven 1941
Mischel, W. and J. Grusec: Determinants of the rehearsal and transmission of neutral and aversive behaviors. J. Pers. soc. Psychol. 1966, 3, 197—205
Mitscherlich, A. (Hg.): Bis hierher und nicht weiter — Ist die menschliche Aggression unbefriedbar? München 1969 a
—Aggression ist eine Grundmacht des Lebens — Rede zur Verleihung des Friedenspreises des deutschen Buchhandels 12. 10. 1969. In: Der Spiegel, Nr. 42, 206—212 Hamburg 1969 b
—Die Idee des Friedens und die menschliche Aggressivität. Frankfurt 1969 c
Montagu, M. F. A. (Ed.): Man and aggression. New York 1968
Morden, B. et al.: Effects of rapid eye movement (REM) sleep deprivation on shock-induced fighting. Psychology and Behavior 1968, 3, 425—432
Mowrer, O. H.: Learning theory and behavior. New York 1960
Moyer, K. E.: Internal impulses to aggression. Transaction of the New York Academy of Sciences, 1969, 31, 109—114
—A Preliminary Physiological Model of Aggressive Behavior in: Eleftheriou/Scott s. o.
Müller, H. A.: Anfangsschwierigkeiten des Volksschullehrers. Die deutsche Schule 1960, 52, 348—361
Mussen, P. H. and E. Rutherford: Effects of aggressive cartoons on children's aggressive play. J. abn. soc. Psychol. 1961, 62, 461—464
Nelson, J. D., D. M. Gelfand and D. P. Hartmann: Children's aggression following competition and exposure to an aggressive model. Child development 1969, 40, 1085—1097
Nestle, W.: Der Friedensgedanke in der antiken Welt, Leipzig 1938
Newcomb, Th. M.: Sozialpsychologie. Meisenheim 1959²
Niedersächsische Landeszentrale für Politische Bildung: Vom Frieden. Hannover 1967
Nighswander, J. K. and G. R. Mayer: Catharsis: a means of elementary school student's aggressive behaviors? Pers. Guidance J. 1969, 47, 461—466
Nowak, D. W. and M. J. Lerner: The effect of preparatory actions on beliefs concerning nuclear war: a test of some alternative explanations. J. soc. Ps. 1960, 70, 11—121
Oerter, R.: Moderne Entwicklungspsychologie. Donauwörth 1967
Olds, J.: Self-Stimulation of the Brain. In: Gross. C. G. and H. P. Zeigler: Readings in physiological Psychology: Motivation. New York 1969
Orlans, H.: Infant care and personality. In: Rachman, S. (Ed.): Critical essays on psychoanalysis. London 1963
Palmer, St.: Frustration, aggression, and murder. J. abn. soc. Psychol. 1960, 60, 430—432

Panksepp, J. and J. Trowill: Electrically induced affective attack from the hypothalamus of the albino rat. Psychonomic Science 1969, 16, 118—119

Pastore, N.: The role of arbitrariness in the frustration-aggression hypothesis. J. abn. soc. Psychol. 1952, 47, 728—731

Patterson, G., R. Littman and W. Bricker: Assertive behavior in children. Monogr. of the Society for Research in Child Developm. 1967, 32, 1—43

Pawlow, I. P.: Zwanzigjährige Erfahrungen mit dem objektiven Studium der höheren Nerventätigkeit. Sämtl. Werke, Bd. 3, Berlin 1953

Plack, A.: Die Gesellschaft und das Böse. München 1967

Plotnik, R., Mir, D. and Delgado, J. M. R., Aggression, Noxiousness, and Brain Stimulation in Unrestrained Rhesus Monkeys, in: Eleftheriou Scott s. o.

Pratt, C. C.: Operationism in psychology. In: Boring, E. G. (Ed.): Symposium on operationism. Psychol. Rev. 1945, 52, 262—269

Pribram, K. H.: Emotion: Steps toward a neuropsychological theory. In: Glass, D. C. (Ed.): Neuropsychology and emotion. New York 1967

Rachman, S.: Pain-elicited aggression and behavior therapy. Psychol. Rec. 1965, 15, 465

Rattner, J.: Aggression und menschliche Natur. Olten/Freiburg 1970

Raumer, K. V.: Ewiger Friede — Friedensrufe und Friedenspläne seit der Renaissance. Freiburg 1953

Reeves, A. G. and F. Plum: Hyperphagia, rage, and dementia accompanying a ventromedial hypothalamic neoplasm. Archives of Neurology, 1969, 20, 616—624

Rein, H. und M. Schneider: Einführung in die Physiologie des Menschen. Berlin 1960[13/14]

Roberts, W. W. and H. O. Kiess: Motivational properties of hypothalamic aggression in cats. J. compar. physiol. Psychol. 1964, 58, 187—193

Rosekrans, M. A. and W. W. Hartrup: Imitative influences of consistent and inconsistent response consequences to a model on aggressive behavior in children. J. pers. soc. Psychol. 1967, 7, 429—434

Rosenbaum, M. E. and R. Decharms: Direct and vicarous reduction of hostility. J. abn. soc. Psychol. 1960, 60, 105—111

Rosenzweig, S.: Types of reaction to frustration: a heuristic classification. J. abn. soc. Psychol. 1934, 29, 298—300

Rosvold, H. E., A. F. Mirsky and K. H. Pribram: Influence of amygdalectomy on social behavior in monkeys. J. Comp. Physiol. Psychol. 1954, 47, 173—178

Roth, E.: Über die Begriffsbildung in der Persönlichkeitspsychologie. Jb. Psychol., Psychotherapie und Med. Anthrop. 1963, 10, 139—148

—Persönlichkeitspsychologie. Stuttgart/Berlin/Köln/Mainz 1969

Russell, B.: Warum ich kein Christ bin. München 1963

Schachter, J.: Pain, fear, and anger in hypertensives and normotensives. Psychosom. Med. 1957, 19, 17—29

Schachter, S. and B. Latané: Crime, cognition and the automatic nervous system. In: D. Levine (Ed.): Nebraska symposium on motivation. Lincoln 1964

—and J. E. Singer: Cognitive, social, and physiological determinants of emotional state. Psychol. Rev. 1962, 69, 379—399

—and L. Wheeler: Epinephrine, chlorpromazine, and amusement. J. abnorm. soc. Psychol. 1962, 65, 121—128

Schmidt-Mummendey, A. und H. D. Schmidt (Hg.): Aggressives Verhalten. München 1971

Schneewind, K. A.: Methodisches Denken in der Psychologie. Bern/Stuttgart/Wien 1969

Schönbach, P.: James Bond — Anreiz zur Aggression? In: Merz, F. (Hg.): Bericht 25. Kg. DGP 1966. Göttingen 1967
Schott, F.: Erziehungswissenschaft, Verhaltensforschung und Erziehung zum Frieden. Die Deutsche Schule 1971, 63, 459—467
—Zur Präzisierung von Lehrzielen durch zweidimensionale Aufgabenklassen in: K. J. Klauer, R. Fricke, M. Herbig, H. Rupprecht, F. Schott: Lehrzielorientierte Tests — Beiträge zur Theorie, Konstruktion und Anwendung. Düsseldorf 1972
—Anwendungsmöglichkeiten einer Matrix aus zweidimensionalen Aufgabenklassen in der psychologischen Therapie. Psychologie und Praxis, 1973 a, 17, 125—136
—Zur Konstruktion von Lehrstoffen und Lehrzielen. Ein Ansatz zur Konstruktion und Darstellung von Lehrstoffen, Lehrzielen, Lehrverfahren und Verhaltensänderungen mit einer normierten Sprache. Dissertation TU Braunschweig 1973 b
—Lehrstoffanalyse. Ein Beschreibungssystem zur Analyse von Inhalt und Verhalten bei Lehrzielen. Düsseldorf 1975
Schreiner, L. and A. Kling: Rhinencephalon and behavior. Amer. J. Physiol. 1956, 184, 486—490
Schwitzgebel, R.: Short-term operant conditioning of adolescent offenders on socially relevant variables. Diss.-Thesis, Brandeis Univ. 1964
—Preliminary socialization for psychotherapy of behavior disordered adolescents, J. cons. clinic. Psychol. 1969, 33, 71—77
—and D. A. Kolb: Inducing behavior change in adolescent delinquents. Behav. res. ther. 1964, 1, 297—304
Scott, J. P.: Aggression. Chicago 1958
Scott, P. M., R. V. Burton and M. R. Yarrow: Social reinforcement under natural conditions. Child developm. 1967, 38, 53—63
—Theoretical Issues Concerning the Origin and Causes of Fighting, in: Eleftheriou/Scott s. o.
Sears, R. R.: Nonaggressive reactions to frustration. Psychol. Rev. 1941, 48, 343—346
—E. E. Maccoby and H. Levin: Patterns of child rearing. Evanston 1957
—J. W. Whiting, V. Nowlis and P. S. Sears: Some child-rearing antecedents of aggression and dependency in young children. Genet. psychol. monogr. 1953, 47, 135—234
Secord, P. E. and C. W. Backman: Social psychology. New York 1964
Seiffert, H.: Einführung in die Wissenschaftstheorie 1. München 1969
Selg, H.: Einführung in die experimentelle Psychologie. Stuttgart 1966
—Diagnostik der Aggressivität. Göttingen 1968
—Entwicklung und Lernen. Braunschweig 1972
—Über Gewaltdarstellung in Massenmedien. Schriftenreihe der Bundesprüfstelle für jugendgefährdende Schriften. Heft 3. Bonn 1972. 11—31
—Menschliche Aggressivität. Göttingen 1974
Selinger, H. E. and G. Bermant: Hormonal control of aggressive behavior in Japanese quail. Behavior, 1967, 28, 255—268
Selye, H.: The stress of live. New York 1956
Sherif, M. and C. Sherif: An outline of social psychology. New York 1956
Sixtl, F.: Meßmethoden der Psychologie. Weinheim 1967
Silverman, I. and D. Kleinman: A response deviance interpretation of the effects of experimentally induced frustration on prejudice. J. exp. res. pers. 1967, 2, 150—153
Skinner, B. F.: The operational analysis of psychological terms. Psychol. Rev. 1945, 52, 270—277
—The behavior of organisms. New York 1938

Sloane, H. N., M. K. Johnston and S. W. Bijou: Successive modification of aggressive behavior and aggressive fantasy play by management of contingencies. J. Child Ps. and Psychiatry and allied Disciplines, 1967, 8, 217—226
Soares, L. M. and A. T. Soares: Social learning and social violence. Proceedings of the 77th Annual Convention of the APA, 1969, 4, 463—464
Solomon, R. L., J. K. Kamin and L. C. Wynne: Traumatic avoidance learning: the outcomes of several extinction procedures with dogs. J. abn. soc. Psychol. 1953, 48, 291—302
Smedslund, J.: The epistemological foundations of behaviorism. A critique. Acta Psychologica 1955, 11, 412—431
Smith, D. E., M. B. King, B. G. Habel: Killing: Cholinergic control in the lateral hypothalamus. Proceedings of the 77th Annual Convention of the APA, 1969, 4, 895—896
Sprague, J. M., W. W. Chambers and E. Stellar: Attentive, affective and adaptive behavior in the Cat. Science 1961, 133, 165—173
Staats, A. W., J. R. Finley, K. A. Minke and M. Wolf: Reinforcement variables in the control of unit reading responses. J. exp. anal. behav. 1964, 7, 139—149
Stamm, R. A.: Soziales Leben und Struktur der Verbände bei Tieren. In: Graumann, C. F. (Hg.) Handbuch der Psychologie, Bd. 7, Sozialpsychologie. Göttingen 1972
Stevens, S. S.: Psychology and the science of science. Psychol. Bull., 1939, 36, 221—263
Stewart, O. C.: Lorenz/Margulin on the Ute. In: M. F. A. Montagu (Ed.): Man and aggression. New York 1968
Stiller, M.: Gewalt — die einzige Lösung. Südd. Zeitung, 9. 4. 1970
Stokman, C. L. und M. Glusman: A procedure to quantify hypothalamically elicited agonistic behavior in the cat. Psychonomic Science, 1968 11, 325—326
Straus, E.: Vom Sinn der Sinne. Berlin-Heidelberg 1956[2]
Stricker, L. J., S. Messick and D. N. Jackson: Evaluation deception in psychological research. Psychol. Bull. 1969, 71, 343—351
Summers, T. B. and W. W. Kalber: Amygdalectomy: Effects in cats and a survey of its present status. Amer. J. Physiol. 1962, 203, 1117—1119
Suppes, P. and J. L. Zinnes: Basic measurement theory. In: Luce, R. D., R. Bush and E. Galanter (Eds.): Handbook of mathematical psychology, Vol. I, New York 1963
Tack, W. H.: Messung als Repräsentation empirischer Gegebenheiten. Z. exp. angew. Psychol. 1970, 17, 184—212
Tausch, A., R. Tausch und B. Fittkau: Merkmalszusammenhänge der verbalen Interaktion und kritische Überprüfung typologischer Verhaltenskonzepte. Z. exp. angew. Ps. 1967, 14, 522—541
Tausch, R.: Gesprächspsychotherapie. Göttingen 1968[2]
Taylor, St. P.: Aggressive behavior and physiological arousal as a function of provocation and the tendency to inhibit aggression. J. Pers. 1967, 35, 297—310
—and S. Epstein: Aggression as a function of the interaction of the sex of the aggression and the sex of the victim. J. pers. 1967, 35, 474–485
Terris, W. and M. Barnes: Learned resistance to punishment and subsequent responsiveness to the same and novel punishments. Psychon. Sc. 1969, 15, 49—50
—and D. K. Rahhal: Learning to resist mild or intense shock punishment and subsequent resistance to airblast punishment. Psychon. Sc. 1969, 15, 45–46
—and D. K. Rahhal: Generalized resistance to the effects of psychological stressors. J. Pers. soc. Psychol. 1969, 13, 93—97

—and S. Wechkin: Learning to resist the effects of punishment. Psychon. Sc. 1967, 7, 169—170
Textor, R.: A cross-cultural summary. New Haven 1968
Thelen, M. H. and W. Soltz: The effect of vicarious reinforcement on imitation in 2 social-racial groups. Child Developm. 1969, 40, 879—888
Thibaut, J. W. and H. W. Riecken: Authoritarianism, status, and the communication of aggression. Hum. Relat. 1955, 8, 95—120
Thoman, E. V., R. L. Commer and S. Levine: Lactation suppresses adrenal corticosteroid activity and aggressiveness in rats. J. Comp. Physiol. Psychol. 1970, 70, 364—369
Thomas, D. R., W. C. Becker and M. Armstrong: Production and elimination of disruptive classroom behavior by systematically varying teachers' behavior. JABA 1, 1968, 35—45
Thor, D. H.: Chemical induction of traumatic fighting behavior. Proceedings of the 77th Annual Convention of APA 1969, 4, 883—884
Thorndike, E.L.: Educational Psychology. New York 1903
The psychology of learning — Educational Psychology, Vol. II. New York 1913
Tinbergen, N.: Instinktlehre. Berlin 1956²
Tolman, E. C.: Purposive behavior in animals and men. New York 1932
—Principles of purposive behavior. In: Koch, S. (Ed.): Psychology: a study of a science. New York 1959
Toman, W.: Dynamik der Motive. Frankfurt a. M./Wien 1954
Traxel, W.: Über Gegenstand und Methode der Psychologie. Bern/Stuttgart 1968
Tyler, V. O. and G. D. Brown: The use of swift, brief isolation as a group control device for institutionalized delinquents. Behav. res. ther. 1967, 5, 1—9
—and G. D. Brown: Token reinforcement of academic performance with institutionalized delinquent boys. J. educ. Ps. 1968, 59, 164—168
Ullmann, D.: Aggression und Schule. Unterrichtsmodelle zur Friedenserziehung. München 1974
Ullrich, W.: Die Kindesentführung. Neuwied 1964
Ulrich, R., M. Wolfe and S. Dulaney: Punishment of shockinduced aggression. J. exp. anal. behav. 1969, 12, 1009—1015
Vernon, W. M.: Animal aggression. Review of research. Genetic monographs, 1969, 80, 3—20
Walters, R. H.: Enhancement of punitive behavior by audiovisual displays. Science 1962, 872—873
—Implications of laboratory studies of aggression for the control and regulation of violence. Annals of the Americ. Acad. of Political and Social Science, 1966, 364, 60—72
—and M. Brown: Studies of reinforcement of aggression: III. Transfer of responses to an interpersonal situation. Child developm. 1963, 34, 563—571
—and M. Brown: A test of the high-magnitude theory of aggression. J. exp. child psychol. 1964, 1, 376—387
—and L. Demkov: Timing of punishment as a determinant of response inhibition. Child Developm. 1963, 34, 207—214
—M. Leat and L. Mezei: Inhibition and disinhibition of response through empathetic learning. Canad. J. Psychol. 1963, 17, 235—243
Ward, M. H. and B. L. Baker: Reinforcement therapy in the classroom. J. appl. behav. anal. 1, 1968, 323—328
Wasman, M. and J. P. Flynn: Directed attack elicited from the hypothalamus. Arch. Neurol. 1962, 6, 220—227
Watson, J. B.: Behavior. New York 1914
—Psychology from the standpoint of a behaviorist. Philadelphia 1919

Weber, P. G.: Rohrstock in Schule und Heim. Stuttgart 1966

Wepman, J. M. and R. W. Heine: Concepts of personality. Chicago 1963

Werbik, H.: Das Problem der Definition »aggressiver« Verhaltensweisen. Zeitschrift für Sozialpsychologie, 1971, 2, 233–247

Wetterling, H.: Effekt: Schwachsinn. Die Zeit, 1964, Nr. 9

Wetzel, A. B., R. L. Conner and S. Levine: Shockinduced fiighting in septal-lesioned rats. Psychon. Sc. 1967, 9, 133—134

Whiting, J. W. M.: Becoming a Kwoma. New Haven 1941

Wieczerkowski, W. et al.: Verminderung von Angst und Neurotizismus bei Schülern durch positive Bekräftigungen von Lehrern im Schulunterricht. Z. Entw.-Ps. Päd. Ps. 1969, 1, 3—12

Wiener, N. Mensch und Menschmaschine. Frankfurt 1952

Williams, C. D. The elimination of tantrum behavior by extinction procedures. J. abn. soc. Psych. 1959, 59, 269

Wittenborn, J. R.: The development of adoptive children. New York 1954

Wittgenstein, L.: Philosophische Untersuchungen. Frankfurt/M. 1967

Wolf, E.: Rohrstock-Erziehung. Die Zeit, 29. 5. 1964

Wolf, M. M., T. Risley and H. Mess: Application of operant conditioning procedures to the behavior problems of an autistic child. Behav. res. ther. 1964, 1, 305—312

Wood, C. D.: Behavioral changes following discrete lesions of temporal brain structures. Neurology 1958, 8, 215—220

Worchel, P.: Catharsis and the relief of hostility. J. abnorm. soc. Psychol. 1957, 55, 238—243

Yasakochi, G.: Emotional responses elicited by electrical stimulation of the Hypothalamus in cat. Folia psychiat. neurol. 1960, 14, 260—267

Yerkes, R. M. and J. D. Dodson: The relation of strength of stimulus to rapidity of habit-formation. J. comp. neurol. Psychol. 1908, 18, 459—482

Zimmerman, E. H. and J. Zimmerman: The alternation of behavior in a special classroom situation, J. exp. anal. behav. 1962, 5, 59—60